农业部课题“农业领域刑事责任制度的完善研究”结项成果
荣获2017年度农业部软科学优秀研究成果三等奖

Research on
Criminal Responsibility System
in Agricultural Field

农业领域刑事责任制度问题研究

刘科 著

法律出版社
LAW PRESS · CHINA
北京

图书在版编目(CIP)数据

农业领域刑事责任制度问题研究 / 刘科著. -- 北京 :
法律出版社, 2022
ISBN 978-7-5197-6510-1

Ⅰ. ①农… Ⅱ. ①刘… Ⅲ. ①农业法-刑事责任-司
法制度-研究-中国 Ⅳ. ①D922.44②D924.04

中国版本图书馆 CIP 数据核字(2022)第 038310 号

农业领域刑事责任制度问题研究
NONGYE LINGYU XINGSHI ZEREN ZHIDU
WENTI YANJIU

刘 科 著

责任编辑 黄倩倩
装帧设计 李 瞻

出版发行 法律出版社
编辑统筹 学术·对外出版分社
责任校对 王晓萍 王语童
责任印制 陶 松
经 销 新华书店

开本 710 毫米×1000 毫米 1/16
印张 13.75 字数 190 千
版本 2022 年 3 月第 1 版
印次 2022 年 3 月第 1 次印刷
印刷 三河市龙大印装有限公司

地址:北京市丰台区莲花池西里 7 号(100073)
网址:www.lawpress.com.cn
投稿邮箱:info@lawpress.com.cn
举报盗版邮箱:jbwq@lawpress.com.cn

销售电话:010-83938349
客服电话:010-83938350
咨询电话:010-63939796

书号:ISBN 978-7-5197-6510-1
定价:68.00 元
凡购买本社图书,如有印装错误,我社负责退换。电话:010-83938349

前　言

当前,我国农业领域刑事犯罪形势依然严峻,制售假冒伪劣农资犯罪、食品安全犯罪、非法占用农用地犯罪等传统犯罪尚未完全得到遏制,侵害植物新品种权、滥用农业转基因技术等新型违法犯罪行为开始凸显,引发了学术界的广泛争议与社会的高度关注。经查询,近年来研究上述问题的学术论文多达100余篇,内容涉及伪劣农资犯罪、食品安全犯罪、侵害植物新品种权等的刑法适用及其立法完善问题,这些研究在深化相关问题的理论基础的同时,也为实务界处理相关问题提供了一定的借鉴与参考。

但是,与惩治农业领域相关犯罪的现实需要相比,上述研究中仍存在以下突出问题:其一,从研究重点来看,现有成果多集中于立法完善方面,而对疑难问题的司法适用关注不够,尤其是缺乏对司法解释以及其他规范性文件(以下简称司法解释性文件)的研究。事实上,司法解释性文件的规定如何理解(司法解释本身仍需要"再解释")、是否合理,对于统一农业领域相关犯罪的刑事司法、实现公平公正公义至关重要,而这部分研究的缺乏,严重制约了相关犯罪的打击力度;农业领域众多的刑事司法解释性文件之间是否存在冲突、早期制定的司法解释性文件是否适合现实需要、如何完善司法解释性文件等,也需要进行系统的梳理。其二,从研究领域来看,刑法学者与非刑法学者(如行政法学者)的研究尚处于“两张皮”状态,没有形成有效“对接”。刑法学者仅就农业领域刑法保护中的一般问题泛泛而谈,而缺乏对农业领域特殊性问题的关注,使现有的研究成果难以具体指导司法实践;而非刑法学者虽然关注农业领域的特殊性,但很少结合刑法学基本原理来展开研究,其研究过程和研究结论也难以得到刑法学界和刑事司法实务界的广泛支持。可以说,有关研究尚处于“两张皮”状态,难以形成有效“对接”,无法为当前农业领域刑事责任问题提供具有决策参考价值的成果。这种现象突出表现在经济或行政法律中“构成犯罪的,依法追究刑事责任”与刑法中的相关犯罪如何协调处理这一问题上,对此各方争议很大,迫切需要展开研究。其三,从研究方法来看,逻辑推演多,实证研究少;比较研究多,参考借鉴少。刑法学是一门实践科学,尽管离不开逻辑推理,但实务中存在的问题以及解决方法永远是应当关注的焦点,这也决定了实证研究方法在刑法学研究中的重要性。现有学术成果中,从概念到概念逻辑推演的多,实证研究和统计分析的少,这使已有的研究结论比较空洞,实际应用价值较小。目前学术界对外国研究成果介绍较多,形成了一些有价值的观点,但是对于这些观点能否移植到我国、移植中如何克服“排异”反应等问题,缺乏深入的研究,这使相应的借鉴价值大打折扣。

针对上述问题,经过深入调研,本书将研究的重点和难点确定为:其一,农业领域相关犯罪中的疑难问题的理解、适用与完善问题。本部分将系统梳理农业领域中的相关犯罪,如生产、销售伪劣农药、兽药、化肥、种子罪,食品安全犯罪,非法占用农用地罪等,结合这些刑事犯罪的立法规定、司法解释性质的文件,运用刑法学的基本原理,对其疑难问题的理解与适用问题展开深入研究;对尚需进一步明确界限或者统一司法适用的,建议修改或者制定新的司法解释性文件。其二,《种子法》等行政法律与刑法中相关犯罪的协调与衔接问题。主要研究:《种子法》等农业行政性法律法规通常在法律责任部分规定“构成犯罪的,依法追究刑事责任”,这些规定分别对应刑法中的哪些犯罪,如果没有相对应的犯罪时如何处理;在没有规定“构成犯罪的,依法追究刑事责任”的情况下,严重的行政违法行为能否构成犯罪。其三,相关犯罪行为的增设、修改问题。例如,侵犯植物新品种权的行为是否应被犯罪化;对于违反转基因植物管理的行为按照现行刑法能否追究刑事责任,如果不能追究,应否增设新罪予以追究,等等。

农业领域犯罪的刑事责任问题,顾名思义,是指如何追究发生在农业领域的犯罪行为的刑事责任问题。研究农业领域刑事责任问题,首先需要解决的是刑法中有哪些罪名可能适用于农业领域,这些罪名到底该如何理解与适用。当然,农业领域中的刑事犯罪涉及面很宽、涉及罪名众多,本书难以就所有涉及罪名一一展开研究。因此,本书仅从本课题(农业领域刑事责任制度的完善研究)的研究目的出发,即从服务于我国农业领域刑事法治建设的目的出发,重点研究针对农用地的犯罪(非法转让、倒卖土地使用权罪,非法占用农用地罪,非法批准征用、占用土地罪)、破坏林业资源的犯罪(如危害国家重点保护植物罪①)、农业领域涉食品安全的犯罪(如生产、销售不符合安全标准的食品罪,生产、销售有毒、有害食品罪)、破坏农业生产资料经营秩序的犯罪(如生产、销售伪劣农药、兽药、化肥、种子罪)、农业领域犯罪中的行刑衔接问题、农业领域新型危害行为的犯罪化等问题。

---

① 2021 年《刑法修正案(十一)》施行之前的非法采伐、毁坏国家重点保护植物罪,非法收购、运输、加工、出售国家重点保护植物、国家重点保护植物制品罪。

目　录

第一章　破坏农用地经营秩序和资源的犯罪研究

农用地安全是保障国家粮食安全、保护生态环境安全的基础条件，粮食安全、生态环境安全则直接关系国民健康与社会稳定，是新型国家安全观的要义之一。近些年来，犯罪分子受不法利益驱使，使我国农用地犯罪形势日益严峻，进一步激化了人地矛盾，造成了严重的法益侵害。为了保护农用地安全，我国不断制定和修改涉及农用地的行政法律和刑事法律。其中，在刑事法律层面，涉及农用地犯罪的条文可以归纳为直接规制与间接规制两大类。直接规制的刑法条文包括《刑法》第 228 条“非法转让、倒卖土地使用权罪”、第 342 条“非法占用农用地罪”、第 410 条“非法批准征收、征用、占用土地罪”。间接规制的刑法条文主要包括《刑法》第 338 条“污染环境罪”、第 343 条“非法采矿罪”“破坏性采矿罪”等其他可能以农业用地作为犯罪对象的犯罪。[①] 相对而言，非法转让、倒卖土地使用权的行为，非法批准征用、占用土地的行为，分别侵犯了农用地的市场经营管理秩序和行政管理秩序，非法占用农用地的行为则直接侵犯了农用地的生产经

① 参见季晨佳：《农用地犯罪的规制困境与出路——以罪数论为视角》，载《河南警察学院学报》2021 年第 3 期。

营活动，危害农用地安全。这些行为对农用地的危害更为严重，而且实践中较为常见、多发，因而成为本章的研究重点。

第一节 非法转让、倒卖土地使用权罪研究

非法转让、倒卖土地使用权罪是司法实践中比较常见、多发的犯罪，也是争议问题较多的犯罪。无论是转让、倒卖等不法要素的理解问题，还是牟利目的等责任要素的认定问题，均存在较大争议，亟须研究。

一、非法转让、倒卖土地使用权罪概述

《刑法》第228条规定了非法转让、倒卖土地使用权罪，即“以牟利为目的，违反土地管理法规，非法转让、倒卖土地使用权，情节严重的，处三年以下有期徒刑或者拘役，并处或者单处非法转让、倒卖土地使用权价额百分之五以上百分之二十以下罚金；情节特别严重的，处三年以上七年以下有期徒刑，并处非法转让、倒卖土地使用权价额百分之五以上百分之二十以下罚金”。其中，“土地使用权”，是指对土地经营和利用的权利，这种权利是具有独立意义的对土地占有、使用、收益和一定范围内的处分的权利。“非法转让土地使用权”是指将依法管理和持有的土地使用权，违反土地使用权转让的有关规定，非法转让给他人，以牟取利益的行为。“非法倒卖土地使用权”，是指对土地使用权进行非法倒卖，以牟取利益的行为。一般来说，“非法转让土地使用权”与“非法倒卖土地使用权”的区别是，前者是指行为人在取得该土地使用权之时，并无非法转让的意图，而是在依法取得土地使用权之后，基于牟取利益的目的才实施了非法转让土地使用权的行为。而后者是指，行为人在取得该土地使用权之时就具有非法转让的意图。换言之，行为人是基于非法转让的意图才取得该土地使用权，在取得该土地使用权以后，基于牟取利益的目的，再次实施了非法转让土地使用权的行为。可见，通常来说，在非法转让土地使用权的行为中，行为人实施的违法行

为只有一次；而在非法倒卖土地使用权的行为中，行为人实施的违法行为有两次以上（包括从上家取得土地使用权和非法转让给下家，其中从上家取得土地使用权之时即具有将其再次转让或者倒卖的目的）。当然，实践中情况较为复杂，如何判断行为人在取得土地使用权之时就具有倒卖的目的，富有争议；从语义上分析，非法转让行为与非法倒卖行为也并无截然的界限；非法转让土地使用权罪与非法倒卖土地使用权罪定罪量刑情节和法定刑完全相同，实践中并没有必要将其截然分开。因此，非法转让、倒卖土地使用权罪虽然是选择性罪名，但是在实践中经常被混用在一起。

从实践来看，非法转让、倒卖土地使用权的行为具体表现形式有：(1)以出让方式获得国有土地使用权后，没有进行任何开发和投资，直接非法转让给他人的。这是比较典型的非法转让、倒卖土地使用权的行为。(2)土地使用者以出让方式有偿取得国有土地使用权后，没有支付全部的土地使用权出让金，没有取得土地使用权证书，即将该土地使用权非法转让。(3)以划拨方式取得国有土地使用权后，未经有关机关批准或者未将规定的收益上缴国库而非法转让土地使用权的。(4)将农民集体所有土地的使用权非法转让用于非农业建设的，或者非法转让集体经营性建设用地的。《土地管理法》(2019 年 8 月 26 日修订)第 82 条规定，禁止擅自将农民集体所有的土地通过出让、转让使用权或者出租等方式用于非农业建设，或者违反本法规定，将集体经营性建设用地通过出让、出租等方式交由单位或者个人使用。如果违反这一规定，即构成非法转让土地使用权罪。(5)擅自改变城市土地用途进行出售的。例如，以修建教学科研配套设施、教职工宿舍、老年大学等名义获得土地使用权，但擅自改变土地用途，将土地提供给他人修建住房后出售牟利的，也可以构成非法转让土地使用权罪。(6)合法获批土地后非法出售的。例如，为投资办厂获批土地，后因无力继续建厂而将土地使用权非法转让的，应以本罪定罪。再如，甲企业取得土地使用权后，与乙企业勾结通过虚假诉讼骗取法院裁判后办理土地使用权过户手续的。实践中还可能出现本罪与其他犯罪竞合的情况，例如，被告人作为县级国土部门负责人，伙同他人非法倒卖某学校 30 余亩(一亩约为666.7平方米）土地，从中获利数百万元的，理应构成本罪和贪污罪的想象竞合犯。[①] 实践中，非法转让、倒卖土地使用权的情形十分复杂，争议巨大，本节将在以下几个部分结合典型案例展开深入研讨。

单位也可以构成本罪。根据最高人民法院2000年《关于审理破坏土地资源刑事案件具体应用法律若干问题的解释》（以下简称2000年《土地案件司法解释》）的规定，单位犯非法转让、倒卖土地使用权罪的定罪量刑标准，与自然人犯本罪的定罪量刑标准相一致。

二、“违反土地管理法规”的理解与认定

非法转让、倒卖土地使用权罪是指以牟利为目的，违反土地管理法规，非法转让、倒卖土地使用权，情节严重的行为。构成本罪，至少需要具备“违反土地管理法规”的构成要件要素。所谓的“违反土地管理法规”，是指违反《土地管理法》《森林法》《草原法》等法律以及有关行政法规中关于土地管理的规定。[②] 上述法律法规中关于土地管理的规定，有的是程序性规定，有的是实体性规定；有的是禁止性规定，有的是倡导性规定；有的是新规定，有的是老规定。不同的规定本身，对于刑法用语的解释具有较大影响，因而并非违反任何“土地管理法规”的行为，均属于刑事犯罪。只有那些违反禁止性规定、实体性规定的行为，而且遵循新规定仍属于“违反土地管理法规”的行为，才具有刑事可罚性，才可以将其解释为刑法上的“违反土地管理法规”。

对于“违反土地管理法规”的行为，值得研究的一个问题是，违反一些程序性规定的行为，能否认定为“违反土地管理法规”？本书以案例一加以研究。

案例一：2015年底以来，被告人王某某、蒋某某、高某某私自从山东省兰陵县某村部分村民手中，以大约1100万元的价格，陆续取

---

① 参见周光权：《股权转让与非法转让、倒卖土地使用权罪》，载《法治日报》2021年6月16日，法学院版。

② 参见全国人民代表大会常务委员会2001年《关于〈中华人民共和国刑法〉第二百二十八条、第三百四十二条、第四百一十条的解释》。

得该村 54.55 亩农用地的长期土地使用权。2019 年 5 月，被告人王某某、蒋某某、高某某在未经批准的情况下，以 1500 万元的价格，擅自将上述土地的长期土地使用权转让给李某某。本案案发后，被告人王某某、蒋某某分别向兰陵县公安局缴纳违法所得 144 万元、36 万元。起诉书认为，被告人王某某、蒋某某伙同他人，以牟利为目的，违反土地管理法规，非法转让、倒卖土地使用权，情节特别严重，应以非法转让、倒卖土地使用权罪追究刑事责任。

结合起诉书认定的案件事实和适用法律的理由，可以看出起诉书认定王某某等人"违反土地管理法规"的主要理由是"在未经批准的情况下，以 1500 万元的价格，擅自将上述土地的长期土地使用权转让给李某某"。也就是说，起诉书认为王某某等人"未经批准"而转让土地使用权，就是"违反土地管理法规"的行为，进而构成了非法转让、倒卖土地使用权罪。

然而，以"未经批准"而转让土地使用权为由，认定其"违反土地管理法规"，进而认定其构成非法转让、倒卖土地使用权罪，存在法律适用错误的问题。具体理由如下：

第一，本案应当优先适用《农村土地承包法》以及与其配套的《农村土地经营权流转管理办法》。

有关土地使用权的法律适用问题，我国先后有《土地管理法》、《农村土地承包法》以及配套的《农村土地经营权流转管理办法》等法律法规进行规范。对于这些法律法规之间的优先适用（位阶关系）问题，我国《立法法》确立了以下处理规则：(1)"特别法优于一般法""新法优于旧法"规则。《立法法》第 92 条规定，"同一机关制定的法律、行政法规、地方性法规、自治条例和单行条例、规章，特别规定与一般规定不一致的，适用特别规定；新的规定与旧的规定不一致的，适用新的规定"。(2)"从旧兼从轻"规则。《立法法》第 93 条规定，"法律、行政法规、地方性法规、自治条例和单行条例、规章不溯及既往，但为了更好地保护公民、法人和其他组织的权利和利益而作的特别规定除外"。这一规定体现了在新旧法适用方面"不溯及既往"的基本原则，同时从保护当事人利益的角度出发，又有条件地采取了从轻原则。

根据上述处理规则，被告人王某某、蒋某某、高某某再次流转农村承包土地的使用权即土地经营权的行为，应由《农村土地承包法》《农村土地经营权流转管理办法》所调整、规范。理由是：其一，在规范农村土地经营权流转的问题上，《土地管理法》与《农村土地承包法》《农村土地经营权流转管理办法》是一般法与特别法的关系，应优先选择《农村土地承包法》以及与其配套的《农村土地经营权流转管理办法》这一特别法律法规。因此，本案被告人王某某、蒋某某、高某某再次流转农村承包土地使用权即土地经营权的行为，应受《农村土地承包法》《农村土地经营权流转管理办法》规范的调整。其二，本案中《兰陵县自然资源管理规划局关于土地流转问题的回复函》也确认了应适用《农村土地承包法》的规则。2020 年 9 月 3 日兰陵县自然资源管理规划局针对兰陵县公安局函询的回复称，“行为人将具有土地使用权的本村农用地，私自转包给外村人员用于种植等农业用途……经研判现答复如下：函告中涉及行为由《中华人民共和国农村土地承包法》调整，该行为未违反《中华人民共和国土地管理法》”。

综上，根据上述法律规定，参考兰陵县自然资源管理规划局回复函的意见，涉及农村承包土地使用权即土地经营权流转及再流转的问题，应由《农村土地承包法》《农村土地经营权流转管理办法》进行调整与规范。

第二，被告人王某某、蒋某某、高某某对涉案农村承包土地使用权即农村土地经营权的流转及再流转行为，并未违反《农村土地承包法》《农村土地经营权流转管理办法》等土地管理法律法规。

1. 根据《农村土地承包法》《农村土地经营权流转管理办法》，土地流转并不需要相关部门“批准”，因此不能以“未经批准”为由认定其“违反土地管理法规”。

起诉书认定，被告人王某某、蒋某某、高某某在“未经批准”的情况下，以 1500 万元的价格，擅自将上述土地的长期使用权转让给李某某。但是，根据《农村土地承包法》和《农村土地经营权流转管理办法》，上述流转行为并不需要有关部门批准。2018 年《农村土地承包法》第 46 条规定，“经承包方书面同意，并向本集体经济组织备案,受让方可以再流转土地经营权”。2021 年 3 月 1 日起施行的《农村土地经营权流转管理办法》第 12 条规定,“受让方将流转取得的土地经营权再流转以及向金融机构融资担保的,应当事先取得承包方书面同意,并向发包方备案”。

从《农村土地承包法》和《农村土地经营权流转管理办法》的上述规定可以看出,无论是承包方流转土地,还是受让方再次流转土地,都不需要有关部门的“批准”。对于“受让方再次流转土地”的,只是需要“经承包方书面同意”并“向本集体经济组织备案”。显然,无论是“经承包方书面同意”,还是“向本集体经济组织备案”,都不属于本案起诉书中所称的“批准”。从字面含义理解,“批准”只能是相关主管部门尤其是土地管理部门(国土资源部门)的批准。承包方的书面同意和本集体经济组织中的“备案”,并不存在所谓的“批准”问题。既然如此,就不能认为王某某、蒋某某、高某某的行为是在“未经批准”的情况下流转土地,其进而不属于非法转让、倒卖土地使用权的行为。

本案还需要注意的是,2004 年《山东省实施〈中华人民共和国农村土地承包法〉办法》第 17 条规定:“承包方采取转让方式流转土地承包经营权的,应当征得发包方同意,由发包方在转让合同上签署意见并加盖公章。承包方采取转包、出租、互换或者托管、入股以及合作经营、合伙经营等其他方式流转的,应当自流转合同签订之日起三十日内,报发包方备案。”该办法自 2004 年 10 月 1 日施行,与 2018 年《农村土地承包法》、2021 年《农村土地经营权流转管理办法》的规定不完全一致。即便如此,根据“上位法优于下位法”“从旧兼从轻”的适用规则,对于法律法规之间的冲突,应优先适用《农村土地承包法》以及《农村土地经营权流转管理办法》。

2. 受让方的土地再流转行为即使没有“经承包方书面同意”也没有“向本集体经济组织备案”,也不属于刑法上的“违反土地管理法规”的行为。

根据《农村土地承包法》和《农村土地经营权流转管理办法》,受让方将流转取得的土地经营权再次流转的条件或程序有两个:一个是“经承包方书面同意”,另一个是“向本集体经济组织备案”。

本案中,王某某、蒋某某、高某某再次流转土地经营权没有“经承包方书面同意”①,也没有“向本集体经济组织备案”,其是否属于刑法上的“违反土地管理法规”的行为?

本书认为,刑法具有谦抑性,对于刑法用语的解释,应当秉持实质解释的立场,不能把不符合土地管理行政法律、法规中的任何行为,都理解为刑法上的“违反土地管理法规”的行为,进而认定其构成犯罪。一般来说,刑法上的“违反土地管理法规”的行为,应当是指严重违反土地管理法规的行为。这种严重违反土地管理法规的行为,一般被规定在禁止性条款中,这些条款中还规定了相应的刑事、行政法律责任。例如,未经批准将农用地非法变更为建设用地,未经批准将集体土地使用权变更为国有土地使用权等。对于这些禁止性条款,行政法律法规中通常在罚则部分规定“构成犯罪的,依法追究刑事责任”和相应的行政法律责任(如行政处罚等)。只有这些严重违反“土地管理法规”的行为,才属于刑法上的“违反土地管理法规”。情节并不严重的“违反土地管理法规”的行为,应由相应的行政主管部门进行行政处罚,而不是由司法机关追究刑事责任。

根据上述理解,没有“向本集体经济组织备案”连民事违约、行政违法都谈不上,《农村土地承包法》并没有规定该种行为需要承担民事或者行政责任。因此,即使没有“向本集体经济组织备案”,也不能将这种行为认定为刑法上的“违反土地管理法规”②。

同样的道理,没有“经承包方书面同意”,也不属于刑法上的“违反土地管理法规”。理由是:(1)根据本案的实际情况,完全可以推定村民(承包方)对于王某某、蒋某某、高某某的再流转行为是同意的。从村民的所有询问笔录中都可以看出来,当时 15 万元一亩的土地流转价格已经很高了,村民都是很满意的;村民真正关心

① 本案是否一定没有“经承包方书面同意”,尚存在疑问。根据本案中的《土地承包合同》,可以推定承包人是同意孙某某等人再次流转土地经营权的。此处仅仅假设王某某等人的土地流转没有“经承包方书面同意”的情形。

② 当然,对于再流转行为,可以责令当事人“向集体经济组织备案”,进而解决其没有备案的程序上的缺陷。但是该责令行为并不属于行政处罚。

的是该土地的第一次流转价格问题,而不管到底是谁拥有土地使用权、不管土地经营权如何流转。既然如此,村民拿到了高额的土地流转价款,就完全可以推定其同意该土地经营权的再次流转。(2)即使没有经过承包方的书面同意,也不意味着这一行为一定属于"违反土地管理法规"。如上所述,"违反土地管理法规"应该限制在"严重违反土地管理法规"的情形,具体表现为《土地管理法》《农村土地承包法》中规定了"构成犯罪的,依法追究刑事责任"或者至少应当受到行政处罚的情形;而"没有经过承包方书面同意",尚不属于严重违反土地管理法规的事项,相应的《土地管理法》《农村土地承包法》,对该行为既没有规定"构成犯罪的,依法追究刑事责任",也没有规定应当受到行政处罚。因此,不应将其认定为刑法上的"违反土地管理法规"①。

综上,根据现行法律规定,受让方再次流转土地经营权,只需办理备案手续,而无需经有关部门批准,认定"未经批准"系法律适用错误;即使没有"经承包方书面同意",也没有"向本集体经济组织备案",该行为也不属于刑法上的"违反土地管理法规"的行为,进而不构成非法转让、倒卖土地使用权罪。

3. 王某某、蒋某某、高某某受让、再次转让土地经营权,并不违法。

其一,王某某、蒋某某、高某某受让土地使用权是合法的。王某某、蒋某某、高某某从村民(承包方)那里取得土地是通过签订《土地转包合同》的方式取得的。《农村土地承包法》第9条规定:"承包方承包土地后,享有土地承包经营权,可以自己经营,也可以保留土地承包权,流转其承包地的土地经营权,由他人经营。"第10条规定:"国家保护承包方依法、自愿、有偿流转土地经营权,保护土地经

① 事实上,如果将"未经承包方书面同意"作为"违反土地管理法规"的理由,会存在很多难以解决的问题:其一,没有"经承包方书面同意",但是"经承包方口头同意"的,是否"违反土地管理法规"?其二,承包方事后同意的,是否"违反土地管理法规"?其三,部分村民同意、部分村民不同意的,是否"违反土地管理法规"?因此,妥善解决该问题,就不应该把"未经承包方书面同意"解释为刑法上的"违反土地管理法规"。相应的纠纷,可以通过民事案件处理,而不应将其作为犯罪处理。

营权人的合法权益,任何组织和个人不得侵犯。”本案中,被告人王某某、蒋某某、高某某是通过土地转包的形式取得农村土地经营权的,这是合法行为。被告人供述以及流转土地的农民的证人证言、58 份土地转包合同均能够证明上述事实。

其二,王某某、蒋某某、高某某再次流转土地使用权,也是合法的。2019 年 5 月 5 日被告人王某某、蒋某某、高某某与李某某签订《土地租赁合同》,以租赁的方式将涉案土地流转给李某某。2020 年 3 月 3 日李某某询问笔录记载:“问:村西北宠物市场南边的五十多亩耕地王某某、蒋某某、高某某租赁给你了吗? 答:是的。”2020 年 8 月 18 日询问笔录记载:“王某某、蒋某某、高某某跟你签的土地租赁合同为什么乙方你没有签字? 答:当时高某某是抵账抵押给我的,高某某的意思是有钱后再把地要回去,合同到时候就作废了。”

通过上述书证及证言可知,同案犯高某某及被告人蒋某某是通过租金冲抵借款的方式流转土地,被告人王某某通过租赁的方式流转土地。即使是将上述租赁行为也视为土地使用权转让行为,再次流转土地经营权的行为本身也不违法。

三、土地使用权转让主体的认定

土地使用权的转让,是土地法律法规赋予土地使用权人的权利。土地使用权人有权利选择合适的交易对象、交易价格进行转让。但是,在司法实践中,法律意识淡薄、相应的合同书写不规范、合同内容记载与真实意图并不完全一致的情况屡屡出现,给正确认定土地使用权的转让主体造成了巨大困难。由于本罪的犯罪主体是非法的转让人和倒卖人,一旦转让主体认定错误,则有可能错误地认定犯罪。因此,有必要充分运用合同法的基本原理,正确认定合同的转让主体,避免将非合同主体错误地认定为转让主体(合同主体),进而将相应行为认定为非法转让、倒卖土地使用权罪。

案例二:2012 年 9 月 6 日,临沂市罗庄区某苗木公司与耀华公司签署《资产转让协议》,约定将苗木公司承包经营的临沂市某村民委员会(后更名为社区居民委员会,以下简称居委会)所有的

"125.1 亩土地以及地上附着物",以 500 万元的总价款转让给耀华公司。其中,《资产转让协议》中约定转让的内容包括了"土地以及地上附着物",从而产生了苗木公司是否构成非法转让、倒卖土地使用权犯罪等疑问。

《资产转让协议》的签字双方是苗木公司和耀华公司,而不是苗木公司与居委会,或者居委会与耀华公司;其约定内容的表述也是"根据本协议的约定,甲方(苗木公司)同意按照本协议约定的条款将其拥有的村土地及地上附着物转让给乙方(耀华公司)"。因此,从文字表述上来看,《资产转让协议》的合同主体就是苗木公司和耀华公司,是苗木公司将"土地及地上附着物"转让(或倒卖)给了耀华公司。

但是,对于合同签署主体的理解与认定,不能仅仅依靠文字表述,而应该结合整个交易的背景、交易流程、交易习惯、参与各方的关系等因素,对合同使用的文字表述进行实质性的理解。《资产转让协议》签署的背景和经过是:苗木公司于 2012 年 4 月与居委会签订《土地承包合同》后,立即投入巨额资金对该土地进行升级改造和种植苗木等经营活动。但在 2012 年 8 月,市政府因计划建设中国博览城,希望将该土地尽快收回并用于项目建设。考虑到已投入大量成本,提前解除合同会导致巨大损失,苗木公司的实际负责人孙某某一开始不同意解除承包合同。后经街道办事处和居委会反复、多方协调,孙某某最终同意解除承包合同并向村里交回土地。本案中,在苗木公司同意解除承包合同后,政府指派耀华公司与苗木公司协商确定地上建筑物、附着物、青苗及投入成本的补偿事宜,最终才由耀华公司与苗木公司签订了《资产转让协议》。苗木公司将地上建筑物、附着物交付耀华公司后从土地上撤出。

可见,苗木公司签署该《资产转让协议》是在政府因重大项目征收土地、居委会提前收回土地背景下的无奈之举。苗木公司和耀华公司直接签署转让合同,并不意味着苗木公司将土地使用权直接转让(或倒卖)给耀华公司。《资产转让协议》中所谓的"土地转让",真实的交易关系是先由苗木公司将土地使用权还给居委会,然后再由居委会转让给耀华公司。[①] 在本案中,苗木公司和耀华公司之间直接签署了合同,而不是由苗木公司先与居委会签署土地使用权解除合同,再由居委会与耀华公司签署土地使用权转让合同。

本书认为,非法转让、倒卖土地使用权罪中的非法转让(倒卖)行为,是指未得到有权转让主体的授权(同意或者授意)的转让(倒卖)行为,而不包括有权转让主体授权转让或倒卖的行为。尽管在签署合同中合同的主体是不规范的,但只要这种转让行为是得到居委会认可或者同意的,土地使用权(包括土地承租权和土地承包权)一直控制在集体组织(居委会)手中,就不能认定是苗木公司将土地使用权非法转让或倒卖给了耀华公司。换句话说,苗木公司并没有实施"非法转让、倒卖"土地使用权的行为,不能成为非法转让、倒卖土地使用权罪的主体。

四、犯罪对象的认定

非法转让、倒卖土地使用权罪的犯罪对象是土地使用权,这没有争议。问题是,司法实践中,在转让土地使用权的时候,土地使用权和土地附着物(建筑物)经常被连同一起转让。那么,在转让合同中既包括了土地使用权,又包括了土地附着物或建筑物的情况下,如何判断转让的到底是土地使用权,还是土地附着物?还是既包括土地使用权,又包括土地附着物?本书以案例二对该问题加以研讨。

案例二中的《资产转让协议》使用了这样的表述,"根据本协议的约定,甲方同意按照本协议约定的条款将其拥有的村土地及地上附着物转让给乙方""本次转让的土地及地上附着物总价款为500万元"。从字面上理解,似乎《资产转让协议》转让了土地使用权,500万元的转让款包含了土地使用权转让的价值。

---

① 证人于某某证实:"2012年7月左右开始,临沂市计划建设一个中国博览城项目,计划项目用地大概是600亩左右。耀华公司作为开发商具体负责项目的建设工作,我是法人代表。8月底,政府通知我们去和苗木公司谈一下其中一块地的补偿事宜。那块地当时由苗木公司承包了。苗木公司同意解除承包把地还给村里,然后由村里再给我们用于项目建设。"

但是,如上所述,对于合同的理解不能仅仅依靠文字表述,而应该结合整个交易的背景、交易的流程、交易的对价、参与各方的关系等因素,根据我国现有的土地管理法律法规及其中所体现的法律精神,对合同使用的文字表述进行实质性的理解。具体到本案中,《资产转让协议》中转让的实际上只是地上附着物,而没有转让土地使用权。换句话说,苗木公司并未将上述125.1亩土地的使用权转让或倒卖给耀华公司,苗木公司实际转让给耀华公司的只有地上附着物和建筑物,而没有转让土地使用权,500万元是地上附着物和建筑物的对价。

主要理由是:

1.从交易的实质内容分析,苗木公司向耀华公司转让的是土地上的建筑物、附着物,而非土地使用权(包括土地承包权)。

其一,如前所述,由于建设市重点项目的需要,苗木公司被迫同意提前解除承包合同,向居委会交还土地,苗木公司不再享有土地承包权及其他土地权益。无论是居委会,还是《资产转让协议》的签字双方即苗木公司与耀华公司,对此均是明知的。既然耀华公司明知土地使用权要被居委会收回,再要求耀华公司支付土地使用权的交易价格,这是明显不符合常理的。

其二,从参与合同签订的耀华公司法定代表人于某某和苗木公司实际控制人孙某某的陈述来看,双方商定500万元转让款的作价范围就是孙某某在该土地上实际投入的成本,包括购买上家承租人地上建筑物和附着物的费用、修整改造费用、种植苗木成本、已支付的租金、人员工资成本等,丝毫不涉及土地使用权的作价问题。协议中既不存在将土地使用权以××元/亩进行转让的情形,也不存在将剩余的29年土地承包权以××元/年进行转让的情形。可见,该协议的转让范围根本不涉及土地使用权(土地承包权)。

其三,从合同签订后的履行情况来看,耀华公司接手该地上建筑物、附着物后,进行了拆除和土地平整工作,已将40余亩土地办理入储和出让手续,并为此支付土地补偿安置费、开垦费、社会保障金等费用;对于尚未办理征收入储手续的土地,耀华公司自接手后就向居委会缴纳租金,居委会向耀华公司开具收据。可见,自苗木公司与居委会解除土地承包合同、交回土地后，居委会就该地块中尚未办理征收入储手续的土地重新与耀华公司建立了租赁合同关系。从这一事实不难看出，《资产转让协议》转让的范围并不包括土地（土地使用权）。耀华公司或者通过征收、出让的方式获得建设用地使用权，或者以向居委会租赁的方式获得土地承租权，而非由苗木公司转让而获得土地使用权。

2.《资产转让协议》中使用“转让土地”的表述，系签约双方使用了网络下载的模板以及缺乏相应的法律知识造成的，不能作为认定非法转让、倒卖“土地使用权”的依据。

从实践来看，土地的交易非常复杂，从交易主体来看，既有一级市场的交易，又有二级市场的交易；在一级市场中，既有出让的交易形式，又有无偿划拨的形式；在二级市场中，既有土地使用权的转让，又有土地使用权的出租、抵押，等等。而上述各种交易形式在日常生活中往往被笼统地称为买地、卖地或者土地转让。因此，在苗木公司与耀华公司签订的《资产转让协议》中，尽管出现了“转让土地”的字样，也不能一概地理解为其就是指土地使用权的转让，而应结合交易的实质内容，将其认定为是地上附着物和建筑物的转让更为合适。

根据于某某、孙某某出具的情况说明，《资产转让协议》中之所以使用“转让土地”的字样，是由于签约双方使用了网络下载的模板以及缺乏相应的法律知识。对于交易双方真实的转让标的的认定，显然不应苛求于合同文字表述，而应当依据双方协商、签约及履约的事实情况来判断。从交易双方的真实意图来看，《资产转让协议》中转让的只是地上附着物和建筑物，而不包括土地使用权。

五、非法倒卖土地使用权与合作开发的界限

非法倒卖土地使用权是指对土地使用权进行的非法买卖，其会导致土地使用权权属的变更；土地使用权的合作开发指的是将土地使用权作为开发的条件之一（如股权），双方共同合作开发土地，土地使用权的权属并没有发生变更。然而，在将土地使用权的全部权能作为合作开发条件的情况下，将行为定性为非法倒卖土地使用

权,还是合作开发,存在一定的争议。本书以案例三为例,对该问题加以研究。

案例三:2000 年被告人林某某以每亩 5.5 万元的价格,购买了“王子公司”名下的 20 亩土地,总价 110 万元。2009 年 1 月,大连南福公司法定代表人刘某某为了感谢被告人安某某曾给予的帮助,应安某某的要求,以每亩 30 万元的价格,购买了上述 20 亩土地,共计支计 600 万元。该宗土地林某某获利 490 万元。司法机关认为,被告人安某某、林某某以牟利为目的,违反土地管理法规,非法倒卖土地使用权,应以非法倒卖土地使用权罪追究其刑事责任。

本书认为,20 亩土地交易的标的是合作开发权而不是土地使用权,因而其行为不构成非法倒卖土地使用权罪。从形式上来看,本案正如司法机关所认定的,2000 年林某某从王子公司名下购买 20 亩土地的使用权(以下简称第一笔交易),2009 年又违法将该 20 亩土地的使用权转让给南福公司(以下简称第二笔交易);这与非法倒卖土地使用权罪的客观行为方式基本相符,倒卖的主体是林某某,而倒卖的对象或者标的就是土地使用权。但是,仔细分析林某某与王子公司、林某某与南福公司的整个交易流程以及该 20 亩土地的权属、开发状况,结合我国现有的土地管理法律法规及其中所体现的政策精神,该 20 亩土地交易的实质乃是土地合作开发权的转让,即林某某在其中扮演的角色是交付 110 万元成为合作开发的主体之一,后在收到 600 万元的转让对价款后退出合作开发。理由是:

第一,从证据上来看,将这 20 亩土地交易的性质认定为合作开发更为合理。

就本案的现有证据而言,证明双方是合作开发的证据主要有王子公司与南福公司签署的《联合投资开发别墅区项目合同书》及其《补充协议》、被告人林某某的辩解;被认为是证明双方系转让土地使用权的证据主要有安某某的供述、刘某某的证人证言以及王某某的证人证言。结合上述证据,将这 20 亩土地交易的性质认定为合作开发更为合理。

1. 在证据效力问题上,书面证据的效力一般要高于言词证据的效力;而在本案中,证明交易的性质为转让合作开发权的证据有书面证据,而证明交易的性质为转让土地使用权的证据只有证人证言、被告人供述等言词证据,没有书面证据。

2. 证明交易性质为转让土地使用权的言词证据中,证人、被告人与本案都存在重大的利害关系:王子公司实际控制人王某某是交易的转让方,面临着被追究非法转让土地使用权罪刑事责任的风险;安某某自身涉嫌多宗罪行,其与刘某某之间的交易是否存在重大犯罪的嫌疑也一直是检察机关调查的重点。在这样的情况下,上述证人证言、被告人供述的客观真实性较低。

3. 尽管在笔录中王某某与刘某某都认为交易的性质是土地买卖,但其并没有明确说是土地使用权的买卖,不能想当然地认为他们买卖的就是土地使用权;安某某虽然也说交易的性质是土地买卖,但是在整个交易流程中他只是起到引荐、介绍作用,作为行外人士对于交易的实质并不了解,况且他也没有明确说买卖的就是土地使用权。从实践来看,土地的交易非常复杂。从交易主体来看,既有一级市场的交易,又有二级市场的交易;在一级市场中,既有出让的交易形式,又有无偿划拨的形式;在二级市场中,既有土地使用权的转让,又有土地使用权的出租、抵押;等等。而上述各种交易形式在日常生活中往往笼统地被称为买地或者卖地。因此,对于该案中南福公司及其负责人刘某某、王子公司及其负责人王某某以及安某某等人在笔录中所说的"卖地""买地",不能一概地将其理解为就是土地使用权的转让,而应结合交易的实质内容,将其认定为合作开发权的转让更为合适。

第二,结合该地块的权属状况、自然性质以及王某某、刘某某等人的从业经历来分析,宜将交易的性质界定为合作开发权的转让。

1. 王子公司虽然有建设规划许可证、国有土地使用权证,但是其一直不符合转让土地使用权的条件。

其一,根据某县人民政府的批复,该块土地不得私下转让。以此逻辑,这块土地的某一部分(83 亩地中的 20 亩地)更不得私下转让,王子公司显然不具备合法转让该地块使用权的程序性条件。

其二，根据 1994 年《城市房地产管理法》的规定[①]，当时王子公司也不具备合法转让的实质条件。王子公司拿到这块地后，没有进行开发，也没有进行相应的投资，按照规定，土地使用权显然不得予以转让。上述论断，既适用于第一次交易，也适用于第二次交易。

2. 该 83 亩土地只有一个土地使用权证和规划许可证，20 亩土地位于这 83 亩之中，如果将其土地使用权分割转让，则破坏了统一的规划，在建设等方面造成很多困难，市场价值将大大缩水。相反，将 20 亩土地纳入 83 亩土地的统一规划中并进行合作开发，一起建设、一起施工，市场价值则不会受到影响。

3. 王子公司的负责人王某某与南福公司的负责人刘某某都是从事房地产经营管理的业内人士，熟悉房地产转让的法律法规，对于非法转让土地使用权的法律后果非常清楚（如果强行转让土地使用权，王子公司就涉嫌构成非法转让土地使用权罪；而一旦确认转让合同无效，南福公司的预期合同利益也会遭受巨大损失）；其对于采取合作开发方式对该项目价值的提升以及具体的运作方式也非常清楚。

综上，该地块的自然属性决定了分割转让将会降低其经济价值，法律属性决定了该地块不允许进行分割转让，而王某某与刘某某都是房地产业内人士，对于何为违法、何为合法以及如何提高（至少是不能降低）项目的商业价值应该有较为清晰的判断。在此情况下，转让土地的合作开发权而不是转让土地的使用权，显然是更为合法、稳妥的方式。因此，双方最终签订书面的合作开发合同，约定共同开发，这应该是双方的真实意思表示。

第三，将这种交易的性质界定为联合开发，可以合理解释诸多疑惑问题。

1. 王子公司与林某某之间所谓的土地买卖，实质上就是合作开

① 1994 年《城市房地产管理法》第 38 条规定："以出让方式取得土地使用权的，转让房地产时，应当符合下列条件：（一）按照出让合同约定已经支付全部土地使用权出让金，并取得土地使用权证书；（二）按照出让合同约定进行投资开发，属于房屋建设工程的，完成开发投资总额的百分之二十五以上；属于成片开发土地的，形成工业用地或者其他建设用地条件。转让房地产时房屋已经建成的，还应当持有房屋所有权证书。"

发,所以王子公司不构成非法转让土地使用权的犯罪(按照司法机关对林某某的起诉书所持理由,在第一笔交易中王子公司已经涉嫌构成非法转让土地使用权罪,但司法机关最终没有起诉王子公司,这显然与王子公司向林某某转让的土地的权利性质有关),所以检察院也没有起诉王子公司的转让土地使用权的行为。

2. 无论是在第一次交易中,还是在第二次交易中,这 20 亩土地在 83 亩土地中的位置都没有明确,如果将交易性质界定为土地使用权的买卖,也就意味着林某某要占有或者控制着这块土地,但事实上林某某连这块土地的具体位置都不明确,谈何占有或者控制这块土地? 如果界定为联合开发,那么这 20 亩地在 83 亩地中的具体位置如何,林某某也就不用关心了,她只需要关心这块土地联合开发以后的价值升值即可。显然,将其界定为合作开发,更能合理解释这作为合同标的的 20 亩土地位置的模糊性问题。

3. 林某某 2009 年转让土地的背景是:王子公司于 2008 年准备开发这块土地,找到林某某要求共同投资,但林某某资金短缺,不得不将该 20 亩土地使用权转让出去,于是南福公司接手。如果将上述交易界定为土地使用权的转让,那么王子公司根本没必要、也没有权力在开发的时候要求林某某进行投资,更没有必要也没有权力要求南福公司与自己联合开发并签署联合开发的《补充协议》。如果将其解释为是合作开发权的转让,则上述整个交易流程都可以获得合理的解释。

从王子公司与南福公司签署的《联合投资开发别墅区项目合同书》及其《补充协议》的内容来看,双方约定了风险共担、收益共享的原则;根据最高人民法院《关于审理涉及国有土地使用权合同纠纷案件适用法律问题的解释》,其是一份有效的民事合同,建立在该有效民事合同基础之上的联合开发行为,不应认定为是一种非法倒卖土地的行为。现实生活中,有关土地的交易形式各种各样,合作开发的形式也在不断创新(已得到官方认可的合作形式参见 2014 年《国务院办公厅关于支持铁路建设实施土地综合开发的意见》)。然而,相关的土地管理法律法规存在一定的滞后性,使很多新型的交易形式处于合法与非法之间。在这样的情况下,司法机关不宜僵硬地适用刑法条文,将一些在土地法律法规上性质比较模糊的行为认定为非法转让、倒卖土地使用权的行为。如此,才能既符合刑法谦抑的精神,又能更好地维护社会主义市场经济秩序。

与上述问题类似的是,以土地使用权为内容的股权转让行为是否属于“以股权转让为名,变相违规转让、倒卖土地使用权”的行为;对此学术界争议很大,司法实践中有不少案件已按照非法转让、倒卖土地使用权罪定罪处罚。有学者认为,行为人以股权转让的形式实现了土地使用权(或房地产项目)转让的真实目的时,其不构成非法转让、倒卖土地使用权罪。[①] 该学者还进行了较为深入的论证:首先,将此种情形下的股权转让视为土地使用权的非法转让,直接违反了公司法等前置法的明确规定。其次,股权转让并不直接引起权利主体名下的土地使用权的实际转让。从物权流转的角度分析,这一交易模式并没有真正实现对土地使用权主体的变更,当然也就不存在违反土地流转等法律法规的可能。再次,事实上,房地产企业和非房地产公司大量实施包含土地使用权益的股权转让(转移)行为,尤其是股市上每天都在进行的股权转移,其中就包括房地产企业与非房地产企业涉土地权益的股权转移,而这些行为完全合法。最后,将名义上入股或转让股权,但背后涉及土地使用权转让的行为都以非法转让土地的犯罪论处,没有顾及民事判决上对此的一贯态度,没有考虑法秩序统一性原理。[②] 本书赞同这一观点。需要补充的一点是,在评价某一既涉及民事法律又涉及刑事法律的行为的法律性质时,如果该行为在民事法律上是一项合法的行为,在刑事法上就不可能是犯罪行为。换言之,刑事法上的犯罪行为,必然以相应的民事、行政违法行为在先,由于其超越了民事、行政法律的规制范围或规制能力,才被纳入刑事法律的规制范围。对于以股权转让的形式实现土地使用权(或房地产项目)转让真实目的的行为,由于股权转让相关的法律法规并不禁止该类行为,也即该类行为在相

---

① 参见周光权:《股权转让与非法转让、倒卖土地使用权罪》,载《法治日报》2021年6月16日,法学院版。

② 参见周光权:《股权转让与非法转让、倒卖土地使用权罪》,载《法治日报》2021年6月16日,法学院版。

关民事、行政法律上是合法行为,在刑事法律上就不应认定其为犯罪。

六、非法获利数额的认定

构成本罪,必须达到"情节严重"的程度。最高人民法院 2000 年《土地案件司法解释》规定,"情节严重"包括"非法获利五十万元以上的"以及其他情节。但是,司法解释并没有明确什么是"非法获利",针对非法获利含义的学术研究也很少,因此,明确什么是"非法获利"以及"非法获利数额"如何计算,对于正确适用司法解释,加强土地资源的刑事司法保护意义重大。考虑到此处的非法获利数额与《刑法》和司法解释中使用更为广泛的"违法所得数额"含义基本一致,因而,本书以违法所得数额的认定为例,对非法获利数额中的相关问题加以研究。

违法所得数额常见于《刑法》第三章破坏社会主义市场经济秩序犯罪中。例如,在有关侵犯著作权罪,销售侵权复制品罪,非法制造、销售非法制造的注册商标标识罪和假冒专利罪的《刑法》条文和司法解释中,"违法所得数额较大"已被作为认定犯罪的一个标准或刑事门槛。违法所得数额的认定中,争议最大的就是是否应该扣除犯罪成本。对此,司法解释与相关行政规章性文件规定不一,有的甚至还出现了相互矛盾的情况:

一部分司法解释性文件明确规定"违法所得"系获利数额。此类司法解释性文件有 3 个:(1)最高人民法院 1995 年向湖北省高级人民法院下发的《关于审理生产、销售伪劣产品刑事案件如何认定"违法所得数额"的批复》(已于 2013 年 1 月失效)明确:"全国人民代表大会常务委员会《关于惩治生产、销售伪劣商品犯罪的决定》规定的'违法所得数额',是指生产、销售伪劣产品获利的数额。"(2)最高人民法院 1998 年《关于审理非法出版物刑事案件具体应用法律若干问题的解释》第 17 条明确:"本解释所称'违法所得数额',是指获利数额。"(3)最高人民法院、最高人民检察院 2012 年《关于办理内幕交易、泄露内幕信息刑事案件具体应用法律若干问题的解释》第 10 条明确:"……'违法所得',是指通过内幕交易行为所获利益或者避免的损失。”按照上述规定，违法所得数额就是获利数额，在计算时，当然应该扣除犯罪成本。

另一部分司法解释性文件明确“违法所得”系通过实施犯罪直接、间接产生或者获得的任何财产。此类司法解释性文件包括：(1)最高人民法院、最高人民检察院、公安部于2014年联合印发的《关于办理非法集资刑事案件适用法律若干问题的意见》第5条：“向社会公众非法吸收的资金属于违法所得。以吸收的资金向集资参与人支付的利息、分红等回报，以及向帮助吸收资金人员支付的代理费、好处费、返点费、佣金、提成等费用，应当依法追缴。”(2)最高人民法院、最高人民检察院2017年出台的《关于适用犯罪嫌疑人、被告人逃匿、死亡案件违法所得没收程序若干问题的规定》第6条明确：“通过实施犯罪直接或者间接产生、获得的任何财产，应当认定为刑事诉讼法第二百八十条第一款规定的‘违法所得’。违法所得已经部分或者全部转变、转化为其他财产的，转变、转化后的财产应当视为前款规定的‘违法所得’。来自违法所得转变、转化后的财产收益，或者来自已经与违法所得相混合财产中违法所得相应部分的收益，应当视为第一款规定的‘违法所得’。”①按照上述规定，违法所得数额就是通过实施违法犯罪活动取得的任何财产，在计算时当然不应该扣除犯罪成本。

对于违法所得数额的含义问题，不但司法解释性文件意见不一致，在学术界和实务界也存在不同看法。在讨论最高人民法院、最高人民检察院2004年《关于办理侵犯知识产权刑事案件具体应用法律若干问题的解释》的过程中，有人也主张违法所得数额就是行为人非法获利数额，认为既然是违法所得，当然就是其非法经济活动后的投入与产出之比，行为人实际上获利多少，才是非法所得数额。但很多人不赞成这一理解，认为对非法经济行为的评价，应当是整体的，而不应当是部分的；如果区分行为人获利或者不获利，对于行为人非法经营数额巨大但没有获利的案件，侵权产品没有销售

---

① 参见刘晓虎、赵靓：《“违法所得”概念的界定和司法认定》，载《人民法院报》2018年7月4日，第6版。

出去的案件,销售出去后无法计算利润的案件等,都无法追究刑事责任。同时,如果认为是利润,是按照毛利润还是净利润计算,是按照经营利润还是按照销售利润计算等,也无法明确。况且实施侵犯知识产权犯罪的行为人,通常不做账或者做假账,使司法机关和权利人根本无法分清究竟造假的成本是多少,利润是多少。因此,把违法所得数额理解为非法获利数额,既不符合立法原意也不切合实际。[①] 基于该种考虑,该司法解释只规定了违法所得数额的具体标准或者说刑事门槛,但并没有明确违法所得数额的具体含义。

可见,明确"违法所得数额"的含义和计算标准问题,对于准确认定犯罪和保证执法统一具有重要意义。在本书看来,如何界定违法所得数额的含义确实是一个难题,如果一律不扣除犯罪成本,违法所得数额就变成了销售金额,也就等于取消了违法所得数额。如果一律扣除犯罪成本,则把违法所得数额等同于非法营利数额,也难以令人信服。对此,有学者提出,"违法所得"概念的界定和认定应当区分不同层面。这一观点很具有启发性,可资借鉴。其基本观点是:(1)对于规定"违法所得"旨在提供定罪处罚标准的情形,[②]获利或者避免损失的数额最能准确反映犯罪的社会危害性。以非法经营犯罪为例,绝大多数非法经营犯罪都是以牟利为目的,有的非法经营犯罪投入成本很高,而有的投入成本较低,从非法经营数额或者销售收入角度,难以准确反映非法经营行为的投机和社会危害程度。故对于此类情形,可以将"违法所得"的概念界定为"获利"或者"避免的损失"。(2)对于因客观原因无法查清生产、销售成本的案件,为准确体现犯罪的社会危害性,以便精准定罪处罚,可以委托相关部门对生产、销售成本进行鉴定,不可因为无法查清而对生产、销售成本不予扣除。对于犯罪嫌疑人、被告人故意销毁账簿、做假账或者以其他方式阻扰、干预侦查导致生产、销售成本无法查清的,应当由其承担不利法律后果,可以根据原国家工商行政管理总

① 参见胡云腾、刘科:《知识产权刑事司法解释若干问题研究》,载《中国法学》2004年第6期。

② 如《刑法》第217条规定"违法所得数额较大或者有其他严重情节的,处三年以下有期徒刑,并处或者单处罚金"。

局的《工商行政管理机关行政处罚案件违法所得认定办法》,不扣除相关成本,直接将销售收入认定为“违法所得”。(3)如行为人并非全案违法,仅部分环节违反法律规定,此种情况下应当确定违法所得和添附的比例,没收时适用比例原则,不宜不加区分一概没收全部财产。如行为人通过行贿手段低价获取国有土地使用权,从事房地产合法经营,仅行贿环节构成犯罪,获得国有土地的差价部分应当认定为“违法所得”;同时,还应当准确认定差价部分在整个房地产经营收入中的比例,按照该比例确定最后没收违法所得的数额。[①]下面以案例四为例讨论“违法所得数额”的认定问题。

案例四:2004 年青岛市黄岛区宝山镇政府为招商引资,准备将镇政府礼堂给闫某搞服装加工,后闫某看中了原属宝山镇的宝山镇中心中学东侧的一块土地,宝山镇政府以政府礼堂置换了该宗土地,无偿租赁给闫某搞服装加工。后闫某与镇政府在没有正式签订合同,也没有正式办理土地使用手续的情况下进行了施工建设。当时闫某的公司还没有正式注册,工程也一直时建时停。2005 年 4 月,在原胶南宝山法律服务所崔某文的见证下,闫某将该土地及尚未建成的厂房以 35 万元的价格转让给被告人李某某。同年,因以个人名义无法办理土地使用权证,被告人李某某以集体的名义为该土地办理了集体土地使用权证,土地面积合计 12.7 亩,工业使用用途。后被告人李某某在该宗土地上建筑了一处厂房用于租赁。2013 年 9 月,被告人李某某在未经村委会研究,未经政府相关部门批准的情况下,个人与李某 1、隋某(隋某买地,李某 1 出资帮助隋某)签订土地使用权转让协议书,以 385 万元的价格将该宗土地的使用权永久转让给李某 1、隋某;后李某某又用村里旧的没有交上去的公章以胶南市宝山镇村民委员会的名义与李某 1 签订土地租赁协议书,对该宗土地由转让变更为租赁给李某 1 永久使用,并将该宗土地的集体土地使用权证交付隋某。后因李某某案发,隋某未利用该宗土地搞建设,只是在厂房里存放一些物品。案发后,被告

① 参见刘晓虎、赵靓:《“违法所得”概念的界定和司法认定》,载《人民法院报》2018 年 7 月 4 日,第 6 版。

人李某某委托资产评估事务所，对该宗土地上其所建厂房、院墙、地面等构建物进行评估，评估价值为331.83余万元。

人民法院审理后认为，被告人李某某从闫某手中取得土地后建设厂房并予以使用，后虽办理了集体土地使用权证并实际使用该地，但该地的所有权及使用权均属于村集体，未经批准不得转让；而被告人李某某以非法牟利为目的，非法转让村集体土地使用权，非法获利50万元以上，情节严重，其行为构成非法转让土地使用权罪。公诉机关指控被告人李某某犯非法转让土地使用权罪的事实清楚，证据确实、充分，定性准确，但指控其非法转让土地使用权"情节特别严重"不当。公诉机关指控被告人李某某转让该土地使用权总价值人民币385万元，因其在该宗土地上已建设厂房等附着物，现经评估，该宗土地上其所建厂房、院墙、地面等构建物评估价值为331.83余万元，该评估价值为被告人自行主张，且公诉机关无异议，因此对其所投入的价值应予以扣除。鉴于被告人李某某非法转让土地使用权后即案发，该宗土地尚未被受让者实际建设使用，且被告人非法获利数额较小，其犯罪情节轻微，可免予处罚。①

在非法转让、倒卖土地使用权犯罪中，规定"违法所得"或非法获利数额，目的在于为非法转让、倒卖土地使用权的行为提供定罪处罚的标准。既然如此，扣除成本的获利数额，最能反映非法转让、倒卖土地使用权行为的危害程度。因此，在计算违法所得数额时，应把土地上其所建厂房、院墙、地面等构建物评估价值予以扣除。同样的道理，在前述案例一中，即使认定其存在违法所得，在计算违法所得时也应将王某某等人合法投入的成本予以扣减：(1)应该扣除被告人王某某等人流转土地后为复耕、改良土壤进行的投入。据被告人及同案犯蒋某某陈述以及流转土地的农民证言证实，当时被告人承包土地时，地上有村民自建的貂棚和其他养殖棚、附属物、树木，本案中58份土地转包合同也证明了当时土地流转时存在村民自建的貂棚和其他养殖棚、附属物、树木。被告人为拆除上述构筑物、附属物及土地复耕、改良土壤达到能够进行农业种植的程度，共

① 参见青岛市黄岛区人民法院刑事判决书，(2015)黄刑初字第589号。

计花费100万余元。对于该部分的投入,应在认定被告人非法获利数额中依法予以扣减。(2)应该扣除被告人孙某某等人的融资成本。被告人当初为筹资流转土地,向社会高息借款,累计支付利息共计2,127,500元。上述利息支出系被告人王某某为土地流转筹资承担的成本费用,在认定被告人非法获利数额中也应依法予以扣减。

七、“以牟利为目的”的理解与认定

(一)“以牟利为目的”的基本含义

“以牟利为目的”是本罪的主观构成要件要素,因而行为人主观上是否具有牟利的目的,也是区分是否构成本罪的重要标志。“以牟利为目的”是指行为人将谋取利润作为实施犯罪行为的目的。其含义与“以营利为目的”基本相同,可以通用。[①] 我国《刑法》第152条、第175条、第187条、第228条、第265条、第326条、第363条规定“以牟利为目的”,而《刑法》第217条侵犯著作权罪、第218条销售侵权复制品罪以及第303条,明确规定犯罪构成的主观要件要素是“以营利为目的”。从这些条款来看,“以营利为目的”或者“以牟利为目的”分别具有不同的功能:(1)区分罪与非罪的功能。例如,《刑法》第217条规定构成侵犯著作权罪要具有“以营利为目的”要素,而其他条文中又没有不“以营利为目的”而构成侵犯著作权罪的规定,因而只有“以营利为目的”而实施侵犯著作权行为的,才可以构成侵犯著作权罪。(2)区分此罪与彼罪的功能。例如,《刑法》第363条规定的传播淫秽物品牟利罪要求“以牟利为目的”,而对于不“以牟利为目的”的传播淫秽物品行为,则适用《刑法》第364条规定的传播淫秽物品罪。两罪的其他构成要件基本相同,区别就在于是否具备“以牟利为目的”要素,因而法定刑差别也较大。(3)区分重罪与轻罪的功能。如果刑法没有将“以营利为目的”或者“以牟利为目的”作为构成要件,一般情况下,具有营利目的的行为人实施

① 参见张明楷:《论刑法中的“以营利为目的”》,载《检察理论研究》1995年第4期。

该罪行为的社会危害性相对于不具有营利目的的行为人的社会危害性要重,因而应适用较重的刑罚。

虽然“以牟利为目的”根据不同标准可以划分为“利己目的与利他目的”“确定牟利目的与非确定牟利目的”“直接牟利目的与间接牟利目的”等不同类型,但根据犯罪行为能否直接获取非法利润而区分的直接牟利目的与间接牟利目的在实践中争议最大,认定最为困难。直接牟利目的,是指只要行为人实施了刑法规定的构成某种犯罪的犯罪行为,就能直接获取利润。例如,由于盗版书相对于正版书成本较为低廉,行为人只要擅自出版他人享有专有出版权的图书并进行销售,即可以获得非法利润。间接牟利目的,是指行为人实施完毕刑法规定的构成某种犯罪的犯罪行为,并不能直接获取利润,尚需要行为人或者第三人实施其他行为才能获取利润。例如,对于行为人在销售的计算机硬件中附赠盗版软件的行为,行为人在实施侵犯著作权罪即发行盗版软件过程中并不能直接获利,因为软件是“附赠”即免费的,其实现牟利目的要靠销售计算机硬件的行为来完成。

由于行为人是否可以从犯罪行为中直接获利的不同,直接牟利目的相对较好认定,而间接牟利目的相对较难认定。当然,尽管间接牟利目的较难认定,但它毕竟是人的一种主观心理态度,而不是仅仅停留在其大脑中的纯主观思维活动,它必然要支配行为人客观的犯罪活动,从而可以通过犯罪前、犯罪中、犯罪后的一系列客观外在活动表现出来。[①] 因此,在司法实践中,可以通过考察行为人的客观外在活动来认定行为人是否具有牟利目的,这些活动具体包括违法行为发生的背景、违法行为的次数、规模、实际获利状况等。因此,判定某项行为是否具有牟利目的这种主观要素,需要进行宏观上的、整体上的考察,不能以某一个别“行为段”不存在牟利性而认定整体行为不存在牟利目的。事实上,只要行为人整体行为在宏观上属于以牟利为目的,其就应当被视为“以牟利为目的”。

---

① 参见高铭暄、马克昌:《刑法学》,北京大学出版社、高等教育出版社 2000 年版,第 108 页。

（二）典型案例分析

土地使用权转让是指土地使用权人将土地使用权再转移的行为，包括出售、交换和赠与。其中交换、赠与一般情况下难以牟利，因而以这种方式违反法律转让土地使用权的行为，不具有牟利目的，难以构成本罪；如果行为人不了解土地使用权转让程序而造成土地使用权转让行为不合法的，其在对行为性质的认识上存在过失，不具有牟利的目的，也不构成本罪。

案例五：1999 年 2 月，经原河北省土地管理局确认，原华北石油二基地的土地性质为国有土地。同年 6 月 1 日，河间市人民政府将上述国有土地使用权收回，并要求该基地现有农业用地在市土地局监督下由行别营乡政府负责与石油占地村参照土地延包政策签订使用协议。2006 年 9 月左右，河间市行别营乡行别营村党支部、村委会与荣良庄村党支部、村委会共同协商，并经村民代表大会一致同意，在原华北石油二基地部分土地上共同开发建设行别营开发区（现已建成）。被告人杨某占经考察欲在行别营开发区投资建厂。2007 年 4 月 10 日，经河间市行别营乡司法所见证，行别营村委会与被告人杨某占签订"土地转让协议"，该协议约定：行别营村委会将 30 亩土地（该宗土地类型为基本农田）以 54 万元的价格转让给被告人杨某占作为其办厂用地。当日被告人杨某占将 54 万元交到行别营村委会在行别营乡财政所设立的账户上。之后被告人杨某占拉土、平整土地、购买砖等建筑材料，准备在该土地上建设厂房。因资金短缺，被告人杨某占在不能及时建厂及乡、村催促其尽快建厂的情况下，与饶之某、卫某甲等九人达成转让该土地的意向并向行别营乡政府领导咨询。2009 年 11 月 5 日，被告人杨某占与饶之某、卫某甲等九人签订转让协议，按协议约定：被告人杨某占将上述 30 亩土地以 180 万元的价格转让给饶之某等人，转让后涉案 30 亩土地的有关事项按杨某占与行别营村委会所签订协议执行。2009 年 11 月 16 日，饶之某、卫某甲等九人向行别营乡财政所缴纳土地罚款共计 60 万元。现饶之某等人已在上述 30 亩土地上按开发区的规划完成了建设。

人民法院审理后认为，在河间市行别营村委会与荣良庄村委会共同建设开发区、招商引资的背景下,被告人杨某占经考察欲在涉案的30亩国有土地上投资建厂,并作为投资人于2007年4月10日在河间市行别营乡司法所见证下与行别营村委会签订了投资建厂的协议,以54万元的价格取得了在涉案30亩国有土地上投资办厂的权利。被告人杨某占将54万元交到河间市行别营乡财政所后,按照行别营乡和行别营村委会建设开发区的整体规划,开始实施平整土地、购买建筑材料等一系列建厂行为,后因资金短缺,致使该地闲置至2009年。因杨某占未能及时建厂,影响行别营开发区的整体建设,在行别营乡、村多次催促其尽快建厂的背景下,杨某占在与饶之某等九人达成转让意向并向乡政府领导咨询转让事宜后,于2009年11月以180万元的价格将涉案30亩土地转让给饶之某等九人。饶之某等人受让后及时向行别营乡财政所缴纳了60万元土地罚款,并按照行别营开发区的建设规划实施了投资建厂的行为。综上,被告人杨某占不具备以牟利为目的非法倒卖土地使用权的犯罪主观故意,公诉机关关于被告人杨某占以牟利为目的,非法倒卖土地使用权,情节特别严重,其行为构成非法倒卖土地使用权罪的指控不能成立,法院不予支持。判决被告人杨某占无罪。①

在本案中,如果单独审查被告人杨某占以54万元的价格购入涉案土地使用权,又以180万元的价格转让该土地使用权的行为,那么其就存在具有牟利目的的嫌疑。但是,认定是否具有牟利目的时,应该重点考察以下几个事实:其一,被告人杨某占购买涉案土地使用权与转让该土地使用权之间的时间间隔。一般来说,间隔时间很短的,认定具有牟利目的的可能性就大;反之,认定为具有牟利目的的可能性就小。本案中,由于买入土地使用权是2007年,卖出土地使用权是2009年,时间间隔达2年;如果仅仅从时间间隔上来看,既不算长,也不算短,即使不能直接否定其具有非法牟利的目的,但也不能以此直接认定其具有非法牟利的目的。其二,卖出土地使用权的原因。如果卖出土地使用权是出于地价上涨等有利可图的原因,则具有牟利的目的;如果卖出土地使用权是出于其他原

① 参见河北省河间市人民法院刑事判决书,(2012)河刑初字第348号。

因,如本案中存在的被告人资金紧张、开发延迟,以及其他类似案件中出现的政策变动导致的、拆迁困难导致的原因,则不能认定被告人具有牟利的目的。其三,考察行为人是否按照土地用途进行了适当的开发或利用。行为人购买土地,都具有特定的目的,如开发房地产、发展农林产业。行为人取得土地使用权以后进行了适当的开发利用,则说明行为人不具有倒卖土地使用权的牟利目的。反之,如果行为人取得土地使用权以后,没有按照约定或者土地的用途进行开发利用,而是坐等升值后予以变卖获利,当然可以认定其具有牟利的目的。将上述分析运用到本案中,可以明显看出被告人杨某占不具有牟利的目的:第一,其在取得涉案土地的使用权以后,积极投入资金进行了土地开发利用;第二,之所以转让土地使用权,是由于资金紧张,而不是出于牟利的目的;第三,购入涉案土地使用权与出卖该使用权间隔 2 年以上;第四,之所以盈利,是由于土地的自然升值,并非被告人刻意追求的,被告人在购入土地使用权时也无法准确预料其会大幅升值。因此,综合本案的各种因素,应认定被告人不具有牟利的目的。

同样的道理,在案例二中,转让地上建筑物和附着物的 500 万元转让款远低于苗木公司实际投入的成本和承包合同解除后所造成的损失,苗木公司事实上也未从转让行为中牟利,应认定其不具有牟利的目的。如前所述,在《资产转让协议》签订前,苗木公司负责人孙某某已经在该土地上投入大量资金,包括从前手承租人处购买地上资产、升级改造原有加气站、修建园区道路、种植行道树、打井、铺设水电管网设施、种植培育大量可销售苗木、支付租金及工作人员工资等,实际已支出成本 600 余万元。整个园区建设规范,颇具规模。而且,园区所育种苗木两年后即可销售,可实现销售利润数百万元。但因居委会提前解除承包合同,该项收益化为乌有。在耀华公司多次找政府领导沟通、通过亲戚关系进行协调的情况下,孙某某为配合政府重大项目的顺利进行,同意作出牺牲和让步,以 500 万元转让地上建筑物、附着物等资产。这一价格显然不足弥补孙某某投入的成本,更谈不上对经营收益的补偿。孙某某或苗木公司并未从本次转让行为中获取任何利润,所得转让款尚不足弥补其成本，因而不能认定其具有“牟利目的”的主观违法要素。

八、违法性错误认识的适用问题

违法性错误认识的基本含义

成立犯罪是否需要违法性认识（违法性认识的可能性），在理论上是一个有争议的问题。违法性认识错误大体上可以分为两种情形：一种是可以回避的违法性认识错误，在此情形下，行为人具有违法性认识的可能性；另一种是不可回避的违法性认识错误，在此情形下，行为人没有违法性认识的可能性。在大陆法系国家，关于成立犯罪是否需要行为人具有违法性认识或者违法性认识的可能性，以及故意与违法性认识的关系问题，存在不同学说。现在的通说认为：一方面，故意犯罪的成立不要求行为人现实地认识到刑事的违法性，或者说不要求行为人现实地认识到自己的行为被刑法所禁止。另一方面，缺乏违法性认识的可能性，意味着没有责任，即一种责任阻却事由。根据限制责任说的观点，违法性认识的可能性不是故意的要素，而是责任的要素；实施了违法构成要件的行为人不具有违法性认识的可能性时，不能对其进行法的非难。①

那么，如何判断行为人是否具有不可避免的违法性认识错误呢？一般说来，可以遵循以下的逻辑顺序加以判断：首先，应以行为人能够认识自身行为的具体的违法性为前提。其次，在判断行为人是否存在省察不法性的机会的同时，应该考虑其行为状况、生活圈、职业领域以及被侵害的规范的特性等。只有对这些因素全面考量，才能对“机会”发生的概率有一个理性的评价。最后，一旦确认存在这种机会，就要评价行为人是否运用了自身的认识能力去解除疑问。在完全不具有省察自身行为是否具有不法性的契机，或即使存在这种契机且作出了为消除疑问的努力，但还是没有认识到违法性时，将行为人认定为具有违法性认识错误是不可能避免的。② 反之，

---

①　参见张明楷：《刑法学》，法律出版社2011年版，第302～303页。

②　参见王胜华：《违法性认识错误避免可能性的判断——以大陆法系国家（地区）的刑法规定与司法实践为进路》，载《西部法学评论》2013年第5期。

将行为人认定为具有违法性认识错误是可避免的。

鉴于回避可能性的判断标准不是“一般人”，而是具体状况下的“行为者本人的个人的能力”；因此，具体到前述案例三中，即使认定交易标的的性质为土地使用权，也难以认定林某某具有非法倒卖土地使用权罪的责任形式。非法倒卖土地使用权罪是故意犯罪，构成本罪，除了要求行为人实施了非法倒卖土地使用权的行为以外，还要求行为人在买卖土地使用权时认识到该土地使用权处于不能买卖的状态（在该案中，具体就是1994年《城市房地产管理法》第37条、第38条规定的禁止买卖的几种情况①），以及认识到买卖土地使用权的行为是一种违法行为（如下所述，还有一些争议）。如果行为人在买卖土地使用权时没有认识到该土地使用权处于不能买卖的状态，这是一种事实上的认识错误，不能认定其具有犯罪故意。如果行为人在买卖土地使用权的时候没有认识到其违法性，这是一种违法性的认识错误，是否一概阻却犯罪故意在理论上尚有重大争议；但对于法定犯来说，违法性认识的错误可阻却责任的观点还是得到了相当一部分学者的认同。

就案例三而言，退一步来说，即使认定交易的标的是土地使用权，且能够认定林某某认识到该20亩土地处于不能交易的状态，②也难以认定林某某具有非法倒卖土地使用权犯罪的犯罪故意：

第一，现有证据无法证实林某某知道买卖土地使用权的违法性。从所有笔录的内容来看，南福公司负责人刘某某以及王子公司

---

① 第37条规定：“下列房地产，不得转让：（一）以出让方式取得土地使用权的，不符合本法第三十八条规定的条件的；（二）司法机关和行政机关依法裁定、决定查封或者以其他形式限制房地产权利的；（三）依法收回土地使用权的；（四）共有房地产，未经其他共有人书面同意的；（五）权属有争议的；（六）未依法登记领取权属证书的；（七）法律、行政法规规定禁止转让的其他情形。”第38条规定：“以出让方式取得土地使用权的，转让房地产时，应当符合下列条件：（一）按照出让合同约定已经支付全部土地使用权出让金，并取得土地使用权证书；（二）按照出让合同约定进行投资开发，属于房屋建设工程的，完成开发投资总额的百分之二十五以上，属于成片开发土地的，形成工业用地或者其他建设用地条件。转让房地产时房屋已经建成的，还应当支持有房屋所有权证书。”

② 实际上，该认定比较勉强。因为林某某没有去经营管理这块土地，对于土地是否开发、开发程度如何，其一直并不清楚。现有的证据材料也没有明确林某某是否知道该块土地是否经过开发或者进行过投资。

负责人王某某都明确指出他们知道买卖土地使用权是违法的，但没有证据显示林某某认识到买卖土地使用权是违法的。刘某某以及王某某都是房地产界人士，认识到买卖土地使用权的违法性是正常的。但林某某并非房地产界的商人，尽管其也从事经营活动，尽管其持有该20亩土地，但“隔行如隔山”，对于房地产转让的法律法规不甚明了是很正常的。因此，在没有明确的证据证明林某某知道买卖土地使用权具有违法性的时候，应认定其不知道买卖土地使用权的违法性。

第二，理论界尽管对于违法性认识是否必要一直存有争议，但大体上还是达成一些共识，即对于自然犯，不需要违法性认识即可以认定行为人具有犯罪故意；对于法定犯，尤其是一些新制定的法律规范，适用于特定地域、特定时间的法律规范，特别复杂的法律规范，需要违法性认识才能认定具有犯罪故意。房地产交易法律法规既包括《土地管理法》，又包括《城市房地产管理法》这类规制内容存在诸多交叉的法律；既包括《土地管理法实施条例》《城市房地产开发经营管理暂行条例》等中央人民政府制定的行政法规，又存在大量的省级、市级人大和政府部门出台的地方性法规，乃至连法规都谈不上的一些规定等，就其规定的内容、制定的主体、效力的层级而言，显然属于特别复杂的法律规范，即使法律专家也未必完全清楚。对于这些层级各异、主体多样、内容交叉的土地管理法律法规来说，在行为人不具有违法性认识的情况下，不应认定其符合非法倒卖土地使用权犯罪的犯罪主观要件。

九、刑事政策的把握和贯彻问题

刑事政策具有法外出罪的功能。我国《刑法》和司法解释规定了不少法外出罪即“有罪归为无罪”意义上的出罪规范。例如，最高人民法院2010年《关于审理非法集资刑事案件具体应用法律若干问题的解释》规定，“非法吸收或者变相吸收公众存款，主要用于正常的生产经营活动，能够及时清退所吸收资金，可以免予刑事处罚；情节显著轻微的，不作为犯罪处理”。上述规定之所以被认为是法外出罪即“有罪归为无罪”意义上的出罪规范，依据如下：(1)“前行为”均已符合相关犯罪的构成要件。“有罪归为无罪”中的“有罪”，是指前行为已经构成犯罪。例如，对于非法吸收公众存款罪来说，其社会危害性就在于对金融秩序的破坏。因而，只要实施了“非法吸收或者变相吸收公众存款，扰乱金融秩序”行为（前行为），就已构成非法吸收公众存款罪（当然，需要符合司法解释规定的刑事门槛），并不会因为所吸收的存款“主要用于正常的生产经营活动，能够及时清退所吸收资金”就不构成非法吸收公众存款罪，否则，不可能对之“免除刑事处罚”（“免除刑事处罚”的前提，仍然是前行为已经构成犯罪）；同样，也不能因为“情节显著轻微”而依据“但书”予以出罪（仅仅“情节显著轻微”，尚达不到“情节显著轻微危害不大”的“但书”适用条件）。因此，较为妥当的解释只能是，前行为已经符合了非法吸收公众存款罪的犯罪构成，但基于存在出罪事由，故而不再作为犯罪处理。（2）出罪后果是“无罪”。该类型的出罪后果主要有两种表述，一种是“可以不追究刑事责任”（或“不作为犯罪处理”），另一种是“可以免予（免除）刑事处罚”。对于“可以不追究刑事责任”来说，其显然可以实现“无罪”的出罪后果。对于“可以免予（免除）刑事处罚”来说，既可以定罪免刑，也可以按照刑事诉讼法中的不立案（撤销案件）、酌定不起诉等处理。如果按照撤销案件或酌定不起诉处理，也可以在司法上实现“无罪”的出罪后果。

通说认为，这种“有罪归为无罪”意义上的出罪规范，只能从刑事政策上寻找依据。例如，劳东燕教授指出，这些“不作为犯罪处理”的依据，不可能在传统刑事法理论中找到，“只有考虑刑事政策的因素，才能理解为什么可以将相关行为作无罪化处理。在特定情况下，刑事政策具有赋予特别豁免权而宣告行为无罪的功能，可以在既有的罪刑规范之外创设例外，宣告缺乏预防必要性的行为无罪”。[①] 陈兴良教授也认为，刑事政策所具有的实质判断、价值判断和目的判断功能虽然受到罪刑法定原则的约束，但其仍可以发挥出

① 劳东燕：《罪刑规范的刑事政策分析》，载《中国法学》2011 年第 1 期。

罪的功能,从而实现刑法的实质公正性。[①]

事实上,在非法占用农用地罪(或相关犯罪)的问题上,就存在"有罪归为无罪"意义上的出罪规范。例如,最高人民法院2010年《关于个人违法建房出售行为如何适用法律问题的答复》(法〔2010〕395号)就确立了基于刑事政策考量而予以出罪的适用规则:(1)在农村宅基地、责任田上违法建房出售如何处理的问题,由于涉及面广,法律、政策性强,目前有关部门正在研究制定政策意见和处理办法,在相关文件出台前,不宜以犯罪追究有关人员的刑事责任。(2)此类案件在部分地区发案较多。案件处理更应当十分慎重。要积极争取在党委统一领导下,有效协调有关方面,切实做好案件处理的善后工作,确保法律效果与社会效果的有机统一。(3)办理案件中,发现负有监管职责的国家机关工作人员有渎职、受贿等涉嫌违法犯罪的,要依法移交相关部门处理;发现有关部门在履行监管职责方面存在问题的,要结合案件处理,提出司法建议,促进完善社会管理。

从上述司法解释的具体内容来看,其实际上确认了一个基本的裁判导向,即在农村宅基地、责任田上违法建房出售如何处理的问题上,要确保法律效果与社会效果的有机统一。而所谓的"确保法律效果与社会效果的有机统一",实际上就是刑法和刑事政策的有机统一。换言之,在处理类似案件问题上,要高度重视刑事政策的作用。当前,司法实践中已经按照该解释精神,妥善处理了不少富有争议的案件。案例五就是其中具有代表性的一例。

案例六:蒙城县人民法院一审认定,2009年2月3日至7月12日,被告人马某、王某在不具备房地产开发资质,未取得工商营业执照、土地使用权证、建设规划许可证和商品房预售许可证的情况下,先期共同出资65万元(其中王某出资50万元、马某出资15万元),由马某与吴某等七户村民于2009年2月3日签订土地转让合同书,以每份土地167,000元的价格,购买吴某等七户村民的土地15

---

① 陈兴良:《刑法的刑事政策化及其限度》,载《华东政法大学学报》2013年第4期。

份,共购土地面积 4131 平方米,购买土地款共计 250 万余元。该土地为一般耕地,评估价格为 516 万余元。后二被告人在此土地上开发建设两栋 5 层共 90 套商品房,以每平方米 1100 ~ 1860 元不等的价格对外销售。经审计,该处对外销售和视同对外销售的 60 套商品房应取得收入金额为 10,374,502.00 元,按收入与成本配比原则,该 60 套商品房的成本费用金额为 7,415,805.13 元,应得利润 2,958,696.87 元。另外 30 套商品房未销售,其收入、成本、应得利润额未审计。

蒙城县人民法院一审认为:被告人马某、王某以牟利为目的,违反土地管理法规,非法转让、倒卖土地使用权,非法获利 2,958,696.87 元,严重侵犯了国家的土地管理制度,情节特别严重,其行为均已构成非法转让、倒卖土地使用权罪。被告人依法提起上诉后,二审维持原判。

后由于提起再审,再审法院再审后认为:本案原审上诉人马某、王某未经审批在集体土地上建房销售的事实清楚,但根据《最高人民法院〈关于个人违法建房出售行为如何适用法律问题的答复〉》,本案原审上诉人马某、王某在农村集体土地上违法建房出售的行为不构成刑事犯罪,该行为宜由主管部门依照行政法规予以处理。原审裁定认定事实清楚,但适用法律不当,依法应予纠正。原审上诉人马某和王某无罪。①

在本案中,二上诉人非法获取土地使用权后建房出售,主观上具有牟利的目的;客观上二人实施了违反土地管理法规,非法转让、倒卖土地使用权的行为,且情节特别严重,二上诉人的行为符合非法转让、倒卖土地使用权罪的犯罪构成要件,对此并无疑问。在案件基本事实没有变化的情况下,再审法院再审之所以判决上诉人无罪,显然是因为对法律适用的理解不同。再审法院再审时认为,其在宅基地上建房并对外出售的行为本来构成犯罪,但是基于这类案件在农村的常见多发以及其他复杂的因素,最高人民法院才提出"在相关文件出台前,不宜以犯罪追究有关人员的刑事责任";既然

---

① 参见安徽省亳州市中级人民法院刑事判决书,(2014)亳刑再终字第 00003 号。

如此,本案就不宜按照犯罪处理。

同样的道理,在前述案例二中,即使认定涉案情形属于非法转让、倒卖土地使用权的行为,也不应按照犯罪处理。理由是:

1. 不按照犯罪处理,符合最高人民法院司法解释规定的精神。

根据2004年《土地管理法》第63条的规定[①],在农村宅基地、责任田上违法建房出售的行为,显然属于非法转让、倒卖土地使用权的行为(该行为也是一种非法经营行为,因而与刑法中的非法经营罪存在法条竞合的关系),情节严重的,是应该构成犯罪的。但是,根据最高人民法院的答复,"不宜以犯罪追究有关人员的刑事责任"。之所以"不宜以犯罪追究有关人员的刑事责任",是因为"涉及面广,法律、政策性强……有关部门正在研究制定政策意见和处理办法"。

本案所涉及情形即与最高人民法院的答复中涉及情形类似:

其一,涉及面广,类似的行为在临沂地区较为普遍,在全国也较为普遍。仅就《资产转让协议》所涉土地而言,其自2013年来几经流转,一直由不同的主体承租和承包经营,涉及毛纺厂、宏业公司、居委会、苗木公司、耀华公司、某房地产公司、区政府及其街道办事处等众多参与主体。对该案按照犯罪处理,之前和之后一系列的同样交易行为显然也涉嫌犯罪,临沂市、山东省乃至全国范围内普遍采用的这一土地流转形式也会同样涉嫌犯罪,这将导致大量的企业破产、企业主被抓,农村地区的经济发展和社会稳定就会成为大问题。

其二,法律、政策性强,有关部门正在研究制定政策意见和处理办法。当前,我国农村集体土地的法律法规非常复杂,既包括《土地管理法》,又包括《农村土地承包法》这类规制内容存在诸多交叉的法律;既包括《土地管理法实施条例》等中央人民政府制定的行政法规,又存在大量的省级、市级人大和政府部门出台的地方性法规乃至连法规都谈不上的一些规定等;就其规定的内容、制定的主体、效

---

① 第63条规定,"农民集体所有的土地的使用权不得出让、转让或者出租用于非农业建设"。

力的层级而言，显然属于特别复杂的法律规范，即使法律专家也未必完全清楚。其中不少制定于20世纪或者21世纪初的法律法规已经严重滞后于社会发展，亟须修订。案发当时，我国有关部门正在研究起草新的法律法规，如《中华人民共和国农村土地承包法修正案（草案）》已经颁布，该草案规定了土地经营权的流转问题；中共中央办公厅和国务院办公厅还专门印发了《关于引导农村土地经营权有序流转发展农业适度规模经营的意见》，对农村土地有序流转和企业经营发文予以鼓励和指导。依据这些法律的修改意见和政策精神，苗木公司承包土地以及后来向耀华公司转让土地上的建筑和附着物的行为亦符合国家政策导向。

既然本案情形与最高人民法院的答复中列举的情形相似，其处理也应当相似，即"在相关文件出台前，不宜以犯罪追究有关人员的刑事责任"。

2. 不按照犯罪处理，符合保护民营企业和民营企业家的刑事政策。

"坚持公有制为主体、多种所有制经济共同发展"是我国宪法确立的现阶段基本经济制度。民营经济是我国社会主义市场经济的重要组成部分，但历史上，我国刑法立法和司法在对企业产权的保护上不同程度地存在"重国有、轻民营"的现象。[①] 这也在一定程度上成为我国推动民营企业产权平等保护的掣肘。推进民营企业产权的刑法保护，是我国完善企业产权保护制度并积极为企业家创新创业营造良好法治环境的重要方面。

为了加强对民营企业产权的保护，中共中央、国务院于2016年11月发布了《关于完善产权保护制度依法保护产权的意见》，2017年9月发布了《关于营造企业家健康成长环境弘扬优秀企业家精神更好发挥企业家作用的意见》，明确提出要加强对民营企业、民营企业家的权利保护。在此基础上，最高人民法院于2016年11月发布

---

① 因此，中国社科院大学副校长林维教授提出，在制度建设上，必须坚持权利平等、机会平等、规则平等，废除对非公有制经济各种形式的不合理规定，消除各种隐性壁垒，保证各种所有制经济依法平等使用生产要素、公开公平公正参与市场竞争、同等受法律保护、共同履行社会责任。

了《关于充分发挥审判职能作用切实加强产权司法保护的意见》，2018 年 1 月发布了《关于充分发挥审判职能作用为企业家创新创业营造良好法治环境的通知》，具体制定了保护民营企业的司法措施。

在这样的大背景下，2018 年最高人民法院提审了张某中等单位行贿、诈骗案，并通过再审对全案作出了无罪判决，充分显示出我国加强民营企业产权司法保护的坚强决心。张某中案的启发之一就是，必须重视刑事政策的妥善运用，客观地、实事求是地看待企业在发展过程中所产生的经营不规范问题。在刑事司法中，在解释犯罪构成要件过程中，必须清醒地、充分地认识到，在改革过程中可能存在制度规范不健全的情况，对疑难或有分歧的政策界限、法律争议，应当根据当时的情况，作对被告人有利的解释，对于在生产、经营、融资等活动中的经济行为，除法律、行政法规明确禁止的外，不得以犯罪论处；在成立犯罪的情况下，如果不作为犯罪处理更能有效地维护社会稳定和企业职工的切身利益，就可以不按照犯罪处理，“防止案件办了、企业垮了，防止因执法办案不当加剧企业的生产经营困难，不轻易查封企业账册，不轻易扣押企业财物”。[①]

根据本案的实际情况，本案不作为犯罪处理，符合保护民营企业和民营企业家的刑事政策：如上所述，《资产转让协议》所涉土地自 2003 年来几经流转，一直由不同的主体承租和承包经营，涉及毛纺厂、宏业公司、居委会等众多参与主体。对该案追究刑事责任，会引起连锁反应，将导致大量的企业破产、企业主被抓，危害经济发展和社会稳定。可以说，对其追究刑事责任背离了中央保护民营企业、民营企业家的政策精神和最高人民检察院“防止案件办了、企业垮了”的具体要求。

刑法具有形式正义与实质正义的不同侧面，如果仅仅顾及形式正义，将符合某罪犯罪构成的行为一律定罪处罚，而不考虑定罪处罚的社会效果，那就是仅仅考虑形式正义，而不考虑实质正义，最终

① 时任最高人民检察院检察长曹建明在第十二届全国人民代表大会第四次会议上所做的工作报告。

将会使法治建设得不偿失。具体到本案中，即使可以认定苗木公司转让、倒卖了土地使用权，但基于上述几个特殊因素（政府主导的强制转让、涉案土地的交易流转惯例、相关法律法规的滞后、保护民营企业的利益等）的存在，也不应按照犯罪处理。

十、其他疑难问题

（一）定罪量刑情节的理解与认定

根据刑法规定，实施非法转让、倒卖土地使用权的行为，只有“情节严重的”，才构成犯罪。换言之，“情节严重”是非法转让、倒卖土地使用权罪的刑事门槛。对于达到刑事门槛即“情节严重的”，则“处三年以下有期徒刑或者拘役，并处或者单处非法转让、倒卖土地使用权价额百分之五以上百分之二十以下罚金”。非法转让、倒卖土地使用权的行为，还存在一个加重量刑情节，即如果“情节特别严重的”，则“处三年以上七年以下有期徒刑，并处非法转让、倒卖土地使用权价额百分之五以上百分之二十以下罚金”。

对于本罪中的“情节严重”和“情节特别严重”，先后有不同的司法解释性文件予以规定：(1)最高人民检察院、公安部 2010 年 5 月 7 日印发的《关于公安机关管辖的刑事案件立案追诉标准的规定（二）》（以下简称《追诉标准（二）》）第 80 条规定：“以牟利为目的，违反土地管理法规，非法转让、倒卖土地使用权，涉嫌下列情形之一的，应予立案追诉：（一）非法转让、倒卖基本农田五亩以上的；（二）非法转让、倒卖基本农田以外的耕地十亩以上的；（三）非法转让、倒卖其他土地二十亩以上的；（四）违法所得数额在五十万元以上的；（五）虽未达到上述数额标准，但因非法转让、倒卖土地使用权受过行政处罚，又非法转让、倒卖土地的；（六）其他情节严重的情形。”(2)最高人民法院 2000 年 6 月 22 日施行的《关于审理破坏土地资源刑事案件具体应用法律若干问题的解释》（法释〔2000〕14 号）（以下简称 2000 年《土地案件刑事解释》）第 1 条规定：“以牟利为目的，违反土地管理法规，非法转让、倒卖土地使用权，具有下列情形之一的，属于非法转让、倒卖土地使用权‘情节严重’，依照刑法第二百二十八条的规定，以非法转让、倒卖土地使用权罪定罪处罚：

（一）非法转让、倒卖基本农田五亩以上的；（二）非法转让、倒卖基本农田以外的耕地十亩以上的；（三）非法转让、倒卖其他土地二十亩以上的；（四）非法获利五十万元以上的；（五）非法转让、倒卖土地接近上述数量标准并具有其他恶劣情节的，如曾因非法转让、倒卖土地使用权受过行政处罚或者造成严重后果等。”第 2 条规定：“实施第一条规定的行为，具有下列情形之一的，属于非法转让、倒卖土地使用权‘情节特别严重’：（一）非法转让、倒卖基本农田十亩以上的；（二）非法转让、倒卖基本农田以外的耕地二十亩以上的；（三）非法转让、倒卖其他土地四十亩以上的；（四）非法获利一百万元以上的；（五）非法转让、倒卖土地接近上述数量标准并具有其他恶劣情节，如造成严重后果等。”按照第 9 条的规定，多次实施上述行为依法应当追诉的，或者一年内多次实施本解释规定的行为未经处理的，按照累计的数量、数额处罚。

理解上述不同的解释性文件时需要注意：

1.《追诉标准（二）》与 2000 年《土地案件刑事解释》的效力问题

在我国，刑事门槛（犯罪门槛）通常是指刑法规定的构成犯罪所需具备的情节及其具体数额。在刑事司法运行中的不同阶段，刑事门槛分别对应于立案标准、追诉标准、定罪标准等不同术语。但是，上述几个术语，无论是制定的主体还是意义、作用，都存在细微差别。例如，立案标准通常由侦查机关（公安部）制定，是判断刑事案件是否成立的初始标准。追诉标准通常由检察机关（最高人民检察院）制定。立案标准和追诉标准的意义都在于启动刑事诉讼程序。定罪标准是指判断罪与非罪的标准，由最高人民法院制定，其意义在于划定犯罪圈，确定犯罪是否成立。① 上述《追诉标准（二）》由最高人民检察院和公安部联合制定，2000 年《土地案件刑事解释》由最高人民法院制定。在现代法治国家，人民法院是唯一的刑事裁判机关，“未经人民法院判决确定，任何人不得认定为有罪”。因此，任

① 参见卢建平：《知识产权犯罪门槛的下降及其意义》，载《政治与法律》2008 年第 7 期。

何刑事立案标准、追诉标准,不可能、也不应该与定罪标准存在冲突。从我国上述术语的实际使用情况来看,在存在定罪标准(在最高人民法院与最高人民检察院联合制定司法解释规定刑事门槛的情况下,追诉标准与定罪标准实际上合二为一)的情况下,立案标准、追诉标准都不应与定罪标准相冲突;在尚未制定定罪标准的情况下,最高人民检察院、公安部制定的立案标准、追诉标准,人民法院可以参照适用。[①] 因此,《追诉标准(二)》对应的是我国刑事司法中的立案标准或追诉标准,该标准源于刑事立法的规定,并且不得与2000年《土地案件刑事解释》规定的定罪标准相冲突。

2.《追诉标准(二)》与2000年《土地案件刑事解释》的差异问题

(1)关于违法所得数额与"非法获利数额"的关系问题

《追诉标准(二)》规定,"违法所得数额五十万元以上的",属于"情节严重"。而在2000年《土地案件刑事解释》中,相应地规定为"非法获利五十万元以上的"。那么,此处的"违法所得数额"与"非法获利数额"含义是否一致?本书认为,二者的含义是一致的。在我国刑法和司法解释中,关于"违法所得数额"的含义及其计算问题,一直存在争议。"非法获利数额"一样存在争议。面对该问题,应该统一将之理解为扣除犯罪成本后的数额。具体论述,参见本节第二部分。

(2)关于兜底条款问题

《追诉标准(二)》规定的"情节严重"包含了六种情况,其中第五种是"虽未达到上述数额标准,但因非法转让、倒卖土地使用权受过行政处罚,又非法转让、倒卖土地的";第六种是"其他情节严重的情形"。可见,第五种仍然是具体的规定,第六种是兜底的规定。而2000年《土地案件刑事解释》则在第五种情况中使用了兜底条款,即"非法转让、倒卖土地接近上述数量标准并具有其他恶劣情节的,如曾因非法转让、倒卖土地使用权受过行政处罚或者造成严重后果

---

①　参见最高人民法院2010年《关于在经济犯罪审判中参照适用〈最高人民检察院、公安部关于公安机关管辖的刑事案件立案追诉标准的规定(二)〉的通知》。

等”。也就是说,无论《追诉标准(二)》和2000年《土地案件刑事解释》是使用了五种表述还是六种表述,其含义和范围并无实质差别。

(二)转让土地使用权的行为与相近似的行为如何区分

土地使用权作为一种重要的生产要素,在市场经济活动中具有重要的经济价值。为了激活要素市场,我国有条件地允许土地使用权的出租、抵押,以土地使用权入股、投资等行为。但是,基于我国国情,土地使用权不允许私下转让(经过合法批准的除外)。由此就产生了一个问题,转让土地使用权的行为与相近似的行为如何区分?

土地使用权的出租,根据《城镇国有土地使用权出让和转让暂行条例》的规定,是指通过出让或者转让而取得土地使用权的土地使用者作为出租人,将土地使用权随同地上建筑物、其他附着物租赁给承租人使用,由承租人向出租人支付租金的行为。土地使用权的抵押,是指抵押人以合法的土地使用权,以不转移占有的方式,向抵押权人提供债务履行担保的行为。以土地使用权入股、投资是一种常见的经济活动,以出让方式取得国有土地使用权的可以依法入股、投资,若其土地使用权发生转移应办理土地变更登记;以划拨方式取得国有土地使用权入股、投资的,应当补办国有土地使用权出让手续。可见,上述三种行为方式本质上都不是转让土地的使用权,而是转让土地使用权的某种权能(出租、抵押等);如果转让的是土地使用权的全部权能,实际上就是转让土地使用权;如果行为人以牟利为目的,假借土地使用权出租、抵押和入股、投资的名义非法转让土地使用权,情节严重的,也可以构成本罪。但是,上述分析还只是理论上的,具体案件还需要具体分析。

第二节 非法占用农用地罪研究

一、非法占用农用地罪的构成要件

《刑法》第342条规定了非法占用农用地罪,即“违反土地管理法规，非法占用耕地、林地等农用地，改变被占用土地用途，数量较大，造成耕地、林地等农用地大量毁坏的，处五年以下有期徒刑或者拘役，并处或者单处罚金”。

本罪的客观方面，表现为违反土地管理法规，非法占用耕地、林地等农用地，改变被占用土地用途，数量较大，造成耕地、林地等农用地大量毁坏的行为。“违反土地管理法规”，是指违反《土地管理法》《森林法》《草原法》等法律以及有关行政法规中关于土地管理的规定。“非法占用农用地”，具体表现为未经国家土地管理部门审核批准而擅自占用农用地，或者超过批准的用地数量占用农用地，或者采取欺骗手段骗取批准而占用农用地，等等。“改变被占用土地用途”，是指行为人将土地管理部门批准专用的土地擅自改作他用。另外，本罪是结果犯，即需要具备非法占用农用地或改变被占用土地用途的行为“数量较大”，并“造成农用地的大量毁坏”的结果。根据2000年《土地案件司法解释》第3条的规定，违反土地管理法规，非法占用耕地改作他用，数量较大，造成耕地大量毁坏的，依照《刑法》第342条的规定，以非法占用耕地罪①定罪处罚：“（一）非法占用耕地‘数量较大’，是指非法占用基本农田五亩以上或者非法占用基本农田以外的耕地十亩以上。（二）非法占用耕地‘造成耕地大量毁坏’，是指行为人非法占用耕地建窑、建坟、建房、挖沙、采石、采矿、取土、堆放固体废弃物或者进行其他非农业建设，造成基本农田五亩以上或者基本农田以外的耕地十亩以上种植条件严重毁坏或者严重污染。”第8条规定：“单位犯非法转让、倒卖土地使用权罪的定罪量刑标准，依照本解释第一条、第二条、第三条的规定执行。”第9条规定：“多次实施本解释规定的行为依法应当追诉的，或者一年内多次实施本解释规定的行为未经处理的，按照累计的数量、数额处罚。”

根据最高人民检察院、公安部2008年《关于公安机关管辖的刑事案件立案追诉标准的规定（一）》（公通字〔2008〕36号）第67条的规定，违反土地管理法规，非法占用耕地、林地等农用地，改变被

① 《刑法修正案（二）》施行后的非法占用农用地罪。

占用土地用途,造成耕地、林地等农用地大量毁坏,涉嫌下列情形之一的,应予立案追诉:“(一)非法占用基本农田五亩以上或者基本农田以外的耕地十亩以上的;(二)非法占用防护林地或者特种用途林地数量单种或者合计五亩以上的;(三)非法占用其他林地十亩以上的;(四)非法占用本款第(二)项、第(三)项规定的林地,其中一项数量达到相应规定的数量标准的百分之五十以上,且两项数量合计达到该项规定的数量标准的;(五)非法占用其他农用地数量较大的情形。违反土地管理法规,非法占用耕地建窑、建坟、建房、挖沙、采石、采矿、取土、堆放固体废弃物或者进行其他非农业建设,造成耕地种植条件严重毁坏或者严重污染,被毁坏耕地数量达到以上规定的,属于本条规定的‘造成耕地大量毁坏’。”

二、非法占用农用地罪中的疑难问题

(一)如何认定本罪中的耕地

现有法律法规中并没有规定耕地的具体含义。作为本罪对象的耕地并非指所有的农用土地,而是仅指狭义的农用土地,主要包括普通耕地和特殊耕地(基本农田),不包括其他的农用土地(如林地等)。基本农田属于特殊保护的耕地。依照1998年《基本农田保护条例》的规定,基本农田是指按照一定时期人口和社会经济对农产品的需求,根据土地利用总体规划确定的长期不得占用的耕地。列入耕地范围的基本农田包括:(1)经国务院有关主管部门或者县级以上地方人民政府批准确定的粮、棉、油生产基地内的耕地;(2)有良好的水利与水土保持设施的耕地,正在实施改造计划以及可以改造的中、低产田;(3)蔬菜生产基地;(4)农业科研、教学实验田。因此,实践中认定本罪,首先应考虑犯罪对象是否属于耕地的范畴。作为犯罪对象的耕地不仅应具备耕地的一般属性和特征,而且还须具备特定的内涵和条件。

(二)非法占用农用地改作他用的认定

根据《土地管理法》的有关规定,非农业建设必须节约使用土地,可以利用荒地的,不得占用耕地;可以利用劣地的,不得占用好地;禁止占用耕地建窑、建坟或者擅自在耕地上建房、挖砂、采石、采矿、取土等；禁止占用永久基本农田发展林果业和挖塘养鱼；禁止任何单位和个人闲置、荒芜耕地。非法占用农用地行为通常表现为三种：一是未经批准占用农用地，即未经国家土地管理机关审核，并报经人民政府批准，而擅自占用农用地；二是超过批准的数量占用农用地，即少批多占农用地的，其中一部分农用地的占用经过合法批准，另一部分农用地的占用则未经批准；三是采取欺骗手段骗取批准占用农用地，主要是以提供虚假文件、谎报用途或借用、盗用他人的名义申请等欺骗手段取得批准手续而占用农用地。根据《土地管理法》第 75 条、第 77 条、第 78 条的规定，占用耕地建窑、建坟或者擅自在耕地上建房、挖砂、采石、采矿、取土等，破坏种植条件的，或者因开发土地造成土地荒漠化、盐渍化、水土流失的；未经批准或者采取欺骗手段骗取批准，非法占用土地的，或超过批准的数量占用土地；农村居民未经批准或者采取欺骗手段骗取批准，非法占用土地建住宅的，或超过省、自治区、直辖市规定的标准多占土地的；这些情况都属于非法占用农用地的行为。

案例七：2010 年 7 月，澧县某村民委员会为所属的面积为 488 亩的集体土地申请办理林权登记，并取得了林权证。2012 年 12 月，澧县将取得林权证的 35 亩地块以滩涂地流转给被告人胡某旗进行砂场经营。2013 年 10 月和 2014 年 3 月，该村民委员会决定将本村所属河滩地（实为取得林权证的林地）约 60 亩流转（租用）给被告人胡某旗、黄某桓、黄某、王某军四人兴建特种水产养殖场，且以村民委员会的名义先后向镇政府、澧县国土资源局递交了修建特种养殖场的报告。2014 年春节后，四被告人开始实施鱼塘开挖、房屋修建工作。2014 年 4 月，镇政府召开会议，会议决定同意四被告人兴办和启动特种水产养殖场建设项目。2014 年 5 月至 2016 年 11 月，四被告人在得到镇政府的同意后，合伙开挖鱼池、修建房屋。现经澧县林业调查设计队鉴定：本案涉案地属于林地；面积为 45.9 亩；损毁程度为不可恢复类型。

本案的争议焦点之一是四被告人是否明知涉案地为林地，即是否具有犯罪的主观故意。本罪是故意犯罪，不具有犯罪故意的，不能构成本罪。具体到本案，即四被告人是否明知是林地而违反林地管理法规,将林地改作养殖场,并造成大量林地毁坏。本案无法认定被告人明知是林地而违反林地管理法规,将林地改作养殖场。具体的理由是:其一,从控、辩双方和法院提取的大量证据看,2012 年 12 月,四被告人的养殖场用地是从村民委员会流转所得,用途为从事砂场经营,协议中标明用地是“滩涂地”,而非林地。其二,2014 年 4 月 2 日,由镇党委书记主持召开了启动和实施特种水产养殖场建设项目会议,参加会议的有镇长、人大主席、镇集管办主任、镇规建环站工作人员、村书记及被告人胡某旗、黄某桓、黄某,且以专题会议纪要形成决定,同意四被告人兴办和启动特种水产养殖场建设项目,会议纪要中明确记载养殖场所用地为“滩涂坑塘荒地”,没有任何人在会议中提出养殖场用地为林地,需要到林业管理部门办理相关的手续。证人证言均证明,当时参会的镇党委书记、镇长及相关职能部门工作人员均认为,特种养殖场所用地为“滩涂荒地”而非林地。其三,现有书证和证人证言均不能认定四被告人明知他们所用地为林地,推断四被告人明知或应知养殖场用地为林地无事实依据。控方出示的证人证言中,只有两名证人的证言证明他们是知道涉案地为林地并被发放了林权证。但证人 1 的证言中没有一份证言证明其告知了四被告人修建养殖场用地为林地。证人 2 作为职能部门负责人,其证言证明在四被告人修建养殖场的过程中其曾到达现场,但因在现场没有看见人,且在听说四被告人修建养殖场得到政府部门开会研究批准后,就没有予以阻止。其四,在四被告人特种养殖场长达 2 年多的修建过程中,没有任何一家职能部门的执法人员出面提示四被告人所用地为林地,阻止其开挖鱼池,说明职能部门对养殖场用地为林地也没有明确认知。

综上,被告人胡某旗、黄某桓、黄某、王某军违反土地管理法规,在未取得林地占用许可证的情况下改变林地用途,造成林地毁坏数量较大的结果,公诉机关指控本案基本事实成立;但指控四被告人构成非法占用农用地罪罪名不成立。其理由是,本案公诉机关虽然多次补充证据,但仍然没有提供证实四被告人明知养殖场所用地是林地而非法占用的证据,因此四被告人不具有非法占用林地的主观故意,不符合非法占用农用地罪的犯罪主观构成要件。被告人胡某旗、黄某桓、黄某、王某军非法占用农用地行为无罪。[①]

第三节　非法批准征收、征用、占用土地罪研究

非法批准征收、征用、占用土地罪,是指国家机关工作人员徇私舞弊,违反土地管理法规,滥用职权,非法批准征收、征用、占用土地,情节严重的行为。

一、非法批准征收、征用、占用土地罪的构成要件

本罪侵犯的客体或者法益是国家正常的土地管理活动。所谓土地管理法规,是指按照土地法这个法律部门划分的法律、法规,并不仅指《土地管理法》,它还包括其他法律中有关土地管理的规定以及国务院有关土地管理的行政法规。《土地管理法》是土地管理的基本法律,根据该法第 4 条的规定,土地包括农用地、建设用地和未利用地,其中农用地又包括耕地、林地、草地、农田水利用地、养殖水面等。因此,林地属于土地的重要组成部分。《森林法》以及国务院《森林法实施条例》等森林管理法律、法规中都有关于林地管理的规定,这些规定也都属于土地管理法规的组成部分。此外,《草原法》《矿产资源法》等法律中关于土地管理的规定以及国务院根据上述法律制定的实施细则等行政法规以及其他行政法规中有关土地管理的规定,均属于本条中土地管理法规的范围。违反土地管理法规,就是指违反上述法律、法规关于土地管理的规定。

本罪的对象为土地。根据《土地法》第 4 条的规定,《刑法》第 410 条规定的“非法批准征收、征用、占用土地”中的土地包括农用地、建设用地和未利用地。其中农用地是指直接用于农业生产的土地,包括耕地、林地、草地、农田水利用地、养殖水面等。建设用地是指建造建筑物、构筑物的土地,包括城乡住宅和公共设施用地、工矿用地、交通水利设施用地、旅游用地、军事设施用地等。未利用地是

① 湖南省澧县人民法院刑事判决书,(2017)湘 0723 刑初 203 号。

指农用地和建设用地以外的土地。

本罪在客观上表现为行为人违反土地管理法规，滥用职权，非法批准征收、征用、占用土地，并且达到情节严重的程度。其一，关于"非法批准"的含义。关于土地的使用，土地管理法规规定了严格的审批制度。任何单位和个人进行建设需要占用土地的，必须依法申请批准。申请使用的土地属于农民集体所有的土地的，除兴办乡镇企业或者村民建设住宅经依法批准使用本集体经济组织农民集体所有土地，或者乡（镇）村公共设施和公益事业建设经依法批准使用农民集体所有的土地的以外，必须首先办理国家土地征用手续，将该集体土地征用为国家所有。对于因建设征用土地的审批程序和条件，土地管理法规作了明确的规定。非法批准是指违反土地管理法规规定的关于土地征收、征用、占用审批程序、条件，非法准许单位或者个人征收、征用或者占用土地的行为。其二，关于情节严重的标准。最高人民检察院2006年7月26日公布施行的《关于渎职侵权犯罪案件立案标准的规定》对此作了明确的规定，具体指：（1）非法批准征用、占用基本农田10亩以上的；（2）非法批准征用、占用基本农田以外的耕地30亩以上的；（3）非法批准征用、占用其他土地50亩以上的；（4）虽未达到上述数量标准，但造成有关单位、个人直接经济损失30万元以上，或者造成耕地大量毁坏或者植被遭到严重破坏的；（5）非法批准征用、占用土地，影响群众生产、生活，引起纠纷，造成恶劣影响或者其他严重后果的；（6）非法批准征用、占用防护林地、特种用途林地分别或者合计10亩以上的；（7）非法批准征用、占用其他林地20亩以上的；（8）非法批准征用、占用林地造成直接经济损失30万元以上，或者造成防护林地、特种用途林地分别或者合计5亩以上或者其他林地10亩以上毁坏的；（9）其他情节严重的情形。最高人民法院《关于审理破坏林地资源刑事案件具体应用法律若干问题的解释》（法释〔2005〕15号）第2条规定，"国家机关工作人员徇私舞弊，违反土地管理法规，滥用职权，非法批准征用、占用林地，具有下列情形之一的，属于刑法第四百一十条规定的'情节严重'，应当以非法批准征用、占用土地罪判处三年以下有期徒刑或者拘役：（一）非法批准征用、占用防护林地、特种用途林地数量分别或者合计达到十亩以上;(二)非法批准征用、占用其他林地数量达到二十亩以上;(三)非法批准征用、占用林地造成直接经济损失数额达到三十万元以上,或者造成本条第(一)项规定的林地数量分别或者合计达到五亩以上或者本条第(二)项规定的林地数量达到十亩以上毁坏”。第3条规定,“实施本解释第二条规定的行为,具有下列情形之一的,属于刑法第四百一十条规定的‘致使国家或者集体利益遭受特别重大损失’,应当以非法批准征用、占用土地罪判处三年以上七年以下有期徒刑:(一)非法批准征用、占用防护林地、特种用途林地数量分别或者合计达到二十亩以上;(二)非法批准征用、占用其他林地数量达到四十亩以上;(三)非法批准征用、占用林地造成直接经济损失数额达到六十万元以上,或者造成本条第(一)项规定的林地数量分别或者合计达到十亩以上或者本条第(二)项规定的林地数量达到二十亩以上毁坏”。根据第6条的规定,单位实施破坏林地资源犯罪的,与个人实施破坏林地资源犯罪的相关定罪量刑标准相一致。根据第7条的规定,多次实施该解释规定的行为依法应当追诉且未经处理的,应当按照累计的数量、数额处罚。

二、非法批准征收、征用、占用土地罪中的疑难问题

(一)如何把握非法批准征收、征用、占用土地行为罪与非罪的界限?

国家机关工作人员非法批准征收、征用、占用土地的行为能否成立非法批准征收、征用、占用土地罪,关键是看国家机关工作人员非法批准征收、征用、占用土地的行为情节是否严重。如果情节严重,应依法认定其构成非法批准征收、征用、占用土地罪,否则不应认定其构成非法批准征收、征用、占用土地罪。是否情节严重,我国司法解释有一系列的规定,具体可以参考最高人民检察院2006年施行的《关于渎职侵权犯罪案件立案标准的规定》和最高人民法院2005年施行的《关于审理破坏林地资源刑事案件具体应用法律若干问题的解释》。

（二）非法批准征收、征用、占用土地行为，如果不是由于徇私舞弊、滥用职权的，应如何定罪处罚？

国家机关工作人员违反土地管理法规的规定，非法批准征收、征用、占用土地，致使国家利益遭受重大损失，如果不是由于徇私舞弊、故意滥用职权的，依法不应认定其构成非法批准征收、征用、占用土地罪。如果因此致使公共财产、国家和人民利益遭受重大损失，且符合《刑法》第397条所规定的玩忽职守罪构成要件的，可依法认定其构成玩忽职守罪。

第二章　破坏林业资源的犯罪研究

林业资源是林地及其所生长的森林有机体的总称。林业资源以林木资源为主,还包括林中和林下植物、野生动物、土壤微生物及其他自然环境因子等资源。林业资源是地球上最重要的资源之一,是生物多样化的基础。它不仅能够为生产和生活提供多种宝贵的木材和原材料,能够为人类经济生活提供多种物品,更重要的是,森林能够调节气候、保持水土、防止、减轻旱涝、风沙、冰雹等自然灾害;还有净化空气、消除噪音等功能;同时,森林还是天然的动植物园,哺育着各种飞禽走兽,生长着多种珍贵林木和药材。森林可以更新,是一种无形的环境资源和潜在的绿色能源。中国已成为世界上森林资源增长最多和林业产业发展最快的国家,对7亿多农村人口脱贫致富作出了重大贡献,对“绿水青山就是金山银山”作出了最好的诠释。但是,非法采伐、毁坏珍贵树木或者国家重点保护的其他植物,盗伐、滥伐林木等行为,对于森林资源往往会造成巨大的破坏,因而有必要动用刑事手段予以惩治。在我国《刑法》中,与森林资源保护密切相关的罪名有危害国家重点保护植物罪(《刑法修正案(十一)》生效之前的非法采伐、毁坏国家重点保护的植物罪,非法收购、运输、加工、出售国家重点保护植物、国家重点保护植物制品罪)、盗伐林木罪、滥伐林木罪等,本章重点研究这些罪名。

第一节　侵犯国家重点保护的植物法益的犯罪研究

我国《刑法》第344条规定:“违反国家规定,非法采伐、毁坏珍贵树木或者国家重点保护的其他植物的,或者非法收购、运输、加工、出售珍贵树木或者国家重点保护的其他植物及其制品的,处三年以下有期徒刑、拘役或者管制,并处罚金;情节严重的,处三年以上七年以下有期徒刑,并处罚金。”

在《刑法修正案(十一)》生效之前,上述条文被确定为两个罪名,即非法采伐、毁坏国家重点保护植物罪和非法收购、运输、加工、出售国家重点保护植物、国家重点保护植物制品罪。《刑法修正案(十一)》生效之后,上述条文被确定为一个罪名,即危害国家重点保护的植物罪。无论是两个罪名,还是一个罪名,其侵犯的客体或法益并没有变化,均为国家重点保护的植物及其制品。本罪的主体是一般主体,既可以是自然人,也可以是单位。本罪的主观方面为故意。本罪规定了两个量刑幅度:基础刑为“三年以下有期徒刑、拘役或者管制,并处罚金”;对于情节严重的,升格法定刑为“三年以上七年以下有期徒刑,并处罚金”。盗伐、滥伐珍贵树木,同时触犯《刑法》第344条、第345条规定的,依照处罚较重的规定定罪处罚。

危害国家重点保护的植物罪,从客观表现形式来看,涵盖了非法采伐、毁坏国家重点保护植物的行为和非法收购、运输、加工、出售国家重点保护植物、国家重点保护植物制品的行为,以下分别对该两种行为方式加以研究。

一、非法采伐、毁坏国家重点保护植物的行为研究

非法采伐、毁坏国家重点保护植物的行为,是指违反国家规定,非法采伐、毁坏珍贵树木或者国家重点保护的其他植物的行为。违

反国家规定主要是指违反森林法等法律法规。而违反森林法的规定,主要是指违反森林资源保护法律、法规中有关珍贵树木保护的一系列规定,如《森林法》《野生植物保护条例》。侵犯的对象是珍贵树木与国家重点保护的其他植物。根据最高人民法院 2000 年《关于审理破坏森林资源刑事案件具体应用法律若干问题的解释》(法释〔2000〕36 号)第 1 条的规定,《刑法》第 344 条规定的“珍贵树木”,包括由省级以上林业主管部门或者其他部门确定的具有重大历史纪念意义、科学研究价值或者年代久远的古树名木,国家禁止、限制出口的珍贵树木以及列入国家重点保护野生植物名录的树木。

非法采伐,是指违反国家规定,擅自砍伐或采集珍贵树木或国家重点保护的植物;非法毁坏,是指违反国家规定,造成珍贵树木、保护植物死亡或者影响其正常生长的一切行为。本罪属于行为犯,即行为人一旦客观上实施了非法采伐、毁坏国家重点保护植物的行为,就已构成本罪,而无论其采伐或毁坏的方式如何。这两种行为方式既可以单独实施,也可以共同实施,只要行为人实施其中任意一种,即可构成本罪。实务中认定行为人非法采伐、毁坏国家重点保护植物的行为是否构成本罪,必须要有一个可资参照的数量基准。根据最高人民法院 2000 年《关于审理破坏森林资源刑事案件具体应用法律若干问题的解释》(法释〔2000〕36 号)第 2 条的规定:“具有下列情形之一的,属于非法采伐、毁坏珍贵树木行为‘情节严重’:(一)非法采伐珍贵树木二株以上或者毁坏珍贵树木致使珍贵树木死亡三株以上的;(二)非法采伐珍贵树木二立方米以上的;(三)为首组织、策划、指挥非法采伐或者毁坏珍贵树木的;(四)其他情节严重的情形。”

二、非法收购、运输、加工、出售国家重点保护植物、国家重点保护植物制品的行为研究

非法收购、运输、加工、出售国家重点保护植物、国家重点保护植物制品,是指违反国家规定,非法收购、运输、加工、出售珍贵树木或者国家重点保护的其他植物及其制品的行为。危害的对象是珍贵树木或者国家重点保护的其他植物及其制品。珍贵树木或者国

家重点保护的其他植物制品，是指对非法采伐、毁坏的珍贵树木或者国家重点保护的其他植物进行加工、制作而成的成品或者半成品。收购，包括以营利、自用等为目的的购买行为；运输，包括采用携带、邮寄、利用他人、使用交通工具等方法进行运送的行为；加工，是指人为制作成品或者半成品的行为；出售，包括出卖和以营利为目的的加工利用行为。

三、侵犯国家重点保护植物法益的犯罪中的疑难问题

（一）珍贵树木与国家重点保护的其他植物的认定

本罪的对象只能是珍贵树木与国家重点保护的其他植物。1997 年《刑法》规定的本罪的行为对象只有珍贵树木，最高人民法院于 2000 年 11 月 22 日发布的《关于审理破坏森林资源刑事案件具体应用法律若干问题的解释》第 1 条对“珍贵树木”作了解释，即珍贵树木包括由省级以上林业主管部门或者其他部门确定的具有重大历史纪念意义、科学研究价值或者年代久远的古树古木，国家禁止、限制出口的珍贵树木以及列入国家重点保护野生植物名录的树木。参考《野生植物保护条例》和《国家重点保护野生植物名录》（以下简称《野生植物名录》）的规定，国家重点保护的野生植物可以分为二级。一级保护植物，是指我国特产并具有极为重要的科研、经济或文化价值的濒危植物种类。濒危植物种类，是指处于灭绝危险中的或者其适宜生存环境已臻不利于其生长繁殖的种类。二级保护植物，是指在科学研究或经济上具有重要意义的濒危或渐危植物种类。渐危植物种类，是指尚未处于濒危状态，分布范围逐渐缩小，种群已处衰落状态，成熟植株缺乏或明显减少的植物种类。1992 年 10 月林业部发布《关于保护珍贵树种的通知》，重新修订了《国家珍贵树种名录》（以下简称《珍贵树种名录》），将珍贵树种分为二级：一级 37 种；二级 95 种。凡载入《珍贵树种名录》以及《野生植物名录》中的树木皆为本罪对象。

我国《野生植物名录》中所列保护对象除珍贵野生树木以外，还包括一些其他草本的野生植物。根据 1997 年《刑法》的规定，本罪对象仅指珍贵树木，即珍贵木本植物的总称，而其他珍贵植物不在

此列;对于行为人非法采伐、毁坏其他珍贵植物的,无法追究刑事责任。因此,《刑法修正案(四)》(2002 年 12 月 28 日)第 6 条对本罪进行了修订,将行为对象表述为“珍贵树木或者国家重点保护的其他植物”,扩大了行为对象的范围。之所以作出修改,主要是考虑到:其一,根据我国加入的《濒危野生动植物种国际贸易公约》,该公约附录所列濒危野生植物中的珍贵树木,凡上述两名录未列入的部分,亦属于本罪的对象。其二,列入两名录的珍贵草本植物亦成为本罪的对象。因此,非法采伐、毁坏国家重点保护的其他植物的,同样构成本罪。

(二)人工培育的植物是否属于“珍贵树木或者国家重点保护的其他植物”

根据最高人民法院、最高人民检察院 2020 年《关于适用〈中华人民共和国刑法〉第三百四十四条有关问题的批复》的规定,古树名木以及列入《国家重点保护野生植物名录》的野生植物,属于本条规定的“珍贵树木或者国家重点保护的其他植物”。其中,野生植物限于原生地天然生长的植物。人工培育的植物,除了古树名木外,不属于本条规定的“珍贵树木或者国家重点保护的其他植物”。非法采伐、毁坏或者非法收购、运输人工培育的植物(古树名木除外),构成盗伐林木罪,滥伐林木罪,非法收购、运输盗伐、滥伐的林木罪等犯罪的,依照相关规定追究刑事责任。

(三)非法移栽“珍贵树木或者国家重点保护的其他植物”行为如何处理

非法移栽与非法采伐行为具有一定的相似性,也都具有一定的危害性。非法移栽使“珍贵树木或者国家重点保护的其他植物”处于毁损或灭失的危险中,损害了原生地自然生态和景观,破坏了生长地点的生物多样性,侵犯了国家对重点保护植物的管理制度。根据最高人民法院、最高人民检察院 2020 年《关于适用〈中华人民共和国刑法〉第三百四十四条有关问题的批复》的规定,依法应当追究刑事责任的,应当依照非法采伐国家重点保护的植物罪①定罪处罚。

---

① 《刑法修正案(十一)》生效之后的危害国家重点保护的植物罪。

同时，鉴于移栽行为与采伐行为在社会危害性上存在一定的差异，对于非法移栽“珍贵树木或者国家重点保护的其他植物”的行为，在认定是否构成犯罪以及具体裁量刑罚时，应当考虑植物的珍贵程度、移栽目的、移栽手段、移栽数量以及对生态环境的破坏程度等情节，确保罪责刑相适应。

第二节 侵犯普通林木法益的犯罪研究

除了以上针对珍贵植物（包含珍贵林木）的犯罪以外，对于普通的林木，由于其具有重要的环境价值，也需要使用刑法予以保护。刑法中规定的盗伐林木罪，滥伐林木罪，非法收购、运输盗伐、滥伐的林木罪均属此类。《刑法》第 345 条规定：“盗伐森林或者其他林木，数量较大的，处三年以下有期徒刑、拘役或者管制，并处或者单处罚金；数量巨大的，处三年以上七年以下有期徒刑，并处罚金；数量特别巨大的，处七年以上有期徒刑，并处罚金。违反森林法的规定，滥伐森林或者其他林木，数量较大的，处三年以下有期徒刑、拘役或者管制，并处或者单处罚金；数量巨大的，处三年以上七年以下有期徒刑，并处罚金。非法收购、运输明知是盗伐、滥伐的林木，情节严重的，处三年以下有期徒刑、拘役或者管制，并处或者单处罚金；情节特别严重的，处三年以上七年以下有期徒刑，并处罚金。盗伐、滥伐国家级自然保护区内的森林或者其他林木的，从重处罚。”本条涉及三个罪名：盗伐林木罪（第 1 款），滥伐林木罪（第 2 款），非法收购、运输盗伐、滥伐的林木罪（第 3 款）。

一、侵犯普通林木法益的犯罪构成

（一）盗伐林木罪的犯罪构成

盗伐林木罪，是指盗伐森林或者其他林木，数量较大的行为。本罪是 1979 年《刑法》规定的罪名，现有的规定是在 1979 年《刑法》第 128 条以及有关司法解释的基础上修订和增补而成。

本罪侵犯的客体或法益是国家林业管理制度和国家、集体或公民对林木的所有权。其犯罪对象是森林和其他林木。这里的"森林",是指大面积的原始森林和人造林,包括防护林、用材林、经济林、薪炭林和特种用途林等;"其他林木",是指小面积的树林和零星树木,但不包括农村农民房前屋后个人所有的零星树木。

本罪的客观方面,表现为盗伐森林或者其他林木,数量较大的行为。所谓盗伐,是指以不法所有为目的,擅自砍伐森林或者其他林木的行为。根据最高人民法院 2000 年 11 月 17 日《关于审理破坏森林资源刑事案件具体应用法律若干问题的解释》的规定,盗伐行为包括:擅自砍伐国家、集体、他人所有或者他人承包经营管理的森林或者其他林木;擅自砍伐本单位或者本人承包经营管理的森林或者其他林木;在林木采伐许可证规定的地点以外采伐国家、集体、他人所有或者他人承包经营管理的森林或者其他林木。另外,盗伐林木必须数量较大。根据上述司法解释,盗伐林木"数量较大",以 2 至 5 立方米或者幼树 100 至 200 株为起点。所谓"幼树",是指胸径 5 厘米以下的树木。对于 1 年内多次盗伐少量林木未经处罚的,累计其盗伐林木的数量,构成犯罪的,依法追究刑事责任。[①] 如果盗伐林木没有达到"数量较大"的,则不构成犯罪。

本罪的主体是一般主体,既可以是自然人,也可以是单位。本罪的主观方面为故意,即明知是国家、集体或者他人的林木而盗伐,并且行为人具有非法占有的目的。如果行为人以毁坏为目的砍伐国家、集体或者他人的林木的,应认定为故意毁坏财物罪。根据最高人民法院、最高人民检察院 1987 年《关于办理盗伐、滥伐林木案件应用法律的几个问题的解释》[法(研)发〔1987〕23 号](已失效)的规定,将国家、集体、他人所有并已经伐倒的树木秘密非法据为己有,以及偷砍他人房前屋后、自留地种植的零星树木数额较大的,应

① 参见最高人民法院、最高人民检察院《关于盗伐、滥伐林木案件几个问题的解答》[法(研)发〔1991〕31 号](已失效):"二、问:在林区,有的人今日盗伐一株,明日盗伐二株,持续不断,对林木危害很大。但是,由于每次盗伐没有达到'数量较大'的标准,不能依法惩处。对于一贯盗伐林木的,是否可以累计其盗伐数量定罪处罚?答:对于连续多次盗伐林木,情节恶劣的行为,可以累计其未经处理的盗伐数量,按照《解释》第五条第(3)项的规定,视为盗伐林木'情节严重',依照刑法第一百二十八条盗伐林木罪定罪处刑。累计的时间一般以一年为宜。"

定盗窃罪。对边远地区、少数民族聚居地区毁林开荒的问题，按有关省、自治区根据当地实际情况所作的规定办理。

本条规定了三个量刑档次。其中"盗伐森林或者其他林木，数量较大的"是本罪的定罪情节。盗伐森林或者其他林木"数量巨大的"与"数量特别巨大的"属于本罪的加重量刑情节。此外，本条第4款"盗伐……国家级自然保护区的森林或者其他林木的，从重处罚"的规定是本罪的从重处罚情节，分别适用于上述三个量刑档次。①

(二)滥伐林木罪的犯罪构成

滥伐林木罪，是指违反森林法的规定，滥伐森林或者其他林木，数量较大的行为。

本罪侵犯的客体或法益是国家的森林资源保护制度。"违反森林法的规定"，是指违反国家林木资源保护和管理的有关法律规定，如《森林法》和《森林法实施细则》等。现有有关森林保护的法律法规均规定，任何林木，无论属于国家、集体所有，还是属于个人所有，都不能任意采伐，而应由有关部门根据森林和其他林木生长状况，决定是否可以采伐以及如何采伐。本罪的犯罪对象是森林和其他林木。

本罪的客观方面，表现为违反森林法的规定，滥伐森林或者其他林木，数量较大的行为。根据2000年最高人民法院《关于审理破坏森林资源刑事案件具体应用法律若干问题的解释》的规定，下列

---

① 参见最高人民法院、最高人民检察院《关于盗伐、滥伐林木案件几个问题的解答》[法(研)发〔1991〕31号](已失效)："三、问：我们在审判实践中经常遇到因进行营利性生产而毁坏生长中的林木，情况很复杂，有的只是毁坏了林木，例如，毁林种粮、种参；有的既毁林又非法占有木材；有的毁坏的是用材林；有的毁坏的是经济林，如剥树皮卖药材。对于这类犯罪行为，'情节严重'的，如何计算其造成的损失？盗伐林木种植木耳、香菇定什么罪？答：因进行营利性生产，违反森林管理法规，毁坏林木，影响林木正常生长，致使林木死亡，情节严重的，依照刑法第一百五十六条故意毁坏公私财物罪定罪处刑。因泄愤报复而毁坏生长中的林木，情节严重的，依照刑法第一百二十五条的规定定罪处刑。对毁坏经济林和用材林的应当分别处理。毁坏经济林的，可以按照经济价值或者林木的株数计算损失。毁坏经济林和用材林的具体数量标准，请你们根据实际情况作出规定。对毁林后又侵占林木情节严重的，或者盗伐林木种植木耳、香菇或烧炭等情节严重的，依照刑法第一百二十八条盗伐林木罪定罪处刑。"

行为属于滥伐林木:(1)未经林业行政主管部门及法律规定的其他主管部门批准并核发林木采伐许可证,或者虽持有林木采伐许可证,但违反林木采伐许可证规定的时间、数量、树种或者方式,任意采伐本单位所有或者本人所有的森林或者其他林木的;(2)超过林木采伐许可证规定的数量,采伐他人所有的森林或者其他林木的。林木权属争议一方在林木权属确权之前,擅自砍伐森林或者其他林木,数量较大的,以滥伐林木罪论处。滥伐林木“数量较大”,以 10 至 20 立方米或者幼树 500 至 1000 株为起点。对于 1 年内多次滥伐少量林木未经处罚的,累计其滥伐林木的数量,构成犯罪的,应当追究刑事责任。另根据 2004 年 4 月 1 日最高人民法院《关于在林木采伐许可证规定地点以外采伐本单位或者本人所有的森林或者其他林木的行为如何适用法律问题的批复》的规定,违反森林法的规定,在林木采伐许可证规定的地点以外采伐本单位或者本人所有的森林或者其他林木的,除农村居民采伐自留地和房前屋后个人所有的零星林木以外,属于最高人民法院《关于审理破坏森林资源刑事案件具体应用法律若干问题的解释》第 5 条第 1 款第 1 项“未经林业行政主管部门及法律规定的其他主管部门批准并核发林木采伐许可证”规定的情形,数量较大的,应当依照《刑法》第 345 条第二款的规定,以滥伐林木罪定罪处罚。盗伐、滥伐以生产竹材为主要目的的竹林的定罪量刑问题,有关省、自治区、直辖市高级人民法院可以参照上述规定的精神,规定本地区的具体标准,并报最高人民法院备案。

本罪的主体是一般主体,既可以是自然人,也可以是单位。本罪的主观方面是故意。

(三)非法收购、运输盗伐、滥伐的林木罪的犯罪构成

非法收购、运输盗伐、滥伐的林木罪,是指非法收购、运输明知是盗伐、滥伐的树木,情节严重的行为。

本罪侵犯的客体或法益是国家的森林资源保护制度。本罪的客观方面,表现为非法收购、运输明知是盗伐、滥伐的林木,情节严重的行为。本罪中的收购、运输行为既可以发生在林区,也可以发生在林区以外的地点。本罪为情节犯,非法收购、运输明知是盗伐、

滥伐的林木的行为，必须达到“情节严重”才构成犯罪，否则，不能追究行为人的刑事责任。根据 2000 年 11 月 17 日最高人民法院《关于审理破坏森林资源刑事案件具体应用法律若干问题的解释》的规定，“情节严重”主要包括以下几种情形：(1)非法收购盗伐、滥伐的林木 20 立方米以上或者幼树 1000 株以上的；(2)非法收购盗伐、滥伐的珍贵树木 2 立方米以上或者 5 株以上的；(3)其他情节严重的情形。

本罪的主体是一般主体，既可以是自然人，也可以是单位。本罪的主观方面为故意，而且是以牟利为目的。根据前述司法解释，“非法收购明知是盗伐、滥伐的林木”中的“明知”，是指知道或者应当知道。具有下列情形之一的，可以视为应当知道，但是有证据证明确属被蒙骗的除外：(1)在非法的木材交易场所或者销售单位收购木材的；(2)收购以明显低于市场价格出售的木材的；(3)收购违反规定出售的木材的。

本罪既是目的犯，又是情节犯。本条规定了两个量刑幅度。“情节严重”是定罪的法定情节；“情节特别严重”是本罪的加重处罚情节。

二、侵犯普通林木法益犯罪中的疑难问题

(一)盗伐林木罪中的疑难问题

1. 盗伐对象的认定

本罪的对象既包括天然生长的林木，也包括人工培植的林木，国家和集体所有的以及公民个人自留山所生长着的森林和其他林木。具体包括：国家、集体所有(包括他人依法承包经营管理的国家或集体所有)的森林或者其他林木，以及他人自留山上的成片林木；本人承包经营管理的国家或集体所有的森林或其他林木；以及国家级自然保护区内的森林或者其他林木。值得一提的是本罪对象应为正在生长中的林木。因为，只有这些林木才可能属于森林资源或林业生产的范畴，擅自砍伐这样的林木才可能侵害国家的森林资源和林业生产。如将他人已砍伐的林木盗走或砍伐个人房前屋后种植的零星树木及苗圃中的树木，均不在森林法调整的范围内，不构

成本罪。然而,并非所有处于生长过程中的林木都是盗伐林木罪的对象,只有国家和集体所有的森林和其他林木以及个人自留山生长的成片林木、承包的公有宜林荒山荒地所造的林木等,才可以成为盗伐林木罪的对象。如竹子或不是以生产竹材为主要目的的林木,农村居民自留山的薪炭林,以及农村居民自留地、居民房前屋后自有的零星林木,由于它们不属于国家森林资源和林业生产范围,对这些林木进行非法占有的,则不构成本罪,但可以构成盗窃罪。

2. 盗伐林木行为的认定

盗伐林木行为的客观形式多样,具体包括:擅自砍伐国家、集体所有(包括他人依法承包经营管理国家或集体所有)的森林或其他林木,以及擅自砍伐他人自留山上的成片林木的行为;擅自砍伐本人承包经营管理的国家或集体的森林,或者其他林木的行为;违反林业行政主管部门及法律规定的其他主管部门核发的采伐许可证的规定,采伐国家、集体或他人自留山上的或他人承包经营管理的国家、集体的森林或其他林木的行为;国有企业、事业单位擅自采伐其他单位管理或所有的林木,以及集体组织擅自采伐国家或其他集体组织所有的林木的行为;国有企业、事业单位为本单位谋取不正当利益而无证采伐本单位管理的林木的行为等。

盗伐行为首先是一种违反森林法的行为。根据《森林法》的规定,采伐林木必须申请采伐许可证,并按许可证的规定进行采伐,严禁进行计划外的采伐和无证采伐。对防护林和特种用途林中的国防林、母树林、环境保护林、风景林,只准进行抚育和更新性质的采伐。对特种用途林中的名胜古迹和革命纪念地的林木、自然保护区的森林,严禁采伐。凡违反这些规定的行为,都属于破坏森林的违法行为。其次要关注的是盗伐的手段。盗伐与盗窃行为从文义解释来看具有一定的相似性,因此盗伐也通常被理解为采取秘密窃取的方式,但这可能是一种误解。由于盗伐林木罪犯罪对象的特殊性(林木均处于公开的场合),其在客观方面也有表现形式的特殊性,即盗伐林木行为的手段经常表现为“公开窃取”,而不是通常所理解的“秘密窃取”。

3."数量巨大"和"数量特别巨大"的认定标准

根据2000年11月17日最高人民法院《关于审理破坏森林资源刑事案件具体应用法律若干问题的解释》第4条的规定,盗伐林木"数量巨大",以20～50立方米或者幼树1000～2000株为起点;盗伐林木"数量特别巨大",以100～200立方米或者幼树5000～10,000株为起点。对于1年内多次盗伐少量林木未经处罚的,累计其盗伐林木的数量,构成犯罪的,依法追究刑事责任。

4.本罪与盗窃罪中盗窃树木行为的界限

由于本罪在侵犯国家林业管理制度的同时,也侵犯了林木的所有权,这就使本罪与盗窃罪中盗窃树木的犯罪行为较为相似。但二罪的区别在于:第一,侵犯的客体或法益不同。本罪的客体虽然也包括国家、集体或他人对林木的所有权,但主要客体仍为国家林业管理制度;而盗窃罪中盗窃树木的行为侵犯的客体只是公私财产的所有权。第二,犯罪对象不同。本罪的对象是森林和小面积的树林及零星树木,但不包括农村农民房前屋后个人所有的零星树木。对于将国家、集体或者他人所有并且已经伐倒的树木窃为己有的,以及偷砍他人房前屋后、自留地种植的零星树木数额较大或者多次偷砍的,应定盗窃罪。非法实施采种、采脂、挖笋、掘根、剥树皮等行为,牟取经济利益数额较大的,以盗窃罪定罪处罚。同时构成其他犯罪的,依照处罚较重的规定定罪处罚。第三,成立犯罪的标准不同。本罪的成立,须符合"数量较大"的要求;而盗窃树木成立盗窃罪时的标准是"数额较大",一般是指盗窃价值500元至2000元以上。

5.本罪与危害国家重点保护植物罪的关系

盗伐珍贵树木或者国家重点保护的其他植物的行为,实际上触犯了本罪与危害国家重点保护植物罪两个罪名,对此应从一重罪论处。对于盗伐林木数额较大,同时另有盗伐珍贵树木、国家重点保护的其他植物行为的,应当实行数罪并罚。

(二)滥伐林木罪中的疑难问题

滥伐林木行为客观表现形式的认定是滥伐林木罪中颇有争议的问题。滥伐林木行为客观上表现为两种形式:一是"无证滥伐"的行为。这种情形是指“未经林业行政主管部门批准并核发采伐许可证,而任意采伐的行为”,即没有经有关林业行政管理部门,以及其他有权批准采伐的主管部门(如铁路部门对护路林有批准权)的批准并核发采伐许可证,而擅自砍伐本单位和本人所有或所管理的林木。二是“有证滥伐”的行为,即“虽持有采伐许可证,但违背采伐许可证所规定的地点、数量、树种、方式,而任意采伐本单位或本人所有或管理的森林或者其他林木的行为”。这种情况下的采伐行为,虽然经过有关部门的批准,并被核发了采伐许可证,但在采伐过程中,违背了许可证上所规定的地点、数量、树种和方式。需要指出的是,即使只违背了许可证上所规定的地点、数量、树种和方式之一而进行采伐,也属于滥伐林木的行为。也就是说,构成滥伐林木的行为,并不需要同时违背许可证上所规定的地点、数量、树种和方式四项内容的全部。

滥伐林木的行为还包括:在林木所有权难以确定的情况下,实施的擅自砍伐林木,情节严重的行为;为收购木材、木制品以及其他目的,唆使他人滥伐林木构成犯罪的行为;滥伐自然保护区和城市园林部门管理的树木的行为等。滥伐也可以是不经主管部门批准任意采伐的行为。因此,仅把滥伐林木的行为视为“虽经主管部门同意,但未按采伐规定任意采伐的行为”,是不全面的。

(三)非法收购、运输盗伐、滥伐的林木罪中的疑难问题

1. 犯罪对象的认定

本罪的犯罪对象具有特定性,是已经被盗伐、滥伐的林木,未经盗伐、滥伐的林木不属于本罪的对象。因此,实践中认定本罪的对象必须注重林木所处的状态,单纯非法收购、运输林木的,不构成本罪。此外,非法收购、运输珍贵树木行为是否构成本罪也是个争议问题。根据《野生植物保护条例》第 18 条的规定,禁止出售、收购国家一级保护野生植物。该条例第 24 条规定,违反本条例规定,出售、收购国家重点保护野生植物的,由工商行政管理部门或者野生植物行政主管部门按照职责分工没收野生植物和违法所得,可以并处违法所得 10 倍以下的罚款。如前既述,盗伐、滥伐珍贵树木的行为,已经被刑法规定为危害国家重点保护的植物罪。如果非法收

购、运输的林木为盗伐、滥伐的珍贵林木，则同时触犯了本罪与危害国家重点保护的植物罪。

2.“情节严重”和“情节特别严重”的认定

“情节严重”是本罪的刑事门槛，2000年最高人民法院《关于审理破坏森林资源刑事案件具体应用法律若干问题的解释》规定了“情节严重”两种情形，此外还规定了兜底条款以应对纷繁复杂的司法实践，即其他情节严重的情形。那么何为其他情节严重的情形呢？司法实践中通常考虑下述情况：非法收购、运输盗伐、滥伐林木使较大面积的森林和林木遭到严重破坏的；在收购、运输盗伐、滥伐林木行为的过程中，对林木管理人员实施暴力或者以暴力相威胁的；采用盗窃、抢夺或者其他手段收购盗伐、滥伐林木的；为首组织或者聚众收购盗伐、滥伐林木的；多次收购、运输盗伐、滥伐的林木屡教不改的；收购、运输盗伐、滥伐的林木，非法获利数额巨大的，等等。

根据2000年最高人民法院《关于审理破坏森林资源刑事案件具体应用法律若干问题的解释》的规定，“情节特别严重”主要包括以下几种情形：(1)非法收购盗伐、滥伐的林木100立方米以上或者幼树5000株以上的；(2)非法收购盗伐、滥伐的珍贵树木5立方米以上或者10株以上的；(3)其他情节特别严重的情形。

第三章　农业领域涉食品安全犯罪问题研究

食品安全关涉国计民生，国家历来都非常重视。为了规范食品安全问题，提高食品安全质量，我国先后颁布了《食品卫生法》（后修改为《食品安全法》）等专门的行政法律法规，对食品安全（食品卫生）问题加以规范；在《刑法》中规定了生产、销售不符合安全标准的食品罪和生产、销售有毒、有害的食品罪，用以惩治比较严重的危害食品安全的违法犯罪行为。此外，《刑法》中还有一些犯罪，如非法经营罪、食品安全监管渎职罪，也与食品安全有密切联系。在食品安全犯罪中，有部分涉及农业领域，例如，生产、销售有毒、有害或者不符合食品安全标准的初级农产品的①，是否构成犯罪、构成何种犯罪及构成犯罪的情况下如何处罚，均存在一定的争议，需要深入研究。

---

①　从近十年曝光的食品安全犯罪事件来看，比较典型的是毒豆芽事件、毒韭菜事件等。

第一节　生产、销售不符合食品安全标准的食品罪研究

一、生产、销售不符合食品安全标准的食品罪概述

我国《刑法》第143条规定了生产、销售不符合食品安全标准的食品罪，即“生产、销售不符合食品安全标准的食品，足以造成严重食物中毒事故或者其他严重食源性疾病的，处三年以下有期徒刑或者拘役，并处罚金；对人体健康造成严重危害或者有其他严重情节的，处三年以上七年以下有期徒刑，并处罚金；后果特别严重的，处七年以上有期徒刑或者无期徒刑，并处罚金或者没收财产”。

本罪的犯罪对象是“不符合食品安全标准的食品”。根据《食品安全法》第150条之规定，“食品，指各种供人食用或者饮用的成品和原料以及按照传统既是食品又是中药材的物品，但是不包括以治疗为目的的物品”。由于《食品安全法》第2条规定，供食用的源于农业的初级产品的质量安全管理，必须遵守《食品安全法》的相关规定，那么我们对刑法中的“食品”应当作扩大解释，可以食用的农产品也属于刑法中“食品”的范畴。根据《食品安全法》第34条“禁止生产经营下列食品”的规定，不符合食品安全标准的食品，就是指下列情形：第一，用非食品原料生产的食品或者添加食品添加剂以外的化学物质和其他可能危害人体健康物质的食品，或者用回收食品作为原料生产的食品；第二，致病性微生物，农药残留、兽药残留、生物毒素重金属等污染物质以及其他危害人体健康的物质含量超过食品安全标准限量的食品；第三，用超过保质期的食品原料、食品添加剂生产的食品；第四，超范围、超限量使用食品添加剂的食品；第五，营养成分不符合食品安全标准的专供婴幼儿和其他特定人群的主辅食品；第六，腐败变质、油脂酸败、霉变生虫、污秽不洁、混有异物、掺假掺杂或者感官性状异常的食品；第七，病死、毒死或者死因不明的禽、畜、兽、水产动物肉类及其制品；第八，未按规定进行检

疫或者检疫不合格的肉类,或者未经检验或者检验不合格的肉类制品;第九,被包装材料、容器、运输工具等污染的食品;第十,标注虚假生产日期、保质期或者超过保质期的食品;第十一,无标签的预包装食品;第十二,国家为防病等特殊需要明令禁止生产经营的食品;第十三,其他不符合法律、法规或者食品安全标准的食品。本罪的犯罪主体为一般主体,包括单位和年满16周岁的自然人,也包括从事食品生产销售的个人、企业,单位直接负责的主管人员和其他责任人员。

本罪的客观方面表现为违反国家食品安全管理法规,生产、销售不符合食品安全标准的食品,足以造成严重食物中毒事故或者其他严重食源性疾患的行为。(1)违反国家食品安全管理法规。国家颁布了《食品安全法》《食品安全法实施条例》《食品安全地方标准管理办法》等一系列食品安全管理法规,这些法规规定了一系列食品安全监督管理制度。(2)足以造成严重食物中毒事故或者其他严重食源性疾患。根据2001年4月5日最高人民法院、最高人民检察院《关于办理生产、销售伪劣商品刑事案件具体应用法律若干问题的解释》第4条,“经省级以上卫生行政部门确定的机构鉴定,食品中含有可能导致严重食物中毒事故或者其他严重食源性疾患的超标准的有害细菌或者其他污染物的,应认定为刑法第一百四十三条规定的‘足以造成严重食物中毒事故或者其他严重食源性疾患’”。根据2008年6月25日最高人民检察院、公安部印发的《关于公安机关管辖的刑事案件立案追诉标准的规定(一)》(公通字〔2008〕36号)第19条的规定,生产、销售不符合卫生标准的食品,涉嫌下列情形之一的,应予立案追诉:“(一)含有可能导致严重食物中毒事故或者其他严重食源性疾患的超标准的有害细菌的;(二)含有可能导致严重食物中毒事故或者其他严重食源性疾患的其他污染物的。”(3)关于加重犯构成中的“对人体健康造成严重危害”“后果特别严重”“其他严重情节”的理解。根据2001年4月5日最高人民法院、最高人民检察院《关于办理生产、销售伪劣商品刑事案件具体应用法律若干问题的解释》第4条,生产、销售不符合卫生标准的食品被食用后,造成轻伤、重伤或者其他严重后果的,应认定为“对人体健康造成严重危害”。生产、销售不符合卫生标准的食品被食用后,致人死亡、严重残疾、3 人以上重伤、10 人以上轻伤或者造成其他特别严重后果的,应认定为“后果特别严重”。“其他严重情节”包括:生产、销售的货值数额在 5 万元以上或者犯罪所得在 3 万元以上的;生产、销售两种以上不符合食品安全标准的食品,货值数额在 3 万元以上或者犯罪所得在数额 2 万元以上的;在同一时间内连续多次实施生产、销售不符合食品安全标准食品行为的,在省、自治区、直辖市范围内产生影响的等。

本罪的责任形式即行为人明知生产、销售的食品不符合安全标准而故意予以生产、销售,对足以造成严重食物中毒事故或者其他严重食源性疾患的结果持放任的态度。

二、产品标志不合格的定性问题

在涉及食品安全的犯罪中,经常遇到产品质量不合格的情形。对于产品质量不合格的,根据具体情况的不同,无论是按照生产、销售伪劣产品罪来追究刑事责任,还是按照生产、销售不符合安全标准的食品罪或生产、销售有毒、有害的食品罪来追究刑事责任,实践中的争议都不大。但是,实践中还存在一些比较常见的伪劣产品(食品)违法行为,其产品质量经检验是合格的,但是产品包装上存在不合格的情形,对此如何处理,存在巨大争议。本书以真实的案例加以研究。

案例一:杭州 A 公司的主营业务为牛肉生产、销售,主要销售渠道为大型超市 B。B 超市规定,进超市销售的牛肉剩余保质期不得少于 3/4(牛肉保质期为 1 年的,如剩余保质期不到 9 个月,就不能进超市销售)。在 A 公司经营过程中,有些批次的牛肉剩余保质期已经不到 3/4(例如,假设保质期为 1 年,某批次牛肉 2019 年 1 月 1 日生产,至 12 月 31 日到期,但是 A 公司直到 2019 年 4 月中旬才开始向超市销售该批牛肉,此时的保质期剩余 8 个月,已经不足超市规定的 3/4 即 9 个月),但为了能进 B 超市销售,公司员工多次进行“翻包”处理,更改牛肉的生产日期和保质期,使之符合超市的规定。在超市销售期间,牛肉还在真实的保质期(没有修改前的保质期)内,产品质量也没有问题,只是保质期被往后顺延。这些产品的生产日期(保质期)被修改,但销售时尚在真实的保质期内(没有修改前的保质期内),产品质量符合规定,该产品是否属于刑法意义上的“伪劣产品”或者不符合安全标准的食品?该行为是否构成生产、销售伪劣产品罪或生产、销售不符合安全标准的食品罪?这些问题存在较大争议。

本书认为,产品的生产日期(保质期)被修改,但销售时尚在真实的保质期内(没有修改前的保质期内),产品质量符合法律规定,该产品不属于刑法意义上的“伪劣产品”或不符合安全标准的食品,该行为也不构成生产、销售伪劣产品罪或生产、销售不符合安全标准的食品罪。由于生产、销售伪劣产品罪与生产、销售不符合安全标准的食品罪存在竞合关系,本书以该行为是否符合生产、销售伪劣产品罪为例加以研究。

生产、销售伪劣产品罪,是指生产者、销售者在产品中掺杂、掺假,以假充真,以次充好或者以不合格产品冒充合格产品,销售金额5万元以上的行为。本罪在客观上表现为生产者、销售者实施了在产品中掺杂、掺假,以假充真,以次充好或者以不合格产品冒充合格产品的行为。与本案定性密切相关的是本案行为是否属于“以不合格产品冒充合格产品”。

刑法中的“不合格产品”是指质量不合格的产品。不合格产品、合格产品与过期产品(过了保质期的产品)、未过期产品(在保质期内的产品)虽然有诸多重合因素,但分别属于不同范畴,并不具有一一对应的关系。不合格产品、合格产品的区分标准是质量是否合格,而过期产品、未过期产品的区分标准是否过了保质期。过了保质期的产品,即使从事实上来看是合格产品(因为质量可能并没有问题),从法律上来看也是不合格产品(法律基于维护质量管理秩序的考虑,将过了保质期的产品一律拟制为不合格产品);在保质期内的产品,如果经过检验证实质量不合格,则既属于法律上的不合格产品,也是事实上的不合格产品。因此,判断某一产品是否属于不合格产品:一是要看质量是否合格,质量不合格的产品,无论是否在保质期内,均属于不合格产品;二是要看是否在保质期内,如果超过了保质期,即使质量在事实上是合格的,但在法律上仍然属于不合格产品。而在保质期内的产品是否属于不合格产品,关键就在于判断其质量是否合格,而不在于其保质期是否存在被修改的情况。因此,即使产品的生产日期(保质期)被修改,但其销售时尚在真实的保质期内(没有修改前的保质期内)而且产品质量符合规定,该产品就是合格产品,就不属于刑法意义上的"伪劣产品"或不符合安全标准的食品,该行为也不构成生产、销售伪劣产品罪或生产、销售不符合安全标准的食品罪。具体理由是:

1. 刑法上的不合格产品是指质量不合格的产品。

刑法条文所具有的一定程度上的抽象性和稳定性,决定了刑法解释在正确领会立法意图、准确适用法律上的必要性。在对不合格产品的含义产生理解上的分歧时,只有借助于刑法解释方法,才能得出其真实的含义。

(1)从文义解释的角度来看,刑法上的不合格产品是指质量不合格的产品。

文义解释,又称为文理解释或者平义解释,是指对法律条文的字义,包括单词、概念、术语以及标点符号,从文理上所作的解释。对于法律解释来说,文理解释是一种首选的解释方法。

其一,从刑法法条表述的文义来看,不合格产品是指质量不合格的产品。从刑法的用语来看,生产、销售伪劣产品罪是指生产者、销售者在"产品"中掺杂、掺假,以假充真,以次充好或者以"不合格产品"冒充合格产品的行为。其中的掺杂、掺假,以假充真,以次充好,显然是关于产品质量问题的规定(其使用的是"在产品中",而没有使用"在产品中或者其包装、标识中");由于其质量存在问题,产品才被规定为不合格产品,该行为进而构成犯罪的。以不合格产品冒充合格产品与前述几种行为并列,从基本的逻辑关系来说,"不合格产品"也应该是指质量不合格的产品,而质量是否合格,则与保质期没有直接的对应关系。因此,不能由于修改保质期,就直接认定其是不合格产品。

其二,从司法解释和相关行政法律使用的术语来看,不合格产品也是指质量不合格的产品。2001 年最高人民法院、最高人民检察院《关于办理生产、销售伪劣商品刑事案件具体应用法律若干问题的解释》第1条第4款规定:"刑法第一百四十条规定的'不合格产品',是指不符合《中华人民共和国产品质量法》第二十六条第二款规定的质量要求的产品。对本条规定的上述行为难以确定的,应当委托法律、行政法规规定的产品质量检验机构进行鉴定。"根据该司法解释,所谓不合格产品,就是指质量不合格的产品(该解释使用的术语是"第二款规定的质量要求的产品",而且在产品质量是否合格难以确定时,可以由产品质量检验机构进行鉴定。而众所周知,产品质量检验机构,只能对产品质量进行检验,不可能对其包装是否合法、保质期标注是否规范进行检验),而没有附加其他任何条件(如包装不合格、标识不合格等)。

该司法解释据以引用的《产品质量法》(1993年施行,2000年、2009年、2018年三次修正)第26条第2款规定:"产品质量应当符合下列要求:(一)不存在危及人身、财产安全的不合理的危险,有保障人体健康和人身、财产安全的国家标准、行业标准的,应当符合该标准;(二)具备产品应当具备的使用性能,但是,对产品存在使用性能的瑕疵作出说明的除外;(三)符合在产品或者其包装上注明采用的产品标准,符合以产品说明、实物样品等方式表明的质量状况。"根据该规定,合格产品由三项指标构成:安全性能指标,即"不存在危及人身、财产安全的不合理的危险,有保障人体健康和人身、财产安全的国家标准、行业标准的,应当符合该标准";使用性能指标,即"具备产品应当具备的使用性能,但是,对产品存在使用性能的瑕疵作出说明的除外";担保性能指标,即"符合在产品或者其包装上注明采用的产品标准,符合以产品说明、实物样品等方式表明的质量状况"。这三项指标毫无疑问都指向质量指标。即使是看似模糊的担保性能指标,即"符合在产品或者其包装上注明采用的产品标准,符合以产品说明、实物样品等方式表明的质量状况",其真实含义也是生产者、销售者对产品质量作出的明示担保条件,是生产者、销售者对产品质量的承诺,其出发点与落脚点均在于产品质量,而不在于是否存在标识、包装等方面的违规违法。

(2)从历史解释的角度来看,刑法上的不合格产品是指质量不合格的产品。

历史解释是指根据制定刑法时的历史背景以及刑法发展的源流，阐明刑法条文真实含义的解释方法。进行历史解释，需要考察立法时的时代背景与一般人的价值观念等。① 采用历史解释方法，有助于发现刑法条文的真实含义。

众所周知，我国1997年《刑法》中的生产、销售伪劣产品罪来源于全国人民代表大会常务委员会1993年制定的《关于惩治生产、销售伪劣商品犯罪的决定》，而该决定之所以颁布，是因为该年我国颁布了《产品质量法》。全国人大常委会依据《产品质量法》，才制定了《关于惩治生产、销售伪劣商品犯罪的决定》。显然，从历史解释的角度，如何理解不合格产品乃至伪劣产品，就需要溯源至1993年《产品质量法》的规定。而如上所述，《产品质量法》对不合格产品的规定，显然就是指质量不合格的产品，而不包括标识、包装等不合格的产品。至于由于标识、包装等不合格而质量不合格，那行为主体也应该是由于质量不合格而受到处罚，而不是由于标识、包装等不合格而受到处罚。换言之，只有修改保质期的行为致使产品质量不合格，行为人才能因产品被认定为不合格产品而受到处罚；如果修改保质期的行为并未导致质量不合格，则只能依据违反相关包装、标识等方面的规定对行为人进行处罚，而不能援引质量不合格的规定进行处罚。

（3）从体系解释的角度来看，刑法上的不合格产品是指质量不合格的产品。

我国规范产品质量的法律法规存在不同层次，既包括《刑法》《产品质量法》等一般法，也包括《食品安全法》等特殊法。无论是一般法，还是特殊法，其法律条文的解释结论应该是一致的，不能相互矛盾；在一般法或者特殊法内部，其解释结论同样应当一致、相互协调，不能相互矛盾。这既是体系解释的基本要求，也是社会主义法治原理的基本体现。

如上述，我国《产品质量法》第26条是关于产品质量是否合格

---

①　张明楷：《刑法学》，法律出版社2016年版，第37页。

的规定。而第 27 条则是关于产品或者其包装上的标识的规定："产品或者其包装上的标识必须真实，并符合下列要求：(一)有产品质量检验合格证明；(二)有中文标明的产品名称、生产厂厂名和厂址；(三)根据产品的特点和使用要求，需要标明产品规格、等级、所含主要成份的名称和含量的，用中文相应予以标明；需要事先让消费者知晓的，应当在外包装上标明，或者预先向消费者提供有关资料；(四)限期使用的产品，应当在显著位置清晰地标明生产日期和安全使用期或者失效日期；(五)使用不当，容易造成产品本身损坏或者可能危及人身、财产安全的产品，应当有警示标志或者中文警示说明。裸装的食品和其他根据产品的特点难以附加标识的裸装产品，可以不附加产品标识。"

将这两条的规定合在一起就可以发现，第 26 条规定的是产品质量问题，而第 27 条规定的是产品包装、产品标识等问题。关于保质期的规定，则规定在第 27 条"(四)限期使用的产品，应当在显著位置清晰地标明生产日期和安全使用期或者失效日期"中。《产品质量法》将这两条并列规定，从体系解释的角度来看，显然可以表明修改保质期问题与产品质量问题不是一回事，两者是并列关系，而不是从属关系，不能将修改保质期问题直接纳入产品质量问题予以认定。

(4)从目的解释的角度来看，刑法上的不合格产品是指质量不合格的产品。

目的解释，是指根据刑法规范的目的，阐明刑法条文的真实含义的解释方法。在解释刑法时，必须考虑刑法最终要实现何种目的，进而作出符合该目的的合理的解释。①

目的解释与犯罪侵犯的法益密切相关。通说认为，生产、销售伪劣产品罪和生产、销售不符合安全标准的食品罪保护的法益，不仅仅是国家对生产、销售产品(食品)的质量监督管理秩序，还包括消费者的人身、财产安全。正基于此，不少学者主张应该将该类犯罪设置在《刑法》分则第二章即危害公共安全罪一章中，而不是设置

---

① 张明楷：《罪刑法定与刑法解释》，北京大学出版社 2010 年版，第 164 页。

在第三章破坏社会主义市场经济秩序罪一章中。暂且不讨论其侵犯法益的主次问题，无论如何，消费者的人身、财产安全是生产、销售伪劣产品罪和生产、销售不符合安全标准的食品罪保护的法益之一，这是没有争议的。如果仅仅侵犯了质量监督管理秩序，而没有侵犯消费者的人身、财产安全，就不能构成生产、销售伪劣产品罪或生产、销售不符合安全标准的食品罪。修改保质期的行为侵犯了质量监督管理秩序，这是毋庸置疑的；但是修改保质期后尚处于保质期之内、质量合格的产品并不会侵犯消费者的人身、财产安全，进而不符合该类犯罪保护法益的基本要求，不应当被认定为刑法意义上的不合格产品或不符合安全标准的食品。

2.《食品安全法》中关于标注虚假生产日期、保质期等违法行为"构成犯罪的，依法追究刑事责任"的表述，并不意味着只要修改保质期就构成犯罪。

《食品安全法》第124条第5项规定"生产经营标注虚假生产日期、保质期或者超过保质期的食品、食品添加剂"，"尚不构成犯罪的，由县级以上人民政府食品药品监督管理部门没收违法所得和违法生产经营的食品、食品添加剂……"；该法第149条规定，"违反本法规定，构成犯罪的，依法追究刑事责任"。综合以上规定，似乎标注虚假生产日期、保质期（本案中的修改保质期是其中的一种行为表现）行为可以构成犯罪。

但是，《食品安全法》中关于标注虚假生产日期、保质期等违法行为"构成犯罪的，依法追究刑事责任"的表述，并不意味着只要修改保质期就构成犯罪。理由是：

（1）"构成犯罪的，依法追究刑事责任"中的"依法"是指依据刑法，因此，即使行政或者民事法律、行政法规、部门规章或者地方性法规中规定有"构成犯罪的，依法追究刑事责任"，但是在刑事法律中找不到对应条款（或相应罪名）的，就不能定罪处罚，否则就是违反罪刑法定原则。

除了《食品安全法》之外，我国民事、行政法律法规中大多都存在"构成犯罪的，依法追究刑事责任"的类似表述。例如，2005年《公司法》关于法律责任的规定有23条，其中"构成犯罪的，依法追究刑事责任”就出现了19次之多。[①] 此外,行政法规层面的国务院《个人存款账户实名制规定》、部门规章层面的中国人民银行《票据管理实施办法》以及地方性法规层面的《北京市公园条例》,都规定有“构成犯罪的,依法追究刑事责任”。不同位阶、不同部门的行政或者民事性法律法规同时规定有“构成犯罪的,依法追究刑事责任”,是否意味着其都可以作为追究刑事责任的依据呢?显然不是。

“构成犯罪的,依法追究刑事责任”中首先需要搞清楚的是“依法追究刑事责任”依的是什么法?毫无疑问的是,不是依据包含这一语句的条款所在法律(行政或者民事法律)。我国当前实施的是集中型的刑法立法模式,所有的犯罪都规定在《刑法》和一部单行刑法中,而没有实施附属刑法规范的立法模式,因而此处的“依法”依据的只能是刑法,而不是相关的行政、民事法律。因此,即使一些行政、民事法律中写明了“构成犯罪的,依法追究刑事责任”,其也不能直接作为追究刑事责任的依据。这一点与外国有很大不同。在此意义上,相关法律中“构成犯罪的,依法追究刑事责任”的规定,不过是一些“稻草人条款”,看起来挺吓人,实际上不具有适用上的意义。[②]

因此,虽然一些行政或者民事法律、行政法规、规章和地方性法规中规定了“构成犯罪的,依法追究刑事责任”,但并不是要依据这些行政或者民事法律、行政法规、规章和地方性法规直接追究刑事责任,而是要依据刑法中的相关规定追究刑事责任。这既是罪刑法定原则的基本要求,也是刑法适用的合理逻辑。

明确了上述“构成犯罪的,依法追究刑事责任”中的“依法”是指依据刑法,而不是依据行政或者民事法律、行政法规、部门规章或者地方性法规,就很容易得出以下结论:即使行政或者民事法律、行政法规、部门规章或者地方性法规中规定有“构成犯罪的,依法追究刑事责任”,但是在刑事法律中找不到对应条款(或相应罪名)的,就不能定罪处罚,否则就是违反罪刑法定原则。

---

① 现行《公司法》将涉及追究刑事责任的条款整合成为一条,即第215条“违反本法规定,构成犯罪的,依法追究刑事责任”。

② 参见陈甦:《析“构成犯罪的,依法追究刑事责任”》,载《人民法院报》2005年8月10日,第B01版。

(2)《食品安全法》第 122 条至第 148 条规定了数以百计的食品违法行为,仅仅第 124 条就规定了很多种食品违法行为①,这些条款都受到第 149 条"违反本法规定,构成犯罪的,依法追究刑事责任"的约束,也就是说,第 149 条对第 122 条至第 148 条规定的食品违法行为都是有效的。如果可以把标注虚假生产日期、保质期的违法行为直接认定为犯罪行为,那也就意味着可以把第 122 条至第 148 条规定的所有违法行为都认定为犯罪行为,这显然是不可能的。

3. 2016 年地方高级人民法院、省人民检察院、省公安厅、省农业厅、省食品药品管理局制定的《关于办理部分生产、销售伪劣食品刑事案件具体适用法律有关问题的会议纪要》违反了 2012 年最高人民法院、最高人民检察院发布的《关于地方人民法院、人民检察院不得制定司法解释性质文件的通知》,其关于更改生产日期、保质期行为构成生产、销售伪劣产品罪的规定也不具有合理性,不应在本案中予以适用。

需要注意的是,本案案发地 2016 年省级人民法院、人民检察

---

① 第 124 条规定:"违反本法规定,有下列情形之一,尚不构成犯罪的,由县级以上人民政府食品药品监督管理部门没收违法所得和违法生产经营的食品、食品添加剂,并可以没收用于违法生产经营的工具、设备、原料等物品;违法生产经营的食品、食品添加剂货值金额不足一万元的,并处五万元以上十万元以下罚款;货值金额一万元以上的,并处货值金额十倍以上二十倍以下罚款;情节严重的,吊销许可证:(一)生产经营致病性微生物,农药残留、兽药残留、生物毒素、重金属等污染物质以及其他危害人体健康的物质含量超过食品安全标准限量的食品、食品添加剂;(二)用超过保质期的食品原料、食品添加剂生产食品、食品添加剂,或者经营上述食品、食品添加剂;(三)生产经营超范围、超限量使用食品添加剂的食品;(四)生产经营腐败变质、油脂酸败、霉变生虫、污秽不洁、混有异物、掺假掺杂或者感官性状异常的食品、食品添加剂;(五)生产经营标注虚假生产日期、保质期或者超过保质期的食品、食品添加剂;(六)生产经营未按规定注册的保健食品、特殊医学用途配方食品、婴幼儿配方乳粉,或者未按注册的产品配方、生产工艺等技术要求组织生产;(七)以分装方式生产婴幼儿配方乳粉,或者同一企业以同一配方生产不同品牌的婴幼儿配方乳粉;(八)利用新的食品原料生产食品,或者生产食品添加剂新品种,未通过安全性评估;(九)食品生产经营者在食品药品监督管理部门责令其召回或者停止经营后,仍拒不召回或者停止经营。除前款和本法第一百二十三条、第一百二十五条规定的情形外,生产经营不符合法律、法规或者食品安全标准的食品、食品添加剂的,依照前款规定给予处罚。生产食品相关产品新品种,未通过安全性评估,或者生产不符合食品安全标准的食品相关产品的,由县级以上人民政府质量监督部门依照第一款规定给予处罚。"

院、公安厅、农业厅、食品药品管理局制定的《关于办理部分生产、销售伪劣食品刑事案件具体适用法律有关问题的会议纪要》(以下简称《会议纪要》)第2条规定"在食品生产经营活动中,具有下列情形之一,且符合追诉标准的,应当以生产、销售伪劣产品罪定罪处罚:……(三)以更改生产日期或者保质期、回收进行再生产等形式虚假延长未过期食品保质期的……"按照该规定,似乎修改生产日期、保质期的行为可以构成生产、销售伪劣产品罪或生产、销售不符合安全标准的食品罪。

本书认为,这样的理解是不妥当的。理由如下:

(1)《会议纪要》违反了2012年最高人民法院、最高人民检察院《关于地方人民法院、人民检察院不得制定司法解释性质文件的通知》(以下简称《通知》)的规定,不应在本案中予以适用。

《通知》规定:"一、根据全国人大常委会《关于加强法律解释工作的决议》的有关规定,人民法院在审判工作中具体应用法律的问题,由最高人民法院作出解释;人民检察院在检察工作中具体应用法律的问题,由最高人民检察院作出解释。自本通知下发之日起,地方人民法院、人民检察院一律不得制定在本辖区普遍适用的、涉及具体应用法律问题的'指导意见'、'规定'等司法解释性质文件,制定的其他规范性文件不得在法律文书中援引。二、地方人民法院、人民检察院对于制定的带有司法解释性质的文件,应当自行清理。凡是与法律、法规及司法解释的规定相抵触以及不适应经济社会发展要求的司法解释性质文件,应当予以废止;对于司法实践中迫切需要、符合法律精神又无相应的司法解释规定的,参照本通知第三条的规定办理。地方人民法院、人民检察院应当自本通知下发之日起,分别对单独制定的司法解释性质文件进行清理;对法、检两家制定或者与其他部门联合制定的,由原牵头部门负责清理并做好沟通协调工作;对不属于地方人民法院、人民检察院牵头制定的,要主动会同相关牵头部门研究处理。三、地方人民法院、人民检察院在总结审判工作、检察工作经验过程中,认为需要制定司法解释的,按照《最高人民法院关于司法解释工作的规定》(法发〔2007〕12号)和《最高人民检察院司法解释工作规定》(高检发研字〔2006〕4号)的要求,通过高级人民法院、省级人民检察院向最高人民法院、最高人民检察院提出制定司法解释的建议或者对法律应用问题进行请示。”

根据上述规定,《会议纪要》显然属于在本辖区普遍适用的、涉及具体应用法律问题的“指导意见”等司法解释性质的文件。由于《通知》是2012年发布的,而《会议纪要》是2016年颁布的,《会议纪要》显然违反了《通知》“自本通知下发之日起,地方人民法院、人民检察院一律不得制定在本辖区普遍适用的、涉及具体应用法律问题的‘指导意见’、‘规定’等司法解释性质文件”,因而是无效的。

(2)即使认定《会议纪要》有效,但其关于修改保质期构成生产、销售伪劣产品罪的规定与其他相关规范性文件相冲突,无法进行合理的解释,因而不应直接适用。

在该问题上,浙江省高级人民法院刑二庭2005年制定的《全省法院经济犯罪疑难问题研讨会纪要》在对“以假充真”行为的认定中,突出了产品质量在伪劣产品认定中的关键作用。而上海市有关部门2006年制定的《关于办理生产、销售伪劣产品刑事案件中如何认定“以不合格产品冒充合格产品”的意见》更是以产品质量是否合格作为认定不合格产品的唯一标准,并特意明确了只有质量不合格才是产品不合格,仅仅包装不合格一般不能认定为不合格产品的原则。① 显然,《会议纪要》关于修改保质期行为构成生产、销售伪劣产品罪的规定与其他相关规范性文件明显存在冲突,缺乏合理解释,不能在本案中直接适用。

(3)适用《会议纪要》的规定,有可能造成类似“王某军非法经营案”“赵某华非法持有枪支案”等热点案件的负面社会影响。

《会议纪要》关于“更改生产日期或者保质期构成生产、销售伪劣产品罪”的规定,实际上反映了法定犯的刑事诉讼在判断行为是否违法时过于依赖行政法律的状况;而这种依赖如果长期持续下去,刑事诉讼可能会逐渐丧失自身的裁判思维,一定程度上使刑法

① 其中规定:“不合格产品”的鉴定意见是针对产品的内在质量而言的,则可认为该“不合格产品”系伪劣产品;如鉴定意见仅针对产品的外在包装的,一般不能认为该“不合格产品”系伪劣产品。

成为“行政执行法”，违背刑法上的犯罪与行政法上的违法的区分原理，可能使裁判结果机械、僵化甚至可能造成比较恶劣的社会影响。

在法定犯时代到来的背景下，强调行政管理与刑事打击“二元并进”模式，对于强化社会综合治理而言无疑是理所当然、必不可少的。但是，刑事法律具有自身的独特品格，不能将行政管理意义上的“违法”等同于犯罪评价意义上的“违法”，刑事裁判也不应当严格遵照行政管理法规、规章规定的相关标准，这在理论上已经成为共识，事实上也得到了最高人民法院、最高人民检察院认可。例如，在“赵某华非法持有枪支案”中，作为社会管理机关，公安部针对“枪支”认定所作的实验室标准本身无可厚非，但是在具体的刑事案件审理中，该标准仅仅是公安机关行政管理中“枪支”认定的“参考标准”，本身并不能直接等同于刑法中“枪支”的标准。换言之，公安部出台的“枪支”认定标准，与刑法中“枪支”的定罪量刑标准并不相同。最高人民法院、最高人民检察院联合发布的《关于涉以压缩气体为动力的枪支、气枪铅弹刑事案件定罪量刑问题的批复》，实际上也否定了赵某华案件的性质认定。[①] 此外，“王某军非法经营案”以及“王某非法收购、出售珍贵、濒危野生动物案”等典型案件之所以引起广泛争议，都是对刑法条文的理解囿于相应的行政法律法规的规定的结果；而其最终改判，都是遵循了刑事诉讼中刑法与行政法律法规含义不同、刑法应当进行独立判断的原理。

此外，众所周知的是，厂家在制定某项产品的保质期时都留有一定的富余。也就是说，对于某项产品来说，即使过了保质期，在一定时间内产品质量事实上也可能是合格的(在法律上不合格，但事实上是合格的)，并不会造成人身和财产损害。本案中的 A 公司也是如此，在产品的保质期问题上留有富余，即使超过保质期一段时

---

① 2018 年 3 月，最高人民法院、最高人民检察院联合发布的《关于涉以压缩气体为动力的枪支、气枪铅弹刑事案件定罪量刑问题的批复》规定：对于非法制造、买卖、运输、邮寄、储存、持有、私藏、走私以压缩气体为动力且枪口比动能较低的枪支的行为，在决定是否追究刑事责任以及如何裁量刑罚时，不仅应当考虑涉案枪支的数量，而且应当充分考虑涉案枪支的外观、材质、发射物、购买场所和渠道、价格、用途、致伤力大小、是否易于通过改制提升致伤力，以及行为人的主观认知、动机目的、一贯表现、违法所得、是否规避调查等情节，综合评估社会危害性，坚持主客观相统一，确保罪责刑相适应。

间,产品质量事实上仍然是合格的。因此,本案中即使存在顾客将涉案牛肉制品购买回家后,按照修改后的保质期进行食用,从而可能食用超过保质期牛肉的事实,但这种现象毕竟较为罕见(顾客购买该公司所售牛肉后一般都会尽快食用,不会长时间保存,其一般不会超过真正的保质期);即使超过保质期一段时间,本案中的牛肉质量事实上也是合格的(尽管法律上属于不合格产品)。因此,这种情形属于情节显著轻微危害不大的情形,不应追究刑事责任。①

三、司法适用中的其他疑难问题

(一)生产、销售不符合安全标准的食品罪与非罪的区分标准

本罪是危险犯。行为人生产、销售不符合安全标准的食品,只要"足以造成严重食物中毒事故或者其他严重食源性疾患"的,就构成本罪。如果"不足以造成严重食物中毒事故或者其他严重食源性疾患",则不能构成本罪。此外,本罪是选择性罪名,只要实施生产、销售行为中的一种,即可构成本罪。

在调研中有来自实务部门的同志反映,对于如何认定"足以造成严重食物中毒事故或者其他严重食源性疾患"存在争议。尽管2001 年最高人民法院、最高人民检察院《关于办理生产、销售伪劣商品刑事案件具体应用法律若干问题的解释》规定:"经省级以上卫生行政部门确定的机构鉴定,食品中含有可能导致严重食物中毒事故或者其他严重食源性疾患的超标准的有害细菌或者其他污染物的",应认定为"足以造成严重食物中毒事故或者其他严重食源性疾患"。但是,一方面,省级以上卫生行政部门没有确定相应的机构或者确定的相应机构缺乏鉴定的能力,致使食品中是否含有可能导致严重食物中毒事故或者其他严重食源性疾患的超标准的有害细菌或者其他污染物的案件事实无法确定;另一方面,在当前,省级以上卫生行政部门确定的机构所做的鉴定的公信力,也存在争议。② 本

---

① 参见刘科、杨阳:《修改产品生产日期(保质期)行为的性质问题》,载《刑法评论》2019 年第 1 卷,法律出版社 2019 年版,第 145 ~ 156 页。

② 2017 年在笔者参加的农业农村部的会议调研中,来自执法部门的同志提出该问题。

书认为,有关鉴定问题,不仅是本罪涉及的相关问题存在鉴定难、鉴定公信力不高的问题,在当前我国司法鉴定体制尚未完全理顺的情况下,在所有涉及司法鉴定的领域中,都可能存在类似的问题。

在无法改变大环境的情况下,本书建议采取以下应对措施:其一,在省级以上卫生行政部门没有确定相应的机构的情况下,可以向其上级机关反映,要求尽快确定鉴定机构;在上级机关尚没有确定相应机构的情况下,可以委托其他省的省级以上卫生行政部门确定的鉴定机构进行鉴定。其二,在省级以上卫生行政部门确定的相应机构缺乏鉴定能力的情况下,可以另行委托其他省的省级以上卫生行政部门确定的鉴定机构进行鉴定,甚至委托中央卫生行政部门确定的鉴定机构进行鉴定。其三,关于鉴定机构所做的鉴定的公信力问题。一方面,对于该机构所做的鉴定有怀疑的,可以要求其补充材料,审查其鉴定是否按照法律程序进行,凡是违背法律规定的程序所做的鉴定,一律不予采信,可以另行委托鉴定;另一方面,对于鉴定意见也不要迷信其效力,法律规定鉴定意见只是证据之一,判断是否质量不合格还要结合其他证据来认定。只有证据之间不存在矛盾,才可以采信鉴定意见。即使没有鉴定意见,但是其他在案证据可以证明"足以造成严重食物中毒事故或者其他严重食源性疾患"的,也可以依法认定。

(二)生产、销售不符合安全标准的食品罪与生产、销售伪劣产品罪的界限

两者的区别在于:第一,犯罪对象不同。前者的犯罪对象是不符合食品安全标准的食品,后者的犯罪对象是伪产品、劣产品。当然食品也是产品的一种,不符合食品安全标准的食品被伪劣产品所包含。生产、销售不符合安全标准的食品的行为是生产、销售伪劣产品行为的表现形式之一,两者是特殊与一般的关系。第二,侵犯的法益不同,前者侵犯的法益是国家食品安全监督管理秩序和不特定多数人的生命权、健康权。后者侵犯的法益是国家产品质量监督管理制度与市场秩序管理制度,同时也侵犯了广大消费者的合法权益。显然前者保护的法益是后者保护法益的必要组成部分。第三,构成犯罪的标准不同。前者是危险犯,必须足以造成严重食物中毒

事故或者其他严重食源性疾患,才构成犯罪。后者是数额犯,必须销售金额达到5万元,才构成犯罪。

第二节　生产、销售有毒、有害食品罪研究

一、生产、销售有毒、有害食品罪概述

我国《刑法》第144条规定了生产、销售有毒、有害食品罪,即"在生产、销售的食品中掺入有毒、有害的非食品原料的,或者销售明知掺有有毒、有害的非食品原料的食品的,处五年以下有期徒刑,并处罚金;对人体健康造成严重危害或者有其他严重情节的,处五年以上十年以下有期徒刑,并处罚金;致人死亡或者有其他特别严重情节的,依照本法第一百四十一条的规定处罚"。

本罪所侵犯的法益包括国家食品安全监督管理制度和不特定多数人的身体健康、生命安全。本罪的犯罪主体为一般主体,包括年满16周岁的自然人和单位,包括从事食品生产销售的个人、企业、对单位直接负责的主管人员和其他责任人员。

本罪是行为犯,客观方面表现为在生产、销售的食品中掺入有毒、有害的非食品原料的,或者销售明知掺有有毒、有害的非食品原料的食品的行为。对于行为犯,只要实施了相应行为的,均应依法追究刑事责任。对此,2008年6月25日最高人民检察院、公安部印发的《关于公安机关管辖的刑事案件立案追诉标准的规定(一)》(公通字〔2008〕36号)第20条明确规定:"在生产、销售的食品中掺入有毒、有害的非食品原料的,或者销售明知掺有有毒、有害的非食品原料的食品的,应予立案追诉。"此外,该追诉标准还专门规定了"瘦肉精"等相关犯罪的处理办法:"使用盐酸克仑特罗(俗称'瘦肉精')等禁止在饲料和动物饮用水中使用的药品或者含有该类药品的饲料养殖供人食用的动物,或者销售明知是使用该类药品或者含有该类药品的饲料养殖的供人食用的动物的,应予立案追诉。明知是使用盐酸克仑特罗等禁止在饲料和动物饮用水中使用的药品或

者含有该类药品的饲料养殖的供人食用的动物，而提供屠宰等加工服务，或者销售其制品的，应予立案追诉。”

本罪主观方面表现为故意。行为人实施本罪一般具有牟利目的，不过牟利目的不是本罪的构成要件。

二、有毒、有害的非食品原料的理解与认定

生产、销售有毒、有害的食品罪是指在生产、销售的食品中掺入有毒、有害的非食品原料或者销售明知掺有有毒、有害的非食品原料的食品的行为。有毒、有害的非食品原料是本罪的重要构成要件。所谓“有毒、有害的非食品原料”是指非食品原料的一种，是对人体有生理毒性，食用后会引起不良反应，损害人体健康的不能食用的原料。①

把握“有毒、有害的非食品原料”可以从以下几方面着手：其一，有毒、有害的非食品原料是非食品原料的一种。食品原料，是指粮食、油料、肉类、蛋类、糖类、薯类、蔬菜类、水果、水产品、饮品、奶类等可以制造食品的基础原料；非食品原料是与食品原料相对而言的。其二，有毒、有害的非食品原料是具有毒害性的非食品原料。在食品制造领域，经常使用一些非食品原料，如食品添加剂、食品强化剂。目前，我国允许使用的食品添加剂有200多种。使用这些添加剂有两个目的：一是为了控制食品中微生物的繁殖，防止食品腐败，如加入防腐剂；二是增加食品的稳定性，防止食品在保存过程中发生变色、变味和酸败，如加入抗氧化剂等。食品强化剂是为增强营养成分而加入食品中的天然的或者人工合成的属于天然营养素范围的非食品原料。食品添加剂和食品强化剂本身虽然不是食品原料，但属无毒、无害的非食品原料。其三，有毒、有害的非食品原料是指对人体有生理毒性，食用后会引起不良反应，损害人体健康的不能食用的原料。有毒、有害的非食品原料是根本不能食用的原料，与不符合卫生标准的产品（如因受污染、腐败变质而具有毒害性

---

① 参见熊选国主编：《生产、销售伪劣商品罪》，中国人民公安大学出版社1999年版，第132页。

的产品)不同,与可以食用的非食品原料(如食品添加剂和食品强化剂)也不同。

三、注射肾上腺素等行为的性质问题

案例二:2016 年至 2018 年,被告单位某屠宰场实际经营人曹某某,雇用被告人黄某某等人,为该屠宰场待宰的活猪注入肾上腺素和阿托品等药水后再给活猪注水,以增加屠宰后猪肉的重量,使其保水、美观。屠宰后的白条猪肉先后销往内蒙古等地,涉案的销售金额达 4 亿余元。

对于该案,存在不同的观点。一种观点认为,本案属于生产、销售有毒、有害的食品罪。另一种观点认为,本案是否构成犯罪,取决于以下两个要点:其一,含有肾上腺素、阿托品的药水是否属于"有毒、有害的非食品原料"?这个尚存在争议。遍寻司法解释,没有直接的依据表明肾上腺素、阿托品属于"有毒、有害的非食品原料"。但是,农业部屠宰技术中心组织专家出具的鉴定意见认为,涉案的药水属于"有毒、有害的非食品原料"。其二,本案中,即使认定涉案的肾上腺素、阿托品属于"有毒、有害的非食品原料",但是,本案并没有从猪肉中检测出肾上腺素、阿托品的残留物。既然没有残留,是否意味着就没有实质上的危害?如果没有实质上的危害,能否依据抽象危险犯可以反证的法理,认定本案即使添加了"有毒、有害的非食品原料",但不可能造成实质的危害,从而不构成犯罪?

(一)肾上腺素是否属于"有毒、有害的非食品原料"

生产、销售有毒、有害的食品罪的犯罪对象是"有毒、有害的非食品原料",因此本案中的肾上腺素、阿托品等药水是否属于有毒、有害的非食品原料,对于案件的定性至关重要。关于什么是"有毒、有害的非食品原料",可见 2013 年最高人民法院、最高人民检察院《关于办理危害食品安全刑事案件适用法律若干问题的解释》(以下简称《危害食品安全解释》)第 20 条的规定:"(一)法律、法规禁止在食品生产经营活动中添加、使用的物质;(二)国务院有关部门公布的《食品中可能违法添加的非食用物质名单》[①]、《保健食品中可能非法添加的物质名单》上的物质;(三)国务院有关部门公告禁止使用的农药、兽药以及其他有毒、有害物质;(四)其他危害人体健康的物质。”

根据该司法解释,只有第20条第1至第4项规定的物质,才可能构成“有毒、有害的非食品原料”。但是,肾上腺素并不属于前三种:其一,肾上腺素不是“法律、法规禁止在食品生产经营活动中添加、使用的物质”。目前尚没有法律、法规禁止在食品生产经营活动中添加使用肾上腺素和阿托品。其二,《食品中可能违法添加的非食用物质名单》《保健食品中可能非法添加的物质名单》中,也没有规定对活体动物不能使用肾上腺素和阿托品。此名单中有“肾上腺素受体激动剂类药物(盐酸克伦特罗,莱克多巴胺等)”。但是,肾上腺素与“盐酸克伦特罗、莱克多巴胺等”这些肾上腺素受体激动剂类药物并不相同。受体激动剂本身并不是肾上腺素。受体激动剂是指对相应受体有较强的亲和力,也有较强的内在活性的药物,即能与该受体结合并能激动该受体的药物。[②] 简单说,就是增加、激活活体动物肾上腺素分泌的药物,但其本身并不是肾上腺素。其三,在国务院有关部门公告禁止使用的农药、兽药以及其他有毒、有害物质清单中,也没有找到对动物活体不能使用和添加肾上腺素和阿托品的依据。在原农业部第193号公告中,其指定的《食品动物禁用的兽药及其他化合物清单》,仅包括肾上腺素受体激动剂,如克仑特罗(Clenbuterol)、沙丁胺醇(Salbutamol)等,也不含肾上腺素。对此,中国动物疫病预防控制中心(农业部屠宰技术中心)《关于报送畜禽屠宰中使用肾上腺素、阿托品等药物的处理措施相关问题专家论证意见的函》[疾控(标)函〔2017〕18号]所附专家意见第3条认为:“建议农业部以公告的形式明确用于屠宰的畜禽在离开饲养场

---

① 参见2010年3月22日全国食品安全整顿工作办公室《关于印发〈食品中可能违法添加的非食用物质和易滥用的食品添加剂名单(第四批)〉的通知》(整顿办函〔2010〕50号)。

② 参见百度百科,www. baike. baidu. com/item/β2受体激动剂/4107235? fr = aladdin,2021年10月访问。

地后，禁止使用肾上腺素、阿托品等药物。同时，建议制定相关检测方法标准。”[①]这也可以从侧面说明，国家目前并没有明文禁止肾上腺素、阿托品等药物的使用。如果要禁止使用，需要尽快予以公告。

肾上腺素和阿托品并不属于司法解释中规定的上述三种“有毒、有害的非食品原料”，但其是否属于第四种，即“其他危害人体健康的物质”？“其他危害人体健康的物质”这一规定实质上属于兜底性条款，应当是不属于前三项但又确实有毒、有害的物质。肾上腺素和阿托品究竟是否属于“有毒、有害的非食品原料”，首先是一个技术问题，需要相关领域的科技专家经过鉴定才能确定。在该问题上，前述中国动物疾病预防控制中心（农业部屠宰技术中心）于2017年6月6日组织专家论证的结论是属于“有毒、有害的非食品原料”。因此，可以将肾上腺素和阿托品认定为司法解释中规定的“其他危害人体健康的物质”。

（二）使用肾上腺素和阿托品的行为是否一律构成生产、销售有毒有害的食品罪

即使肾上腺素和阿托品属于“有毒、有害的非食品原料”，但是，这也并不意味着违规使用肾上腺素和阿托品的行为一律构成生产、销售有毒有害的食品罪。

对于肾上腺素、阿托品的危害性，上述专家意见函认为：“如果肉品中残留肾上腺素、阿托品等药物，给人类健康和生命安全会造

---

① 中国动物疾病预防控制中心（农业部屠宰技术中心）于2017年6月6日组织专家，就畜禽屠宰中使用肾上腺素和阿托品等药物的处理措施等相关问题进行了论证。专家的意见是：(1)肾上腺素是肾上腺素能受体激动剂，一般用于心衰治疗。阿托品是M型胆碱能受体阻断剂，一般用于解毒和抗平滑肌痉挛。这两种药物均属于兽用处方药，应由执业兽医出具处方才能使用。但是，这类药物目前经常被不法分子用于屠宰畜禽的注水和保水，使肉品的含水量增加，获取不法利益，危害消费者利益。同时，肉品中残留的肾上腺素和阿托品等药物，会给人体健康和生命安全造成潜在的危害。(2)对用于屠宰的畜禽在离开饲养场地后，使用肾上腺素和阿托品等药物的，属于“添加有毒、有害的非食品原料”，涉嫌构成生产、销售有毒有害的食品罪。一经发现，畜牧兽医行政主管部门和公安机关应当按照“一案双查”的方式，密切配合，从第一案发现场开始，公安部门从追究刑事责任的角度，畜牧兽医行政主管部门从追究行政责任的角度，分别取证，立案追查。(3)建议农业部以公告的形式，明确用于屠宰的畜禽在离开饲养场地后，禁止使用肾上腺素、阿托品等药物。同时，建议制定相关的检测检验标准。

成潜在的危害。”根据该专家意见函，大体上可以得出以下结论：其一，如果对生猪使用肾上腺素或阿托品，导致肉食品中存在残留物并被人体吸收，就会给人类健康和生命安全造成潜在的危害。其二，如果使用肾上腺素或阿托品，但肉制品中没有残留物，则其不会给人体健康造成危害或潜在的危害。因此，根据《危害食品安全解释》第21条的规定，即“有毒、有害非食品原料难以确定的”，司法机关可以根据检验报告并结合专家意见等相关材料进行认定。必要时，人民法院可以依法通知有关专家出庭作出说明。在本案中，如果在肉食品中检测出了肾上腺素或阿托品等残留物，则应当以《危害食品安全解释》第21条的规定，将其认定为生产、销售有毒、有害食品罪；如果在肉食品中无法检测出肾上腺素、阿托品等残留物，则可以说明其对人体没有危害，不应依据《危害食品安全解释》第21条的规定，将其认定为生产、销售有毒、有害食品罪。

之所以这么理解，是因为生产、销售有毒、有害食品罪的立法目的在于保护食品的安全，重点惩罚的是违法添加、使用有毒、有害物质后这些物质在食品中存留给人体造成的危害或潜在危害。生产、销售有毒、有害食品罪是行为犯，根据行为犯的一般理论，在食品中只要实施了添加有毒、有害非食品原料的行为均构成该罪，而不管食品中是否含有有毒、有害的非食品原料的残留。但是，这种对行为犯的理解是片面的。从立法原意理解，该罪保护的法益是人民生命健康安全和国家食品安全管理制度。由于在生产、销售的食品中掺入有毒、有害的非食品原料，导致该原料在食品中残留，可能给人的生命健康造成损害，所以构成本罪。如果只是在食品原料中加入了肾上腺素和阿托品等药物，但在肉制品中并没有存在药物残留，就对人体健康没有造成危害，甚至潜在的危害也没有。在这样的情况下，就应认定该食品不是有毒、有害的食品，相应的行为也不构成生产、销售有毒、有害食品罪。[①]

---

① 参见汪继华：《给生猪注射肾上腺素 猪肉中未检出不构成生产、销售有毒、有害食品罪》，载刑事法律服务网，http://www.1360/79/066.com/xfyj/2021-07-16/101.html。

根据相关资料，给生猪注射肾上腺素后，肉制品中不一定有肾上腺素的残留。百度百科显示：“皮下注射后3～5分钟显效，作用可维持约1小时。因可使皮下血管收缩，维持时间较长，吸收延缓，故一般以皮下注射为宜。肌内注射吸收较快，作用很强，但仅维持10～30分钟。注射给药后，迅速被血液和组织中的儿茶酚氧位甲基转移酶（COMT）和单胺氧化化酶（MAO）代谢而失活，代谢物4－羟基－3－甲氧扁桃酸主要由尿排出。”这说明肾上腺素在活体内循环较快，不一定会存在残留物。中国动物疫病预防控制中心（农业部屠宰技术中心）关于报送畜禽屠宰中使用肾上腺素、阿托品等药物的处理措施相关问题专家论证意见的函，也没有说明肾上腺素和阿托品一定会在肉制品中有残留。

综上，给生猪添加肾上腺素、阿托品等药物与食品中违法添加非食品原料具有相当大的不同，不能因为公民对食品安全的担心和危害食品安全犯罪的痛恨，就扩大解释以致越出罪刑法定原则的边界。即使法律法规存在一定的漏洞，也应等待法律法规作出修改以后才能将之适用于其修改之后发生的案件，这才符合现代刑事法治的基本精神。

第三节　研发、生产、销售有毒、有害非食品原料案件的定性思路

近十余年来，我国频繁发生的“毒奶粉”“毒大葱”“毒豆芽”“毒韭菜”“毒猪肉”（瘦肉精喂养的猪）等案件，都属于发生在农业领域的涉及食品安全犯罪的热点问题。从刑法上来看，这些问题涉及生产、销售有毒、有害食品罪和非法经营罪、以其他方法危害公共安全罪等一系列罪名的适用，争议巨大。鉴于在该问题上，研发、生产、销售“瘦肉精”、三聚氰胺案件的刑法制裁方面最为典型，因此本书以“瘦肉精”“三聚氰胺”研发、生产、销售案件中罪名适用的争议为主，对该问题展开深入研究，以回应理论界的争议和实务界的关切。

一、司法解释规定的处理原则

根据 2002 年最高人民法院、最高人民检察院《关于办理非法生产、销售、使用禁止在饲料和动物饮用水中使用的药品等刑事案件具体适用法律若干问题的解释》(法释〔2002〕26 号)的规定,对于非法生产、销售、使用盐酸克仑特罗(俗称“瘦肉精”)等禁止在饲料和动物饮用水中使用的药品等犯罪活动,按照以下处理规则定罪处罚:(1)未取得药品生产、经营许可证件和批准文号,非法生产、销售盐酸克仑特罗等禁止在饲料和动物饮用水中使用的药品,扰乱药品市场秩序,情节严重的,依照《刑法》第 225 条第 1 项的规定,以非法经营罪追究刑事责任。(2)在生产、销售的饲料中添加盐酸克仑特罗等禁止在饲料和动物饮用水中使用的药品,或者销售明知是添加有该类药品的饲料,情节严重的,依照《刑法》第 225 条第 4 项的规定,以非法经营罪追究刑事责任。(3)使用盐酸克仑特罗等禁止在饲料和动物饮用水中使用的药品或者含有该类药品的饲料养殖供人食用的动物,或者销售明知是使用该类药品或者含有该类药品的饲料养殖的供人食用的动物的,依照《刑法》第 144 条的规定,以生产、销售有毒、有害食品罪追究刑事责任。(4)明知是使用盐酸克仑特罗等禁止在饲料和动物饮用水中使用的药品或者含有该类药品的饲料养殖的供人食用的动物,而提供屠宰等加工服务,或者销售其制品的,依照《刑法》第 144 条的规定,以生产、销售有毒、有害食品罪追究刑事责任。(5)实施本解释规定的行为,同时触犯刑法规定的两种以上犯罪的,依照处罚较重的规定追究刑事责任。(6)禁止在饲料和动物饮用水中使用的药品,依照国家有关部门公告的禁止在饲料和动物饮用水中使用的药物品种目录确定。

二、研发、生产、销售有毒、有害非食品原料行为定性之疑问

研发、生产、销售有毒、有害非食品原料行为定性中的争议问题,尤以涉“瘦肉精”、三聚氰胺案件最为典型,因此本书也以该类犯罪为例加以研讨。

（一）研发、生产、销售“瘦肉精”行为的定性

案例三：焦作市中级人民法院一审认定，被告人刘某、奚某杰明知国家禁止使用盐酸克仑特罗（俗称“瘦肉精”）饲养生猪，且使用盐酸克仑特罗饲养的生猪流入市场后会严重影响食用者的身体健康。为攫取暴利，2007 年初，刘某与奚某杰约定共同投资，研制、生产、销售盐酸克仑特罗用于生猪饲养，其中刘某负责研制、生产，奚某杰负责销售。被告人肖某、陈某伟明知盐酸克仑特罗对人体有害，仍在刘某研制出盐酸克仑特罗后联系收猪经纪人试用，并向刘某反馈试用效果良好。随后，刘某大规模生产盐酸克仑特罗，截至 2011 年 3 月，共生产 2700 余公斤，非法获利 250 万余元。奚某杰、肖某、陈某伟负责将刘某生产的盐酸克仑特罗销售，其中奚某杰非法获利 130 余万元，肖某非法获利 60 余万元，陈某伟非法获利约 70 万元。此外，奚某杰还单独从他人处购进盐酸克仑特罗 230 余公斤予以销售，非法获利 30 余万元。刘某之妻，被告人刘某林明知盐酸克仑特罗的危害性，仍协助刘某进行研制、生产、销售等活动。5 名被告人生产、销售的盐酸克仑特罗经过多层销售，最终销至河南、山东等地的生猪养殖户，使大量使用盐酸克仑特罗勾兑饲料饲养的生猪流入市场，严重影响广大消费者的身体健康，并使公私财产遭受重大损失。

人民法院审理后认为：刘某等人的行为均已构成以危险方法危害公共安全罪，依法判处刘某死刑，缓期 2 年执行，剥夺政治权利终身；判处被告人奚某杰、肖某、陈某伟、刘某林无期徒刑和 15 年、9 年不等的有期徒刑。一审宣判后，5 名被告人均不服，分别提出上诉。2011 年 8 月 10 日，河南省高级人民法院二审作出驳回上诉，维持原判的裁定。

（二）生产、销售含三聚氰胺的蛋白粉行为的定性

案例四：石家庄市中级人民法院一审认定，2007 年 7 月，被告人张某军在明知三聚氰胺是化工产品、不能供人食用，一旦被人食用会对身体健康、生命安全造成严重损害的情况下，以三聚氰胺和麦芽糊精为原料，在河北省曲周县某村配制出专供往原奶中添加、以提高原奶蛋白检测含量的混合物（俗称“蛋白粉”）。后张某军将生

产场所转移至山东省济南市某村，购买了搅拌机等生产工具，陆续购进三聚氰胺 192.6 吨、麦芽糊精 583 吨，雇用工人大批量生产“蛋白粉”。至 2008 年 8 月，张某军累计生产“蛋白粉”770 余吨，并以每吨 8000 元至 12,000 余元不等的价格销售给被告人张某章等人，累计销售 600 余吨，销售金额 6,832,120 元。2007 年 7 月至 2008 年 8 月，被告人张某章在明知被告人张某军生产的“蛋白粉”属“三无”产品，不能供人食用，不能用作原奶添加剂，一旦被人食用会对身体健康、生命安全造成严重损害的情况下，仍每吨加价 500 元至 2000 元，将张某军生产的“蛋白粉”销售给高某杰等人，累计销售 230 余吨，销售金额 3,481,840 元。在此期间，被告人张某军生产、销售，被告人张某章销售的“蛋白粉”又经赵某玉等人分销到石家庄等地的奶厅（站），被某些奶厅（站）经营者添加到原奶中，销售给石家庄三鹿集团股份有限公司等奶制品生产企业。三鹿集团等奶制品生产企业使用含有三聚氰胺的原奶生产的婴幼儿奶粉等奶制品流入全国市场后，对广大消费者特别是婴幼儿的身体健康、生命安全造成了严重损害，导致全国众多婴幼儿因食用含有三聚氰胺的婴幼儿奶粉而产生泌尿系统疾患，多名婴幼儿死亡。国家投入巨额资金用于患病婴幼儿的检查和医疗救治；众多奶制品企业和奶农的正常生产、经营受到重大影响，经济损失巨大。

人民法院审理后认为：被告人张某军明知三聚氰胺是化工产品、不能供人食用，人食用后会发生危害生命、健康的严重后果；被告人张某章明知张某军生产的“蛋白粉”属“三无”产品，不能供人食用，不能用作原奶添加剂，人食用后会发生危害生命、健康的严重后果。二被告人均在明知生产、销售“蛋白粉”的唯一用途，是被奶厅（站）往牛奶中添加，以增加原奶蛋白检测含量，会造成奶制品生产企业以被该物质污染的原奶为原料生产的奶制品被广大消费者所食用，危及不特定多数人的生命健康的情况下，置广大人民群众生命、财产安全于不顾，仍大量生产、销售含三聚氰胺的混合物即“蛋白粉”，并经他人分销到石家庄等地，由不法奶厅（站）经营者添加到原奶中，销售给石家庄三鹿集团股份有限公司等奶制品生产企业。奶制品生产企业使用被添加三聚氰胺混合物的原奶生产的婴幼儿奶粉等奶制品流入市场后,对广大消费者特别是婴幼儿的身体健康造成严重损害,导致众多婴幼儿因食用遭受三聚氰胺严重污染的婴幼儿配方奶粉而产生泌尿系统疾患,使多名婴幼儿致病死亡,并使公私财产遭受了重大损失。张某军、张某章对此严重后果应负主要责任。二被告人的行为危害了公共安全,均已构成以危险方法危害公共安全罪。

(三)研发、生产、销售有毒、有害非食品原料行为定性质疑

上述两个案件中,行为人从事的都是研发、生产、销售有毒、有害的非食品原料的行为,最终也都被适用了以危险方法危害公共安全罪并被处以重刑。判决出来后,网络上一片叫好声,似乎表明该案定性准确、量刑适当,无可置疑。然而,仅就判决书认定的事实来看,两案的定性还是存在以下疑问:其一,既然刘某等人明知自己生产、销售的"瘦肉精"的唯一用途是用来添加到生猪养殖的饲料中进而用于饲养生猪,张某军等人生产、销售包含有三聚氰胺的"蛋白粉"的唯一用途是添加到原奶中,而购买瘦肉精、蛋白粉的用户对此也心知肚明,那么为什么不把刘某、张某军等人的行为定性为生产、销售有毒、有害食品罪(共犯)这一兼具破坏市场经济管理秩序和危害公共安全的罪名?其二,从认定的事实来看,刘某等人未取得药品生产、经营许可证件和有关机关的批准,其非法生产、销售瘦肉精的行为,完全符合非法经营罪的构成要件,为什么司法机关撇开这一成熟罪名而选择有争议的以危险方法危害公共安全罪?当然,有学者提出二罪在该案中出现了竞合,应选择重罪即以危险方法危害公共安全罪定罪处罚。但问题是,该案中存在竞合的不仅是此二罪,还应包括生产、销售有毒、有害食品罪这一与以危险方法危害公共安全罪同样重而又属于特殊法条的罪名;如此,在竞合的情况下应选择生产、销售有毒、有害食品罪,才更符合法理。其三,以危险方法危害公共安全罪中的客观要件兼具"方法危险"与"结果危险"的双重性质,而其中的"方法危险"是指与放火、决水、爆炸等方法一样具有自身危险性。生产、销售"瘦肉精"、三聚氰胺等行为所得产品,如果不是经过层层流转最终被添加到食品中去,并不会对人体健康造成危险;因而,单独的生产、销售"瘦肉精"、三聚氰胺等行为

显然不具备“自身危险”的属性。因此，将两案定性为以危险方法危害公共安全罪，是否存在类推解释的可能，并使该罪日益走向无所不包的“口袋罪”？本书认为，在目前的立法框架和重典惩治生产、销售有毒、有害非食品原料行为的思路下，以危险方法危害公共安全罪在两案中的适用大体上是妥当的，但并非无可商榷之处。本书将结合刑法基本理论，对两案中可能适用罪名的利弊进行分析，进而指出较为妥当的定性思路。

三、非法经营罪在研发、生产、销售有毒、有害非食品原料案件中适用的利弊分析

非法经营罪是指违反国家规定，从事非法经营活动，扰乱市场秩序，情节严重的行为。由于部分生产、销售有毒、有害非食品原料行为并无有关的国家规定进行规范，谈不上违反国家规定的问题，故而并非所有的生产、销售有毒、有害非食品原料行为都属于非法经营罪中的非法经营行为。在此仅以“瘦肉精”案件为例，对非法经营罪在生产、销售“瘦肉精”案件中适用的利弊进行分析。

在“瘦肉精”案件中，关于非法经营罪的适用问题主要有以下观点：(1)行为人的行为不构成非法经营罪。[①] (2)行为人的行为同时构成非法经营罪与以危险方法危害公共安全罪，在竞合的情况下适用以危险方法危害公共安全罪。[②] (3)行为人的行为仅构成非法经营罪，而不构成以危险方法危害公共安全罪。[③]

认为行为人的行为不构成非法经营罪的理由有两点：其一，不符合非法经营罪的客观构成要件。在研发、生产、销售“瘦肉精”三行为中，研发具有首要的作用。如果从研发、生产、销售三行为能成立吸收犯的角度而言，研发是其中最重的行为，生产、销售相对研发而言则是比较轻的行为；因此，研发能够吸收生产、销售成立吸收

---

① 参见孟庆华：《河南首起“瘦肉精”案件定性的理论根据评析》，载《法治研究》2011年第12期。

② 参见冀天福：《研制生产销售“瘦肉精”构成以危险方法危害公共安全罪》，载《人民法院报》2011年9月8日，第7版。

③ 参见该案辩护律师的辩护意见。

犯,却非生产、销售吸收研发而成立吸收犯。据此,在刘某等人研发、生产、销售“瘦肉精”三行为中,虽然生产、销售“瘦肉精”行为可以被列入非法经营罪的行为方式,但研发“瘦肉精”行为却不属于非法经营罪的行为方式,因而无法予以制裁。其二,不符合司法解释中以非法经营罪定罪的有关规定。

本书认为,否定研发、生产、销售“瘦肉精”行为可以构成非法经营罪的观点是不正确的:其一,关于该论者所提第一点理由,即使认定研发、生产、销售行为能够成立吸收犯(重行为吸收轻行为),也应该是销售行为吸收生产行为,生产行为吸收研发行为,而不是相反。判断具有递进关系的各危害行为的危害性大小(轻或重),应以该行为给社会带来的危险的紧迫性大小为依据。而在研发、生产、销售“瘦肉精”行为中,销售行为才是给社会带来危险的最紧迫的形式,至于研发行为、生产行为,如果不是为了销售给不法用户,其甚至都可以被认为是合法行为。毕竟,“瘦肉精”是合法药品,其只有在被用于非法用途后才产生了危险性,而不是研发、生产行为本身就具有危险性;即使认定行为人研发、生产的目的具有非法性,那么,其各递进行为社会危险性的大小也应该是越接近于流向社会,其社会危险性才越大。这正如研发、制造、销售毒品行为一样,在同等条件下,销售毒品行为危害大于制造毒品,而制造毒品行为危害又大于研发毒品的危害。进而,即使研发“瘦肉精”行为不能被评价为非法经营行为,也无碍于生产、销售“瘦肉精”行为被评价为非法经营行为并按照该罪处理。其二,关于该论者所提的第二点理由,由于本书看不出为什么不符合原有司法解释中以非法经营罪定罪的有关规定,无从反驳。对此,下文将从正面对该问题进行回应。

本书认为,研发、生产、销售“瘦肉精”行为符合非法经营罪的构成要件。最高人民法院、最高人民检察院颁发的《关于办理非法生产、销售、使用禁止在饲料和动物饮用水中使用的药品等刑事案件具体应用法律若干问题的解释》(以下简称《办理“瘦肉精”案件应用法律解释》)第 1 条与第 2 条分别规定,两种生产、销售“瘦肉精”行为可以定性为非法经营罪:一是“未取得药品生产、经营许可证件和批准文号,非法生产、销售盐酸克仑特罗等禁止在饲料和动物饮用水中使用的药品,扰乱药品市场秩序,情节严重的”行为,可以依照《刑法》第225条第1项“未经许可经营法律、行政法规规定的专营、专卖物品或者其他限制买卖的物品的”规定,以非法经营罪追究刑事责任。二是“在生产、销售的饲料中添加盐酸克仑特罗等禁止在饲料和动物饮用水中使用的药品,或者销售明知是添加有该类药品的饲料,情节严重的”行为,可以依照《刑法》第225条第4项的“其他严重扰乱市场秩序的非法经营行为”规定,以非法经营罪追究刑事责任。在“瘦肉精”案件中,被告人刘某等人未取得药品生产、经营许可证件和批准文号,非法生产、销售盐酸克仑特罗这种禁止在饲料和动物饮用水中使用的药品,扰乱药品市场秩序,显然可以构成非法经营罪。

行为人的行为符合非法经营罪的构成要件,那么是否意味着本案就一定按照该罪定罪处罚呢?这涉及刑法中的罪数理论,也是第二种观点和第三种观点争议的焦点之一。如果认为行为人的行为仅仅构成非法经营罪,自然也只能按照该罪定罪处罚;如果认为其还可能触犯其他罪名,则需要对这些罪名之间的关系进行鉴别并最终选择合适的罪名。从判决书认定的事实来看,刘某等人明知他们生产的“瘦肉精”将会被添加到动物的饲料中进而被动物食用,而食用该饲料的动物被人食用后又会对人的身体健康造成巨大危害;在对这一流程和因果关系非常清楚的情况下,其仍然进行生产、销售行为,实质上既构成生产、销售有毒、有害食品罪,也有可能触犯以危险方法危害公共安全罪。这也正是在刑事诉讼中有的本案被告人以生产、销售有毒、有害食品罪被拘留、逮捕而最终被定为以危险方法危害公共安全罪的原因。因此,在本案中,如果适用非法经营罪,其优点就是完全符合司法解释的规定,可以完全评价其未取得药品生产、经营许可证件和批准文号而非法生产、销售“瘦肉精”,扰乱药品市场秩序的行为,缺点是无法评价更为严重的对于公共安全的危害。这是因为,非法经营罪是《刑法》第三章破坏社会主义市场经济秩序罪中的兜底条款,其本质上是惩罚各种各样的破坏经济秩序的行为,至于在各种破坏市场秩序之外还侵犯其他法益的情形,非法经营罪显然难以承载。尤其是在本案中,行为对于公共安全的危害显然大于对于市场经济秩序的破坏，如果选择非法经营罪，则难以做到罪责刑相适应。

四、以危险方法危害公共安全罪在生产、销售有毒、有害非食品原料案件中适用的利弊分析

我国《刑法》第115条规定的以危险方法危害公共安全罪，是指使用与放火、决水、爆炸、投放危险物质等危险性相当的其他危险方法，危害公共安全的行为。在上述两案中，行为人均被以该罪定罪并适用重刑。“瘦肉精”案件中适用该罪的主要理由是：从主观方面来看，被告人刘某等人明知用盐酸克仑特罗饲养的生猪食用后对人体健康有害，为牟取暴利，置社会公众的生命、健康和重大公私财产的安全于不顾，仍生产、销售用于生猪养殖的盐酸克仑特罗，具有危害公共安全的间接故意。从客观方面来看，被告人刘某等人使用了与放火、决水、爆炸、投放危险物质等危险性相当的其他危险方法危害公共安全。在国家明令禁止的情况下，将这样一种严重危害人民群众身体健康的化学制品作为饲料添加剂用于生猪养殖，波及我国8个省市的广大地区，对不特定多数人的生命健康的危害丝毫不亚于使用放火、决水、爆炸、投放危险物质等几种刑法明确列举的方法。同时，被告人的犯罪行为直接导致700多头生猪被扑杀销毁，造成直接损失110多万元，间接造成焦作市辖区生猪养殖户收入损失和济源双汇公司为处理该类猪肉及其制品的损失达上亿元。① 而在三聚氰胺案件中，适用该罪的理由也大体上相同。对于张某军的辩护人所提张某军的行为方式与法条列举的危险方法不具有相当性的辩护意见，法院认为，虽然生产、销售专供往原奶中添加的含三聚氰胺的混合物即“蛋白粉”的行为方式与刑法明文列举的放火、爆炸等危险方法的行为方式具体表现形式不同，但均具有危及不特定多数人人身和财产安全的特点，客观上造成了众多婴幼儿患病、多名婴幼儿死亡和公私财产重大损失等严重后果，应认定为是该罪中

---

① 参见冀天福：《研制生产销售“瘦肉精”构成以危险方法危害公共安全罪》，载《人民法院报》2011年9月8日，第7版。

的“其他危险方法”。

适用该罪,在从严惩处类似行为上显然具有较大优点:一方面,该类行为确实危害了公共安全,并造成了巨大的损失,而且该罪法定刑最高为死刑,因此无论情节多么严重的生产、销售行为,适用该罪都可以做到罪刑相适应;另一方面,该罪作为最严重形式的危害公共安全罪的兜底罪名,用来惩治公众深恶痛绝的食品安全犯罪,符合公众的心理期待。因此,在判决出来后,尽管很多公众对该罪名并不十分了解,但还是一片叫好。然而,以危险方法危害公共安全罪不仅要求在结果上危害了公共安全,还要求在方法上具有危害公共安全的危险,即要兼具“方法危险”与“结果危险”。研发、生产、销售有毒、有害的非食品原料的行为具备“结果危险”是没有争议的,而且其已造成了实害,那么其是否符合“方法危险”的要求呢?

一般说来,以危险方法危害公共安全罪中的“其他危险方法”包括两层含义:其一,其他危险方法,是指放火、决水、爆炸、投放危险物质以外的危险方法;其二,其他危险方法应理解为与放火、决水、爆炸、投放危险物质的危险性相当的、足以危害公共安全的方法,即这种危险方法一经实施就可能造成不特定或者多数人的伤亡或重大公私财产的毁损。换言之,本法规定的其他危险方法是有限制的,而不是无所不包的。行为人实施危害公共安全的行为所采用的危险方法只有与放火、决水、爆炸、投放危险物质的危险性相当,才属于以危险方法危害公共安全罪中的危险方法。因此,与放火、决水、爆炸、投放危险物质具有“危险的相当性”是判断某一行为能否构成以危险方法危害公共安全罪中的危险方法的关键。如何判断“危险的相当性”?国内学者先后提出了多种观点。例如,有学者指出,危险方法的特征包括方法本身的危险性(广泛的杀伤性、破坏性)、方法的独立性(不需要借助外部的条件即可危害公共安全)、危害程度的相当性(与放火、决水、爆炸等行为的危害相当)[①]。也有学者指出,危险方法同时涉及行为的自身属性与危害程度两个层

---

① 参见邓思清主编:《刑事案例诉辩审评——交通肇事罪》,中国检察出版社2006年版,第137页。

面。在自身属性上，危险方法必须相当于放火、决水、爆炸、投放危险物质，即行为本身一经实施已具备了难以控制、难以预料的高度危险性；在危害程度上，其他危险方法又必须达到放火、决水、爆炸、投放危险物质所能产生的同等危险状态，即足以威胁不特定的多数人的生命健康和财产安全。①

有学者进一步对危险的自身属性进行了总结，认为放火、决水、爆炸、投放危险物质的行为具有以下共同特点：危险的高感知性，即人们基于自己的生活常识都能感知到这几种行为的危害后果；危险的高密度性，即无论是利用自然力还是化学原理，行为能量高度集聚，具有高度的破坏性；危险的难以控制性，即危险一旦发生，其后果难以预料和控制；危险的瞬时性，即行为一经发生，危险立即出现，行为与危险之间具有时间上和空间上的紧密联系。如果行为后果是以比较舒缓的方式逐渐展开的，虽然后果可能非常严重，但很难说其与放火、决水、爆炸等危害行为具有相当性。②

笔者赞同上述学者的观点。危险方法并不是泛指所有危害公共安全的方法，只有那些与放火、决水、爆炸、投放危险物质相当的方法才是危险方法，所谓相当不仅包括行为后果相当，也包括行为性质相当。如果仅仅以行为后果的相当来论及危险方法的相当，则会无限制扩大该罪的行为方式，从而失去该罪构成要件的定型化机能。正如张明楷教授所说：以危险方法危害公共安全罪仅是同一条款的放火罪等的兜底性规定，而不是危害公共安全罪整章的兜底性规定，否则第二章中的其他罪名都没有存在的必要了。③ 对于这一点，两案的审判机关也是认可的，都论证了被告人的行为与放火、决水、爆炸、投放危险物质具有“危险的相当性”。然而，从论证的方法来看，其却回避了危险行为性质的相当性或者直接从危险的结果相当来断定危险方法的相当性。例如，在“瘦肉精”案件中，法院用了

---

①　参见孙万怀：《以危险方法危害公共安全罪何以成为口袋罪》，载《现代法学》2010 年第 5 期。

②　参见李怀胜等：《提供有毒、有害产品原料案件的定性思路》，载《法学》2012 年第 2 期。

③　参见张明楷：《刑法学》，法律出版社 2016 年版，第 695 页。

很大篇幅来论述生产、销售“瘦肉精”行为的危害后果的相当性，却对该危害行为性质是否相当避而不谈。本书认为，就危险行为的性质而言，无论是研发，还是生产、销售“瘦肉精”、三聚氰胺这类非食品原料，既不具备危险的难以控制性也不具备危险的瞬时性，因而都不具备危险方法的相当性。虽然在“瘦肉精”案件中，人类食用超过盐酸克仑特罗残留限量的肉及其制品后，会发生急性中毒（出现的中毒症状包括面红、口渴、皮肤过敏性红色丘疹、心情烦躁不安、失眠、手指震颤、足有沉感，等等），长期食用可致染色体畸变诱发恶性肿瘤，甚至造成心律失常、高血压、青光眼、糖尿病、甲状腺功能亢进、前列腺肥大等疾病的患者急性中毒甚至死亡的后果。但是，该后果并非研发、生产、销售“瘦肉精”行为直接导致，即使行为人实施了研发、生产、销售“瘦肉精”的行为，对社会的危害仍然是可以控制的，而不像火险一样一旦发生而不可控制；生产、销售“瘦肉精”行为只能导致后续的生产、销售有毒、有害食品的行为，而不能直接导致人类使用“瘦肉精”的危害后果，因而缺乏危险的瞬时性特征。因而，无论是生产销售“瘦肉精”，还是含有三聚氰胺成分的“蛋白粉”，都不具备危险方法的相当性，以以危险方法危害公共安全罪定罪处罚在法理上难以自圆其说。

有学者认为，上述对危险方法的理解是限制解释，曲解了立法原意：其一，《刑法》第 114 条、第 115 条规定中并没有任何限制性条件，如果加入“暴力性”“破坏性与杀伤力”作为“以其他危险方法”的限定，无疑会缩小“以其他危险方法”的构成范围，这显然属于有违立法精神的“限制解释”。其二，判断“以其他危险方法”就是要看是否具有“危害公共安全”的性质，即是否侵害“不特定多数的人身、财产及社会利益”。“危害公共安全”具体表现在法条中，就是《刑法》第 114 条中的“足以造成严重后果”与《刑法》第 115 条中的“致人重伤、死亡或者使公私财产遭受重大损失”。[①] 本书不认同这种看法。一方面，刑法条文中没有加入限制性条件并不表明在解释

① 参见孟庆华：《河南首起“瘦肉精”案件定性的理论根据评析》，载《法治研究》2011 年第 9 期。

时不能进行限制解释。例如，强奸罪中并没有明确写明行为主体必须是男人，而我国的通说是该罪的犯罪主体为男性。事实上，基于立法技术简约性的要求，有相当一部分条款中的术语都被省略，这并不影响对之进行正确适用。另一方面，判断“其他危险方法”就是要看是否具有“危害公共安全”的性质，即是否侵害“不特定多数的人身、财产及社会利益”的观点对危险行为的性质与危险后果的关系做了不正确的分析。事实上，判断“其他危险方法”时必须考虑“危害公共安全”的性质，这是衡量“其他危险方法”的必要条件，但是仅仅性质上“危害公共安全”，显然还不能认定就是危险方法，即其不是充分条件。至于判断危险方法的充分条件，前已述及，既包括危险行为性质的相当性，也包括危险结果的相当性。如果仅仅注重危险结果的相当性，则《刑法》第二章、第三章中的很多犯罪都具有结果上的危险性，以危险方法危害公共安全罪的适用范围就会毫无节制地扩张，进而违反罪刑法定原则中的明确性原则。

五、生产、销售有毒、有害食品罪在生产、销售有毒、有害非食品原料案件中适用的利弊分析

根据《刑法》第 144 条的规定，生产、销售有毒、有害食品罪，是指故意在生产、销售的食品中掺入有毒、有害的非食品原料，或者销售明知掺有有毒、有害的非食品原料的食品的行为。此罪的成立，应重点把握两个主要构成要件：一是主观方面必须是故意，即在生产食品过程中明知是有毒、有害的非食品原料而掺入食品中，或者明知是掺有有毒、有害的非食品原料的食品而予以销售；二是客观方面必须有在生产食品的过程中掺入有毒、有害的非食品原料或者销售掺有有毒、有害的非食品原料的食品的行为。最高人民法院、最高人民检察院《办理“瘦肉精”案件应用法律解释》第 3 条与第 4 条规定，使用盐酸克仑特罗等禁止在饲料和动物饮用水中使用的药品或者含有该类药品的饲料养殖供人食用的动物，或者销售明知是使用该类药品或者含有该类药品的饲料养殖的供人食用的动物的，以生产、销售有毒、有害食品罪追究刑事责任。而在“瘦肉精”案件中，生产、销售对象仅仅是“瘦肉精”，行为人并未将“瘦肉精”掺入

食品中或者销售该掺入“瘦肉精”的食品，这就不符合生产、销售有毒、有害食品罪的客观要件，因而不宜定生产、销售有毒、有害食品罪。同样的道理，在三聚氰胺案件中，张某军等人也没有实施在原料奶中直接加入三聚氰胺的行为，其实施的全部行为仅仅是生产、销售含有三聚氰胺的“蛋白粉”这种原料，也不宜定生产、销售有毒、有害食品罪。

行为人的行为孤立地看不构成生产、销售有毒、有害食品罪，但是从人民法院认定的案件事实来看，上述行为人都是明知自己生产、销售的产品是用来添加到食品中或者食品原料中的，“瘦肉精”案件中行为人还多次做测试看自己的产品是否“效果良好”（猪食用后是否变成健美猪）；可以说，被添加到食品及其原料中是这些产品的唯一用途。这些行为能否构成生产、销售有毒、有害食品罪的共同犯罪？结论显然是可以的。这是因为，从理论上说，明知他人从事生产、销售有毒、有害食品的犯罪行为，而为其提供重要的原料，显然构成帮助犯，我国《刑法》对类似情形也有明确规定①；从司法实务来看，我国一系列规范市场经济秩序的司法解释都有类似规定，司法实务中也是如此处理的。2001 年最高人民法院、最高人民检察院《关于办理生产、销售伪劣商品刑事案件具体应用法律若干问题的解释》（法释〔2001〕10 号）第 9 条规定：知道或者应当知道他人实施生产、销售伪劣商品犯罪，而为其提供贷款、资金、账号、发票、证明、许可证件，或者提供生产、经营场所或者运输、仓储、保管、邮寄等便利条件，或者提供制假生产技术的，以生产、销售伪劣商品犯罪的共犯论处。因此，对于研发、生产、销售有毒、有害非食品原料而且该原料的唯一用途是用来添加于食品或者食品原料中的行为，按照生产、销售有毒、有害食品罪的共同犯罪处理是没有问题的。

相对于非法经营罪，按照生产、销售有毒、有害食品罪共同犯罪处理的优点是可以全面评价研发、生产、销售有毒、有害非食品原料

---

① 《刑法》第 350 条第 2 款规定：明知他人制造毒品而为其生产、买卖、运输前款规定的物品的，以制造毒品罪的共犯论处。

行为破坏市场经济秩序和危害公共安全的双重性质，而且该罪法定刑更重，完全可以做到罪责刑相适应。相对于以危险方法危害公共安全罪，按照生产、销售有毒、有害食品罪的共同犯罪处理，也更符合法条竞合情形下特殊法优先的原理，同时也更为符合行为人的心理状态（在三聚氰胺案件中，张某军及其辩护律师一再辩解其不具有危害公共安全的故意）。

但是，按照生产、销售有毒、有害食品罪的共同犯罪处理也存在以下缺陷：其一，共同犯罪的成立以实行犯构成犯罪为前提，研发、生产、销售有毒、有害非食品原料行为的定性，要受生产、销售有毒、有害食品行为的制约。如果后者不具有生产、销售有毒、有害食品的故意，或者虽有故意但情节显著轻微而不构成犯罪，前者的定罪量刑问题就无法得到妥善解决。其二，即使最终的生产、销售有毒、有害食品行为人实施了相应的危害行为，但要查明其与最初的原料提供者的犯意联系也非常困难。从实践来看，原料提供者与最终用户之间链条纵横交错，下家成千上万，想要查实犯意联络极为困难。如果适用生产、销售有毒、有害食品罪，势必会形成巨大的犯罪黑数。其三，帮助犯的功能定位不足以完全评价上述行为的社会危害。实际上，研发、生产、销售的有毒、有害非食品原料的用途几乎是唯一的，均被用来生产有毒、有害的食品及其原料；同时，上述产品也是国家严加管控的，没有一定的资质和技术也难以得到；某种意义上，正是有了生产、销售“瘦肉精”、三聚氰胺原料的行为，下游的生产、销售有毒、有害食品的犯罪才成为可能。从生产、销售有毒、有害食品罪共同犯罪的整个链条来看，生产、销售“瘦肉精”、三聚氰胺等非食品原料的行为往往起着主要的作用，按照作用进行分类，他们应属于主犯。但这显然与帮助犯的功能定位不相符合。

六、思路的转变：共犯行为正犯化

当前，在生产、销售的食品中加入有毒、有害的非食品原料仍是食品安全犯罪中危害最大的一类行为，而为该行为提供有毒、有害非食品原料的行为无疑又是在助纣为虐。但是，依据现有刑法规范，在对提供有毒、有害非食品原料的行为适用非法经营罪不足以完全评价其危害公共安全的性质，适用以危险方法危害公共安全罪面临着危害行为性质的不相当性的难题，适用生产、销售有毒、有害食品罪的共犯则面临着共犯范围受限和评价不足的情况下，有必要转化思路，运用现有的刑法理论，参考实践中的有益经验，遵循共犯行为正犯化的思路来处理更为合适。

运用共犯行为正犯化的思路处理这类案件具有坚实的事实基础。帮助犯在传统的共同犯罪理论框架中居于从属的位置。但是，在食品安全犯罪中，研发、生产、销售有毒、有害的非食品原料这种帮助行为产生的社会危害，往往超过了正犯的社会危害性。研发、生产、销售有毒、有害的非食品原料行为人往往拥有众多的下家，这些下家可能遍布全国，从而形成一对多的关系。就某一次独立的犯罪行为而言，原料提供者的危害可能不如原料使用者的危害大，但是整体来看，相对于分散的原料使用者，集中的原料提供者可能会同时将原料提供给数量众多的使用者，从而累积巨大的社会危害性；同时，由于有毒、有害原材料管理的日益严格，普通食品生产者即使想使用有毒、有害的产品原料也难以找到合适的渠道和技术，而原料提供者的行为正好投其所好，“正瞌睡的时候送给一个枕头”，可以说，正是有毒、有害的原料提供者的行为催生了无数的使用者的行为。生产、销售有毒、有害的非食品原料者应当为众多的使用者的实施行为承担相应的责任。因此，在生产、销售有毒、有害的非食品原料的危害性不断加大的情况下，如果仍然按照共同犯罪的传统思路，让其依附于正犯而接受处罚恐怕已经不合时宜。共犯行为正犯化有助于我们摆脱共同犯罪理论的羁绊，全面、充分地评价这种行为的社会危害性。①

运用共犯行为正犯化的思路处理这类案件具有充分的法律依据。从刑事立法来看，分则中的教唆性犯罪和帮助性犯罪都是适例。例如，协助组织卖淫本来是组织卖淫的帮助行为，即使不将其作为单独的犯罪，依然可以依照共同犯罪的理论追究其刑事责任。

① 参见李怀胜等：《提供有毒、有害产品原料案件的定性思路》，载《法学》2012 年第 3 期。

但《刑法》第 358 条直接规定了协助组织卖淫罪,将这种帮助行为实行犯化。此外,非法买卖、运输、携带、持有毒品原植物种子、幼苗罪也是如此。在司法解释中,这种做法也大量存在。例如,2000 年最高人民法院《关于审理伪造货币等案件具体应用法律若干问题的解释》第 1 条规定,行为人制造货币版样或者与他人事前通谋,为他人伪造货币提供版样的,依照伪造货币罪的规定定罪处罚。为他人伪造货币提供货币版样是伪造货币中的帮助行为,按照伪造货币罪定罪处罚符合帮助犯的理论。而行为人制造货币版样的行为则存在多种可能,既可能是为他人伪造货币提供帮助,也可能是自己伪造货币的前期准备;当然,更多的情形是制造货币版样行为具有独立性,即追求独立的经济利益,制造之前并没有明确的销售对象,而在制造以后随机销售给下家,这种情形按照共同犯罪理论就不好处理。考虑到货币版样是从事伪造货币行为的基础工具,没有货币版样伪造货币行为就不可能进行,制造货币版样行为的几乎唯一的用途就是伪造货币;司法解释规定,对于没有事前通谋的伪造货币版样行为,也一律按照伪造货币罪追究责任(如果纯粹是自娱自乐,当然不构成犯罪),即在不构成共同犯罪的情况下直接按照正犯进行处理。2010 年施行的最高人民法院《关于审理非法制造、运输、买卖枪支、弹药、爆炸物等案件具体应用法律若干问题的解释》第 7 条规定:非法制造、买卖、运输、邮寄、储存、抢夺、持有、私藏、携带成套枪支散件的,以相应数量的枪支计;非成套枪支散件以每 30 件为一成套枪支散件计。可见,对于买卖枪支散件的行为直接按照买卖枪支定罪处罚,也属于共犯行为正犯化的适例。

按照共犯行为正犯化这种思路解决生产、销售有毒、有害非食品原料行为的定性问题,可以分以下三种情况进行处理:(1)生产者、销售者确实不知道自己生产、销售的有毒、有害的非食品原料的确切用途,而且该原料本身确实有多种用途的,则不构成犯罪;如果其确系伪劣产品,应以《刑法》第 140 条规定的普通伪劣产品罪定罪处罚。(2)生产者、销售者明确知道自己生产、销售的有毒、有害的非食品原料的确切用途。也就是说,明确地知道自己生产、销售的有毒、有害的原料将被用于生产食品,则按照生产、销售有毒、有害食品罪定罪处罚。(3)有些有毒、有害的非食品原料的用途几乎是唯一的,被使用者购买之后将被添加到食品中也是可预测的,应当视为明确知道该原料的用途。例如,在“瘦肉精”案件中,生产、销售“瘦肉精”原材料的行为完全是合法行为,因为该原材料具有多种用途,除了用于生产瘦肉精以外,还可以用于生产其他物品;生产、销售瘦肉精原材料的生产者、销售者对购买该原材料的用户的真正意图也不知情,而且无法证明用于生产“瘦肉精”的原料成分是伪劣产品(实际上也不是伪劣产品),因此不能定生产、销售有毒、有害食品罪,也不能定生产、销售伪劣产品罪。而刘某等人的行为就不同了。他们明知自己生产、销售的“瘦肉精”将会被用来饲养生猪,即用于生产有毒、有害食品,而仍然进行生产、销售行为,应当按照生产、销售有毒、有害食品罪定罪处罚。同样的道理,在三聚氰胺案件中,生产、销售三聚氰胺的上游厂商并未被追究刑事责任,原因就在于三聚氰胺本身是一种化工原料,具有多种合法的用途,上游厂商并不知道其会被添加到牛奶中去。而张某军在明知自己生产、销售的蛋白粉的唯一用途就是被添加到牛奶中去,即用于生产有毒、有害食品的情况下,仍决意为之,从而严重危害公共安全,显然应当按照生产、销售有毒、有害食品罪对其定罪处罚。

第四节　食品安全犯罪中的法条竞合问题

在《刑法修正案(八)》增设食品监管渎职罪,修改生产、销售不符合安全标准的食品罪和生产、销售有毒、有害食品罪构成要件要素,以及以危险方法危害公共安全罪在食品安全犯罪领域的司法适用以后,食品安全犯罪中的法条竞合问题日益凸显。如何确定食品安全犯罪部分法条竞合中的竞合关系,如何基于这种竞合关系而选择处理原则,是值得深入研究的一个问题。[①]

---

① 梁平、刘科:《食品安全犯罪中的法条竞合问题》,载《中国刑法学年会论文集》,中国人民公安大学出版社2012年版。

一、法条竞合的竞合关系与适用原则

迄今为止,法条竞合理论是刑法理论中极为混乱的理论之一。[①]毫无疑问,这种混乱与不同学者对法条竞合的竞合关系与适用原则的不同认识密切相关。而这种不同认识,显然会深刻影响到食品安全犯罪中法条竞合问题的处理。因此,在探讨食品安全犯罪中的法条竞合问题以前,有必要对法条竞合中的基本问题进行简单梳理。

法条竞合的概念主要来自德日刑法学。“法条竞合,是指一个行为同时符合了数个法条规定的犯罪构成要件,但从数个法条之间的逻辑关系来看,只能适用其中一个法条,当然排除适用其他法条的情况。换言之,法条竞合是指法条之间具有竞合(重合)关系,而不是犯罪的竞合。”[②]团藤重光教授对法条竞合概念的上述界定至今仍深深影响着中国刑法学者对法条竞合概念的认识,可以说已经成为一种通说。[③] 但是,对法条竞合概念的通行认识,并不代表着对法条竞合之竞合关系的通行认识。事实上,自引入该概念开始,我国学者对法条竞合中的竞合关系就有不同认识。在此,笔者赞同肖中华教授的观点,即刑法中的法条竞合包括、且仅包括包容竞合和交叉竞合两种;在从属关系的竞合中再划分独立竞合与包容竞合,在交叉竞合中再划分交互竞合与偏一竞合,是不可取的。[④]

明确了上述法条竞合中的竞合关系以后,接着需要对其适用原则进行探讨。在此问题上,我国学术界众说纷纭,司法实践也是做

---

① 周铭川:《法条竞合中特别法条和普通法条的关系探析》,载《中国刑事法杂志》2011 年第 3 期。

② 参见[日]团藤重光:《刑法纲要(总论)》(第 3 版),创文社 1990 年版,第 456 页。转引自张明楷:《法条竞合中特别关系的确定与处理》,载《法学家》2011 年第 1 期。

③ 参见高铭暄、马克昌主编:《刑法学》,中国法制出版社 2007 年版,第 378 页;周光权:《法条竞合的特别关系研究——兼与张明楷教授商榷》,载《中国法学》2010 年第 3 期;等等。

④ 参见肖中华:《也论法条竞合犯》,载《法律科学》2000 年第 5 期。

法各异。[①] 争议的问题主要是:有的特殊法的法定刑轻于一般法,法律又没有规定在什么条件下可以实行重法优于轻法的原则,司法机关可否在其认为必要时适用重法(一般法)? 肯定者认为:(1)法律上虽然未明文规定可以使用一般法,但也未作出禁止性的规定,应认为是可以适用一般法;(2)此情况下适用一般法有利于实现罪责刑相适应的基本原则。否定者认为:(1)上述做法不符合罪刑法定原则的基本精神,而该原则优先于罪责刑相适应原则;(2)在没有法律规定的条件下,实行重法优于轻法的原则,会导致司法恣意,破坏法制的统一;(3)特殊法规定的刑罚偏轻,应当通过立法完善的办法来解决,而不应通过司法中的自由选择来弥补。本书认为,如果站在形式的罪刑法定原则的立场来看,采用重法优于轻法原则确实缺乏法律依据;但从实质的罪刑法定原则的立场来看,在立法存在缺陷的情况下,采用重法优于轻法原则确实是打击犯罪的必要选择。因此,在上述情形下如何选择适用原则,确实是一个很难取舍的问题。下文中笔者将结合具体的竞合情形展开讨论。

二、生产、销售不符合安全标准的食品罪与生产、销售有毒、有害食品罪的竞合问题

生产、销售有毒、有害食品罪与生产、销售不符合安全标准的食品罪具有重要区别:(1)犯罪对象不同。生产、销售有毒、有害食品罪的犯罪对象是有毒、有害的非食品原料的食品。诸如食品原料腐败、变质而使食品含有对人有毒、有害的物质。生产、销售不符合食品安全标准的食品罪的犯罪对象是不符合食品安全标准的食品。不符合食品安全标准的食品是指不含有毒、有害非食品原料的食品,但是其食品原料在生产、销售时业已不符合食品安全标准。(2)二者的犯罪形态不同。生产、销售不符合安全标准的食品罪是危险犯,行为人除了违反国家食品安全管理法规,生产、销售不符合

---

① 目前至少有"特别法优于普通法""复杂法优于简单法""重法优于轻法"等主张,但上述不同主张在实践中也没有达成共识。例如,在销售侵权复制品案件中,我国大多是按照非法经营罪定罪处罚;而在社会影响较大的顾某等销售侵权复制品案件中,检察机关虽以非法经营罪起诉,但法院却以销售侵权复制品罪作出了判决。

食品安全标准的食品,还要因此产生足以造成严重食物中毒事故或者使其他严重食源性疾患危险状态出现方可构成该罪。而生产、销售有毒、有害食品罪是行为犯,只要行为人实施违反食品安全管理法规,在生产、销售的食品中,掺入有毒、有害的非食品原料,或者销售明知掺有有毒、有害的非食品原料的食品的行为,即可构成该罪。

有学者指出,我国破坏社会主义市场经济秩序犯罪中的法条竞合现象大致可以分为三种情形:(1)在具体的犯罪种类中发生法条竞合。(2)在整个总类犯罪中发生法条竞合。(3)在整个刑法分则犯罪中发生法条竞合。[①] 事实上,食品安全犯罪中也大致存在上述三个种类的竞合现象。其中,生产、销售不符合安全标准的食品罪与生产、销售有毒、有害食品罪是食品安全犯罪中最基本的两个罪名,两罪的竞合关系及其法律适用问题就成为首先需要讨论的问题。

根据《刑法修正案(八)》的规定,生产、销售不符合安全标准的食品罪,是指违反国家食品安全管理法规,生产、销售不符合食品安全标准的食品,足以造成严重食物中毒事故或者其他严重食源性疾病的行为。生产、销售有毒、有害食品罪,是指违反国家食品安全管理法规,在生产、销售的食品中,掺入有毒、有害的非食品原料,或者销售明知掺有有毒、有害的非食品原料的食品的行为。上述两罪主体、客体基本相同,行为对象、危害结果存在交叉,能否构成法条竞合,取决于其犯罪对象是否存在交叉或者包容关系。

生产、销售不符合安全标准的食品罪的犯罪对象是“不符合食品安全标准的食品”。根据《食品安全法》第34条禁止生产经营下列食品的规定,不符合食品安全标准的食品,包括下列情形,“(一)用非食品原料生产的食品或者添加食品添加剂以外的化学物质和其他可能危害人体健康物质的食品,或者用回收食品作为原料生产的食品……(十三)其他不符合法律、法规或者食品安全标准或者要求的食品”。生产、销售有毒、有害食品罪的犯罪对象是掺入

---

① 参见杨兴培、陆敏:《破坏市场经济秩序犯罪中的法条竞合问题研究》,载《华东政法学院学报》2000年第1期。

了有毒、有害的非食品原料的食品。所谓“非食品原料”，是指食品工业用原料以外的原料。食品工业用原料有食品化工产品等专门名称，与类似的化工原料（非食品原料）在规格、质量及毒性等方面有很大区别。本罪所指的非食品原料必须是有毒、有害的，即对人体具有生理毒性，食用后会引起不良反应，损害机体健康以及危及人们生命的原料。认定某一非食品原料是否有毒、有害，必须有卫生行政部门的食品卫生监测机构作出的鉴定。

一般而言，不符合安全标准的食品包含了有毒、有害食品，并可以泛指所有毒素和营养素含量超过了安全标准允许范围，足以造成人体健康损害的食品。同时，不符合安全标准的食品如因腐败、变质或被有毒、有害物质污染，从而可能对人体健康有害，也属于“有毒、有害的食品”。因此，两罪在行为对象上具有包容关系，掺入有毒、有害的非食品原料的食品都属于“不符合安全标准的食品”，从而两罪形成了法条竞合的关系。其中，生产、销售不符合安全标准的食品罪是一般法，而生产、销售有毒、有害食品罪是特殊法，两者形成了一般法与特殊法的竞合关系。而且，由于两罪定罪情节（刑事门槛）并不相同，生产、销售不符合安全标准的食品罪是危险犯，其行为需要“足以造成严重食物中毒事故或者其他严重食源性疾病”。而生产、销售有毒、有害食品罪是行为犯，只要行为人实施该类行为，不问情节，即可以构成犯罪。因此，在生产、销售有毒、有害食品罪刑事门槛低而刑事责任重（在每一个量刑情节相对应的刑罚幅度内，生产、销售有毒、有害食品罪均重于生产、销售不符合安全标准的食品罪）的情况下，在法条竞合关系中选择适用生产、销售有毒、有害食品罪这一特殊法都不会导致罪责刑失衡的现象，因此不存在法条竞合适用原则方面的争议问题。①

---

① 在两罪的法定最高刑对应的量刑情节中，生产、销售有毒、有害食品罪的量刑情节是“致人死亡或者有其他特别严重情节的”，而生产、销售不符合安全标准的食品罪的量刑情节是“后果特别严重的”，而通常的理解是“后果特别严重的”应属于“特别严重情节的”的一部分。因此，只要在解释“后果特别严重的”“特别严重情节的”时注意体系的协调性，“后果特别严重的”就可以被“特别严重情节的”所包含。从而无论情节多么严重的生产、销售有毒、有害食品行为，按照生产、销售有毒、有害食品罪定罪处罚都不会产生罪责刑失衡的问题。

罪名概念的内涵与外延的理解不清是导致法条竞合理论被误用的原因之一。[①] 因此,在此也有必要澄清两罪法条竞合关系适用原则中的一些模糊因素。(1)有毒有害的食品原料问题。生产、销售有毒、有害食品罪的对象是掺入了“有毒、有害的非食品原料的食品”,而实践中存在一些掺入了“有毒、有害的食品原料的食品”(食品原料也有可能是有毒、有害的,例如已腐烂变质或被污染的食品原料)行为,其社会危害性不一定比掺入了有毒、有害的非食品原料的食品行为的社会危害性轻,对此能否按照特殊法优于一般法的原则处理?笔者认为,由于掺入了有毒、有害的食品原料的食品不属于生产、销售有毒、有害食品罪的对象,自然不存在适用该罪的空间;无论这种情节多么严重,也只能按照生产、销售不符合安全标准的食品罪定罪处罚(当然,如果行为人故意实施该行为,严重危害公共安全,可以考虑以以危险方法危害公共安全罪定罪处罚),不存在法条竞合关系中的特殊法优于一般法的问题。(2)食品添加剂问题。有学者认为,行为人为了使其产品具有竞争力,加大添加剂使用量,而大大超过国家规定的标准,致使食品“遭受毒化”,诸如此类等,毕竟使用的是食品原料,如果造成严重食物中毒或者其他食源性疾患,对人体健康造成严重危害的,应定生产、销售不符合卫生标准的食品罪(现在的生产、销售不符合安全标准的食品罪),而非生产、销售有毒、有害食品罪。[②] 笔者认为,该学者对两罪犯罪对象的界定是正确的,即生产、销售有毒、有害食品罪中掺入的是有毒、有害的非食品原料,而不包括食品原料。但是,该学者对食品添加剂是否属于食品原料的界定是错误的,从而影响两罪的界定。从《食品安全法》的有关规定来看,食品添加剂并非食品的应有成分,而属于非食品原料范畴。况且有些食品添加剂具有一定的毒害性,即使是允许使用的,相关规范也明确规定了使用范围和剂量限制,超过范围限制的,就属于有毒、有害的非食品原料。例如,亚硝酸盐作为

---

① 参见周铭川:《法条竞合中特别法条和普通法条的关系探析》,载《中国刑事法杂志》2011 年第 3 期。

② 郭立新、杨迎泽主编:《刑法分则适用疑难问题解释》,中国检察出版社 2000 年版,第 58 页。

肉类制品中的发色剂(添加剂的一种),一旦过量使用,不但会导致急性中毒,而且会形成一种致癌物亚硝胺,人长期食用就会得癌症。如果行为人随意扩大亚硝酸盐的使用范围和用量,其行为属于在食品中掺入有毒、有害的非食品原料,依法构成生产、销售有毒、有害食品罪,而不构成生产、销售不符合安全标准的食品罪。

三、生产、销售伪劣产品罪,生产、销售不符合安全标准的食品罪与生产、销售有毒、有害食品罪的竞合问题

生产、销售伪劣产品罪,是指生产者、销售者在产品中掺杂、掺假,以假充真,以次充好或者以不合格产品冒充合格产品,销售金额5万元以上的行为。根据通说,该罪与生产、销售不符合安全标准的食品罪,生产、销售有毒、有害食品罪是典型的法条竞合。对于这种法条竞合,《刑法》第149条明确规定了"依照处罚较重的规定定罪处罚"的原则。

从逻辑结构上讲,"不符合安全标准的食品""有毒、有害的食品"与"伪劣产品"在外延上是包容与被包容的关系,即"伪劣产品"是属概念,"不符合安全标准的食品""有毒、有害食品"是种概念。就广义而论,生产、销售有毒有害食品与生产、销售不符合安全标准的食品,也就是生产、销售伪劣产品,只是基于有毒有害食品、不符合安全标准的食品等对人体健康的特殊危害性,才特设专条将它们规定为独立的犯罪。因此,生产、销售不符合安全标准的食品、有毒有害食品,如果不构成各该条所规定的犯罪,但是销售金额在5万元以上的,应当依照生产、销售伪劣产品罪处罚;如果既构成各该条规定的犯罪,又构成生产、销售伪劣产品罪,这种情况就是法条竞合。生产、销售伪劣产品罪和生产、销售有毒、有害食品罪,生产、销售不符合安全标准的食品罪本应是一种全包容的法条竞合关系,但立法在特殊法的构成中增加了额外的内容,从而使之成为交叉关系的法条竞合。刑法为此种情况确立了"重法优于轻法"的适用原则。何谓"处罚较重"?通常认为,"处罚较重",是指某一行为所符合的不同条文中能适用的法定刑幅度的处罚较重的。认定"处罚较重",首先要确定行为所适用的法定刑幅度,其次是在此基础上进行比较

处罚的轻重。

依据上述原则,在司法实践中,对三罪名的竞合问题,应根据不同情况分别处理:

1. 生产、销售伪劣产品罪与生产、销售有毒、有害食品罪的竞合问题

(1)行为人在生产、销售的食品中掺入有毒、有害的非食品原料或者销售明知掺有有毒、有害的非食品原料的食品,但没有达到“对人体健康造成严重危害或者有其他严重情节”(例如,生产、销售的有毒、有害食品被食用后,造成轻伤、重伤或者其他严重后果)的情况下,如何选择罪名,关键要看销售金额的大小。如果销售金额达到50万元以上的,按照生产、销售伪劣产品罪定罪处罚;如果销售金额在20万元以上50万元以下的,原则上也以生产、销售伪劣产品罪定罪处罚;销售金额在20万元以下的,则按照生产、销售有毒、有害食品罪定罪处罚。

(2)行为人在生产、销售的食品中掺入有毒、有害的非食品原料或者销售明知掺有有毒、有害的非食品原料的食品,达到“对人体健康造成严重危害或者有其他严重情节”的程度,但没有达到“致人死亡或者有其他特别严重情节”的程度,如果销售金额在200万元以上的,按照生产、销售伪劣产品罪定罪处罚;如果销售金额在200万元以下50万元以上的,原则上也按照生产、销售伪劣产品罪定罪处罚;如果销售金额在50万元以下的,则按照生产、销售有毒、有害食品罪定罪处罚。

(3)行为人在生产、销售的食品中掺入有毒、有害的非食品原料或者销售明知掺有有毒、有害的非食品原料的食品,达到“致人死亡或者有其他特别严重情节”程度的,无论销售数额,一律按照生产、销售有毒、有害食品罪定罪处罚。

2. 生产、销售伪劣产品罪与生产、销售不符合安全标准的食品罪的竞合问题

(1)生产、销售不符合安全标准的食品,足以造成严重食物中毒事故或者其他严重食源性疾病(例如,经省级以上卫生行政部门确定的机构鉴定,食品中含有可能导致严重食物中毒事故或者其他严

重食源性疾患的超标准的有害细菌或者其他污染物的），但尚未达到“对人体健康造成严重危害或者有其他严重情节”（例如，生产、销售不符合安全标准的食品被食用后，造成轻伤、重伤或者其他严重后果的）的，如果销售金额在 20 万元以上，按照生产、销售伪劣产品罪定罪处罚；如果销售金额在 20 万元以下 5 万元以上，原则上按照生产、销售不符合安全标准的食品罪定罪处罚；如果销售金额在 5 万元以下，则不构成生产、销售伪劣产品罪，不存在竞合问题，直接按照生产、销售不符合安全标准的食品罪定罪处罚即可。

（2）生产、销售不符合安全标准的食品，达到“对人体健康造成严重危害或者有其他严重情节”但尚达不到“后果特别严重”的程度，如果销售金额在 50 万元以上，按照生产、销售伪劣产品罪定罪处罚；如果销售金额在 50 万元以下 20 万元以上，原则上按照生产、销售不符合安全标准的食品罪定罪处罚；如果销售金额在 20 万元以下 5 万元以上，一律按照生产、销售不符合安全标准的食品罪定罪处罚。

（3）如果生产、销售不符合安全标准的食品，造成的后果特别严重的（例如，生产、销售不符合安全标准的食品被食用后，致人死亡、严重残疾，致三人以上重伤、十人以上轻伤或者造成其他特别严重后果的），原则上按照生产、销售不符合安全标准的食品罪定罪处罚。

四、食品监管渎职罪与滥用职权罪、玩忽职守罪的竞合问题

根据《刑法修正案（八）》第 49 条之规定，食品监管渎职罪是指负有食品安全监督管理职责的国家机关工作人员滥用职权或者玩忽职守，导致发生重大食品安全事故或者造成其他严重后果的行为。本罪的主体是特殊主体，是指负有食品安全监督管理职责的国家机关工作人员，根据《食品安全法》的规定，具体包括县级以上卫生行政、农业行政、质量监督、工商行政管理、食品药品监督管理部门中依照有关法律规定对食品安全实施监督管理的工作人员。本罪与滥用职权罪、玩忽职守罪也是典型的法条竞合的关系。而且，根据《刑法》第 397 条“本法另有规定的，依照规定”的规定，在行为

人的行为同时符合滥用职权罪、玩忽职守罪这一一般法与食品监管渎职罪这一特殊法的情况下，优先选择特殊法。

根据“本法另有规定的，依照规定”的规定，在三罪基本刑的量刑情节问题上选择竞合的适用原则，一般不会产生争议。例如，滥用职权罪、玩忽职守罪基本刑是“三年以下有期徒刑或者拘役”，对应的量刑情节（也是定罪情节）为“致使公共财产、国家和人民利益遭受重大损失的”；而食品监管渎职罪的基本刑是“五年以下有期徒刑或者拘役”，对应的量刑情节（也是定罪情节）为“导致发生重大食品安全事故或者造成其他严重后果的”。从用语的规范含义来看，三罪的基本刑的量刑情节并没有实质的区别，都强调危害的后果，只要最高司法机关在制定司法解释时注意用语的协调与规范，三罪基本刑量刑情节完全可以做到一致，进而无论适用“特殊法优先于一般法”还是“重法优先于轻法”原则都不会导致冲突。当然，如果在该问题上处理不当，则会造成适用上的冲突。①

与基本刑量刑情节不同，三罪加重刑对应的量刑情节内涵与外延有较大区别，因而在选择竞合的适用原则时，则可能存在问题。滥用职权罪、玩忽职守罪加重刑对应的量刑情节是“情节特别严重”，而食品监管渎职罪加重刑对应的量刑情节是“造成特别严重后果的”，从用语的通常含义来理解，“造成特别严重后果的”（后果特别严重）与“情节特别严重”含义并不统一，“情节特别严重”除了包括“造成特别严重后果的”以外，还包括了一些其他的情形。例如，负有食品安全监督管理职责的国家机关工作人员多次滥用职权或者玩忽职守，导致重大食品安全事故多次发生，但累计造成的损害达不到“造成特别严重后果的”程度，按照食品监管渎职罪只能在“五年以下有期徒刑或者拘役”的幅度内适用刑罚；但是，负有食品安全监督管理职责的国家机关工作人员多次滥用职权或者玩忽职守，则属于玩忽职守罪或者滥用职权罪中的“情节特别严重”的情形，如果按照玩忽职守罪或者滥用职权罪定罪处罚，则可以在“三年

---

① 在这方面，比较典型的是我国在诈骗罪与特殊诈骗罪基本刑量刑情节上的不统一，导致了法条竞合中适用原则的冲突与混乱。

以上七年以下有期徒刑”的幅度内处刑，即可能判处 5 年以上 7 年以下的有期徒刑。考虑到这种行为的极大社会危害性，对行为人适用6 年或 7 年刑罚更能做到罪责刑相适应。如此，该如何选择刑罚？对此，如果按照滥用职权罪或者玩忽职守罪定罪处罚，虽然可以做到罪责刑相适应，但是可能违反《刑法》第 397 条“本法另有规定的，依照规定”的规定，从而违反罪刑法定原则；而如果按照食品监管渎职罪定罪处罚，则又面临着罪责刑不相适应的难题。笔者认为，可能的解决办法有二：一是进行立法完善，把食品监管渎职罪中的“造成特别严重后果”修改为“情节特别严重”，即可以避免上述难题；二是允许采用“重法优于轻法”的处理原则，即在一般法规定的刑罚更重时，允许适用重法（一般法）。考虑到食品监管渎职罪增设不久，再对其进行修改有违刑法的稳定性，因此，采用“重法优于轻法”的处理原则将是一种更务实的做法。

除此之外，由于“不符合安全标准的食品”和“有毒、有害的食品”可能会危害公共安全，所以生产、销售不符合安全标准的食品罪，生产、销售有毒、有害食品罪与以危险方法危害公共安全罪也存在法条竞合关系，对此，依照上述原则分别适用即可。但是，学界讨论较多的侵犯知识产权罪（主要是其中的假冒注册商标罪与销售假冒注册商标的商品罪）与生产、销售不符合安全标准的食品罪，生产、销售有毒、有害食品罪的竞合问题本质上是想象竞合而不是法条竞合，不应作为法条竞合问题来讨论。

第四章　破坏农业生产资料经营秩序的犯罪研究

农业生产资料是进行农业生产的关键因素。可以说,现代农业的发展,主要是依靠农药、兽药、化肥、种子的技术进步。然而,伪劣的农药、兽药、化肥、种子,足以让技术进步换来的高效农业荡然无存,甚至还会造成更为严重的农业安全、人类健康乃至生存等问题。为了严厉打击伪劣的农药、兽药、化肥、种子犯罪,1997 年《刑法》专门规定了生产、销售伪劣农药、兽药、化肥、种子罪,该罪也是司法实践中较为常见的涉及“三农”问题的犯罪。

第一节　生产、销售伪劣农药、兽药、化肥、种子罪概述

一、生产、销售伪劣农药、兽药、化肥、种子罪的犯罪构成

我国《刑法》第 147 条规定了生产、销售伪劣农药、兽药、化肥、种子罪,即“生产假农药、假兽药、假化肥,销售明知是假的或者失去使用效能的农药、兽药、化肥、种子,或者生产者、销售者以不合格的

农药、兽药、化肥、种子冒充合格的农药、兽药、化肥、种子，使生产遭受较大损失的，处三年以下有期徒刑或者拘役，并处或者单处销售金额百分之五十以上二倍以下罚金；使生产遭受重大损失的，处三年以上七年以下有期徒刑，并处销售金额百分之五十以上二倍以下罚金；使生产遭受特别重大损失的，处七年以上有期徒刑或者无期徒刑，并处销售金额百分之五十以上二倍以下罚金或者没收财产”。

本罪的犯罪构成是：犯罪主体既包括单位，又包括个人。犯罪主观方面是故意，过失不构成本罪。犯罪客体或者侵犯的法益是农业生产资料安全和市场经济管理秩序。行为方式表现为多种：其一，生产假农药、假兽药、假化肥，使生产遭受较大损失的行为；其二，销售明知是假的或者失去使用效能的农药、兽药、化肥、种子，使生产遭受较大损失的行为；其三，生产者、销售者以不合格的农药、兽药、化肥、种子，冒充合格的农药、兽药、化肥、种子，使生产遭受较大损失的行为。

二、生产、销售伪劣农药、兽药、化肥、种子罪的司法解释性文件辨析

关于生产、销售伪劣农药、兽药、化肥、种子罪，最高人民法院、最高人民检察院单独或者联合其他部门，先后颁布了一些司法解释性质的文件。这些文件具体包括：(1)2008 年 6 月 25 日最高人民检察院、公安部印发的《关于公安机关管辖的刑事案件立案追诉标准的规定(一)》(公通字〔2008〕36 号)，其第 23 条规定：“生产假农药、假兽药、假化肥，销售明知是假的或者失去使用效能的农药、兽药、化肥、种子，或者生产者、销售者以不合格的农药、兽药、化肥、种子冒充合格的农药、兽药、化肥、种子，涉嫌下列情形之一的，应予立案追诉：(一)使生产遭受损失二万元以上的；(二)其他使生产遭受较大损失的情形。”(2)2001 年施行的最高人民法院、最高人民检察院《关于办理生产、销售伪劣商品刑事案件具体应用法律若干问题的解释》(法释〔2001〕10 号)第 7 条规定：“刑法第一百四十七条规定的生产、销售伪劣农药、兽药、化肥、种子罪中‘使生产遭受较大损失’，一般以二万元为起点；‘重大损失’，一般以十万元为起点；‘特

别重大损失'，一般以五十万元为起点。"(3)1996 年 7 月 12 日最高人民法院《关于进一步加强对生产、销售伪劣种子、化肥等纠纷案件审理的通知》(法发〔1996〕22 号)之四规定："在审理这类纠纷案件时发现犯罪线索的，应及时移送有关部门查处。人民法院对故意生产、销售伪劣种子，情节恶劣，后果严重的犯罪分子，要依法从重判处。对生产、销售伪劣种子的犯罪分子，在从严适用刑罚的同时，要注重适用附加财产刑。犯罪分子的违法所得和违法生产、销售的产品要一律予以没收。"

以上司法解释性质的文件主要包含了三个方面的内容：

一是构成生产、销售伪劣农药、兽药、化肥、种子罪的刑事门槛。其中最高人民法院、最高人民检察院《关于办理生产、销售伪劣商品刑事案件具体应用法律若干问题的解释》(法释〔2001〕10 号)规定了一个原则性的标准"一般以二万元为起点"，而最高人民检察院、公安部《关于公安机关管辖的刑事案件立案追诉标准的规定(一)》则规定了两种标准："使生产遭受损失二万元以上的"以及"其他使生产遭受较大损失的情形"。本书认为，这两个标准并不存在实质上的冲突，因为"一般以二万元为起点"只是个原则性标准，并不否定特殊情况下标准高于或者低于 2 万元(如多次制假售假情况下，标准就可以低于 2 万元；偶尔制假售假，而且具有其他从轻情节的，标准就可以高于 2 万元)；因而也可以理解为有两个标准，一个是原则性标准(2 万元的标准)，另一个是特殊情况下的标准(2 万元以上或以下的标准)，这样的理解与"使生产遭受损失二万元以上的"以及"其他使生产遭受较大损失的情形"这种看似两个标准的情形，也就不再存在实质上的冲突。至于何为"其他"，一般认为，多次实施生产、销售伪劣农药、兽药、化肥、种子，实施生产、销售伪劣农药、兽药、化肥、种子行为受到行政处罚后继续实施该类行为等情形，就属于"其他"情形，即使达不到该 2 万元的起点，也可以追究刑事责任。当然，为了做到罪责刑相一致，"特殊情况下"的数额标准应掌握在"一般情况下"数额标准的 80%。例如，行为人多次实施生产、销售伪劣农药、兽药、化肥、种子的行为，即使损失数额达不到 2 万元，但达到了 1.6 万元，就可以认为其属于"其他使生产遭受较大损失的情形”。

二是构成生产、销售伪劣农药、兽药、化肥、种子罪的量刑标准。即最高人民法院、最高人民检察院《关于办理生产、销售伪劣商品刑事案件具体应用法律若干问题的解释》确定的“‘重大损失’,一般以十万元为起点;‘特别重大损失’,一般以五十万元为起点”。这个标准比较具体、明确,实践中不应存在争议。

三是对于该类犯罪的刑事政策。从最高人民法院《关于进一步加强对生产、销售伪劣种子、化肥等纠纷案件审理的通知》可以看出,对于涉及农业生产资料的犯罪,司法机关明显具有从严惩处的倾向。该刑事政策又可以具体化为从重判处刑罚、注重财产刑、注重犯罪预防(犯罪分子的违法所得和违法生产、销售的产品要一律予以没收)等。另外,从此后历年国家发布的文件精神来看,从严惩处该类犯罪的政策是一以贯之的。这一点在理论界并不存在争议,但需要在实践中具体落实。

第二节 生产、销售伪劣农药、兽药、化肥、种子罪中的疑难问题

从前述立法和司法解释性文件可以看出,我国关于生产、销售伪劣农药、兽药、化肥、种子罪的规定是比较明确的。但是,该罪是经济犯罪,准确理解该罪的犯罪构成,既需要掌握刑法原理,又需要熟悉相关的行政法律法规,从而给理解和认定该罪增加了不少难度。本书梳理了该罪适用中的疑难问题,对其分别进行讨论。

一、假农药、假兽药、假化肥、假种子的认定

假农药、假兽药、假化肥、假种子是本罪犯罪对象,对之界定准确才能正确适用本罪。

(一)假农药的认定

“农药”,按国务院2017年发布的《农药管理条例》,是指用于预防、控制危害农业、林业的病、虫、草、鼠和其他有害生物以及有目

的地调节植物、昆虫生长的化学合成或者源于生物、其他天然物质的一种物质或者几种物质的混合物及其制剂。农药包括用于不同目的、场所的下列各类:(1)预防、控制危害农业、林业的病、虫(包括昆虫、蜱、螨)、草、鼠、软体动物和其他有害生物的;(2)预防、控制仓储以及加工场所的病、虫、鼠和其他有害生物;(3)调节植物、昆虫生长的;(4)农业、林业产品防腐或者保鲜的;(5)预防、控制蚊、蝇、蜚蠊、鼠和其他有害生物的;(6)预防、控制危害河流堤坝、铁路、机场、建筑物和其他场所的有害生物的。

假农药,按2017年的《农药管理条例》第44条的规定,是指:(1)以非农药冒充农药或以此种农药冒充他种农药的;(2)所含有效成分的种类与产品标签或者说明书上注明的农药有效成分的种类不符合的。通俗来说,"假",是指"不真实",包括三种情况;一是二者根本不属于同一类物,例如用普通砂石染上颜色冒充呋喃沙农药;二是二者虽然属于同一类物,但不是同一物。如以"1609"冒充涕涕体,二者虽然都是农药,但不是同一类农药;三是虽然是同一物质,但所含有效成分不同。例如某乡镇企业生产"溴氢菌脂"农药,其有效成分应是溴氢菌脂,但经检验,其有效成分却是"笨溴磷"。[①] 除了假农药之外,《农药管理条例》还禁止生产、经营和使用劣质农药。下列农药为劣质农药:(1)不符合农药产品质量标准的;(2)混有导致药害等有害成分的。劣质农药不属于假农药。

(二)假兽药的认定

根据2020年《兽药管理条例》,兽药是指用于预防、治疗、诊断动物疾病或者有目的地调节动物生理机能的物质(含药物饲料添加剂),主要包括:血清制品、疫苗、诊断制品、微生态制品、中药材、中成药、化学药品、抗生素、生化药品、放射性药品及外用杀虫剂、消毒剂等。

假兽药,按《兽药管理条例》第47条的规定,是指:(1)以非兽药冒充兽药或者以他种兽药冒充此种兽药的;(2)兽药所含成分的

① 参见熊选国主编:《生产、销售伪劣商品罪》,中国人民公安大学出版社2003年版,第213页。

种类、名称与兽药国家标准不符合的。有下列情形之一的,按照假兽药处理:(1)国务院兽医行政管理部门规定禁止使用的;(2)依照本条例规定应当经审查批准而未经审查批准即生产、进口的,或者依照本条例规定应当经抽查检验、审查核对而未经抽查检验、审查核对即销售、进口的;(3)变质的;(4)被污染的;(5)所标明的适应症或者功能主治超出规定范围的。

除了假兽药之外,《兽药管理条例》还禁止生产、经营和使用劣质兽药。有下列情形之一的,为劣兽药:(1)成分含量不符合兽药国家标准或者不标明有效成分的;(2)不标明或者更改有效期或者超过有效期的;(3)不标明或者更改产品批号的;(4)其他不符合兽药国家标准,但不属于假兽药的。

(三)假化肥的认定

"化肥",是指经化学或者机械加工制成的各种化学肥料,用于为农业、林业生产提供一种或者一种以上植物必需的营养元素或者兼可改善土壤性质、提高土壤肥力的一类物质。包括化学氮肥、磷肥、钾肥、复合肥、微量元素肥及其他肥料等。

假化肥,由于没有具体法律法规的规定,参照法规对假农药、假兽药的规定,以下情形可以视为假化肥:(1)以非化肥冒充化肥或此种化肥冒充他种化肥的;(2)所含有效成分的种类、名称与产品标签或者说明书上注明的化肥有效成分的种类,名称不相符的。

(四)假种子的认定

"种子",根据《种子法》第2条的规定,是指农作物和林木的种植材料或者繁殖材料,包括籽粒、果实、根、茎、苗、芽、叶、花等。

假种子,是指以非种子冒充种子或者以此种品种种子冒充他品种种子的以及种子种类、品种与标签标注的内容不符的种子。考虑到种子犯罪中,常见的是以非种子冒充种子,或者以此种种子冒充他种种子,而不是生产假种子的情形,因而刑法并未规定生产假种子的犯罪。当然,刑法没有规定生产假种子的行为,并不代表生产假种子的行为不构成犯罪,根据刑法体系解释的原理,对于生产假种子的行为,如果符合生产伪劣产品罪的构成要件,也可以按照该罪定罪处罚。例如,王某某是某种子经营部负责人,该种子经营部与某种子公司签订了销售代理合同，双方约定种子经营部从种子公司购进某品种水稻种子，在种子经营部所在区内销售。此后三年，王某某未经种子公司许可，私自委托种田大户用这种水稻种子繁育种子后对外销售。公安机关查明，种子经营部 3 年共销售 10 万余斤自行繁育的水稻种子，违法所得 30 余万元，该行为最后被认定为构成生产、销售伪劣产品罪。

根据《刑法》规定，假的或者失去使用效能的农药、兽药、化肥、种子都可能成为本罪的犯罪对象，如何区分假的或者失去使用效能的农药、兽药、化肥、种子？一般认为，“失去使用效能”，是指因过期、受潮、变质而丧失了原有功效和使用效能。如某种子公司明知其库存的 1000 余斤稻种因受潮发霉，失去功效，为了转嫁损失，将其骗售给几十户农民，致使水稻大面积绝收，农民损失达数万元。假农药、假兽药、假化肥、假种子与失去使用效能的农药、兽药、化肥、种子是不同的，前者原本就不是真的，本就没有使用效能，也就无从谈起失去使用效能的问题；后者本来是真的，具有使用效能，只是由于过期、受潮、变质等原因而丧失了使用效能而已。但是，从结果来看，无论是假的农药、兽药、化肥、种子，还是失去使用效能的农药、兽药、化肥、种子，都会给生产造成较大损失，都属于刑法意义上的假农药、假兽药、假化肥、假种子。

需要注意的是，在调研中，有实务部门的同志提出，《兽药管理条例》规定，“依照本条例规定应当经审查批准而未经审查批准即生产、进口的，或者依照本条例规定应当经抽查检验、审查核对而未经抽查检验、审查核对即销售、进口的”属于假兽药；“不标明或者更改有效期或者超过有效期的；不标明或者更改产品批号的”属于劣兽药。但是，这些假兽药、劣兽药，只是由于违反相应的行政法规而被视为假兽药、劣兽药，本身质量（自身的性能或者药效）并不假、劣，其被投入生产销售环节后，并不会对农业生产造成较大损失或者重大损失，对此，还能否将该类的兽药界定为假兽药、劣兽药？生产、销售该类兽药的，到底是否能够构成犯罪？本书认为，本罪是结果犯；构成本罪，不但需要生产销售的是假兽药、劣兽药，而且生产、销售的假兽药、劣兽药在投入农业生产后，还必须造成较大损失或者重大损失。因此，在理解假兽药、劣兽药的含义时，应按照相应的行政法规（如《兽药管理条例》）来界定，故而“依照本条例规定应当经审查批准而未经审查批准即生产、进口的，或者依照本条例规定应当经抽查检验、审查核对而未经抽查检验、审查核对即销售、进口的”属于假兽药，“不标明或者更改有效期或者超过有效期的；不标明或者更改产品批号的”属于劣兽药，这样的界定本身是正确的。但是，即使将上述兽药界定为假兽药、劣兽药，也不意味着相应行为就一定构成犯罪，因为构成生产、销售伪劣农药、兽药罪，还必须要求造成较大损失或者重大损失。换言之，在该问题的理解上，应当采用行政违法和刑事犯罪分层理解的方法，即在界定假兽药、劣兽药时，按照《兽药管理条例》界定即可；但在界定是否构成犯罪时，还需要进一步考虑是否造成较大损失或者重大损失；而是否造成较大损失、重大损失，与界定是否假兽药、劣兽药并无直接关系。这一点与生产、销售假药罪有很大不同，因为根据刑法规定，生产、销售假药罪是行为犯，只要实施生产、销售假药的行为，即可以构成犯罪，而不需要造成特定的结果。因此，凡是生产、销售了《药品管理法》规定的假药（包括未经批准进口的药物，该药物质量合格甚至更好，也属于假药）[①]，就构成生产、销售假药罪，而无论该药物是否具有实际的治疗效果。

这里面还需要思考的是，对于该类假兽药、劣兽药，如果没有造成较大损失，难以构成生产、销售伪劣兽药犯罪；但是，如果销售金额达到5万元，是否构成生产、销售伪劣产品罪呢？本书持肯定态度。因为生产、销售伪劣产品罪保护的法益首先是社会主义市场经济的管理秩序，而不问是否实际造成生产损失。《兽药管理条例》根据规范兽药市场秩序的需要，把上述兽药界定为假兽药、劣兽药，违反该规定的，就是破坏了社会主义市场经济秩序，可以构成生产、销售伪劣产品罪。

---

① 根据2021年《刑法修正案（十一）》的规定，这种假药不再属于生产、销售假药犯罪中的假药，而属于《刑法修正案（十一）》增设的妨害药品管理罪的犯罪对象，即“未取得药品相关批准证明文件进口药品或者明知是上述药品而销售的”。

二、以不合格的农药、兽药、化肥、种子冒充合格的农药、兽药、化肥、种子的认定

以不合格的农药、兽药、化肥、种子冒充合格的农药、兽药、化肥、种子，是指生产、销售的农药、兽药、化肥、种子不符合国家标准、行业标准、企业标准，而又冒充符合这些标准的农药、兽药、化肥、种子，进行销售的行为。国家标准，是国家颁行的特定商品的标准，为强制标准；行业标准，是国家有关部门推荐，企业自愿采用的标准；企业标准是企业自己制定的产品质量标准。除了国家强制要求必须达到一定标准的以外，生产者可自行决定采用何种标准，但必须在产品上标明。如《产品质量法》规定，"可能危及人体健康和人身、财产安全的工业产品，必须符合保障人体健康和人身、财产安全的国家标准、行业标准；未制定国家标准、行业标准的，必须符合保障人体健康，人身、财产安全的要求""产品质量应当符合下列要求：(一)不存在危及人身、财产安全的不合理的危险，有保障人体健康和人身、财产安全的国家标准、行业标准的，应当符合该标准；(二)具备产品应当具备的使用性能，但是，对产品存在使用性能的瑕疵作出说明的除外；(三)符合在产品或者其包装上注明采用的产品标准，符合以产品说明、实物样品等方式表明的质量状况"。不合格的农药、兽药、化肥、种子，就是指其质量不符合《产品质量法》规定的质量要求的农药、兽药、化肥、种子，其不仅包括生产者生产出来的农药、兽药、化肥、种子本身就不合格的情况，也包括生产者、销售者在合格的农药、兽药、化肥、种子中掺杂、掺假，以次充好以及由于保管、储存不当造成的不合格的情况。

在这里，有必要澄清假的农药、兽药、化肥、种子与不合格的农药、兽药、化肥、种子以及劣质农药、兽药、化肥、种子的关系。(1)关于"假的"与"不合格的"的区别。"假的"是指"质"的区别，而"不合格"只是量的差异或者是部分质的不同。例如，以碳酸化肥冒充尿素化肥，那么就是假尿素，但含氮量小于50%的尿素仍然是尿素，只是不合格的尿素。当然，"假的"与"不合格的"并不存在截然的界限，例如，含氮量小于5%的尿素化肥，到底是假的尿素化肥还

是不合格的尿素化肥,二者间并无截然界限。理论界也没有必要界定那么清楚。(2)“失去使用效能”与“不合格”的区别在于:“失去使用效能”表明原来该产品具备使用效能,“不合格”既可因不具备使用效能而不合格,也可因其他指标达不到标准而不合格。

该罪的罪名是生产、销售伪劣农药、兽药、化肥、种子罪,单从罪名来看,似乎本罪包括生产、销售“劣质”农药、兽药、化肥、种子的犯罪。但是,我国刑法中的罪名并不是立法上的罪名,而是司法适用上的罪名,即罪名是由最高人民法院、最高人民检察院通过司法解释确定的。根据罪刑法定原则,我们不能通过罪名来确定犯罪的具体构成。因此,不能仅仅以罪名中包含生产、销售“劣质”农药、兽药、化肥、种子的犯罪,就直接断定生产、销售“劣质”农药、兽药、化肥、种子的行为构成生产、销售伪劣农药、兽药、化肥、种子罪,而应该从该罪的具体罪状中寻找解释的依据。本书认为,虽然我国刑法在规定生产、销售伪劣农药、兽药、化肥、种子罪罪状的时候,并没有将“劣农药”、“劣兽药”和“劣种子”纳入惩治范围,但是根据《农药管理条例》、《兽药管理条例》和《种子法》的规定,“劣质”包括“失去使用效能”“不合格”等情况。如《农药管理条例》规定:“有下列情形之一的,认定为劣质农药:(一)不符合农药产品质量标准;(二)混有导致药害等有害成份。”《兽药管理条例》规定:“有下列情形之一的,为劣兽药:(一)成份含量不符合兽药国家标准或者不标明有效成分的;(二)不标明或者更改有效期或者超过有效期的;(三)不标明或者更改产品批号的;(四)其他不符合兽药国家标准,但不属于假兽药的。”可以看出,“失去使用效能”和“不合格”的情况包含在“劣质”之中。既然如此,对于生产、销售“劣质”农药、兽药、化肥、种子的行为,可以根据情况,分别解释为生产、销售“不合格”农药、兽药、化肥、种子的行为或者生产、销售“失去使用效能”的农药、兽药、化肥、种子的行为,进而将其纳入刑事制裁的范围。

三、“明知”的理解与认定

根据刑法原理,生产者、销售者必须明知自己所生产、销售的农药、兽药、化肥、种子是假的、失去使用效能的或不合格的,才能构成犯罪。《刑法》第147条并没有规定生产假农药、假兽药、假化肥必须明知是假的，但这不意味着不要求生产者明知是假的兽药、农药、化肥。这是因为，如果生产者不明知自己生产的是假的农药、兽药、化肥，他就认识不到自己的生产行为会造成损失，对这样的情况追究刑事责任，就是客观归罪，违背了刑法的基本原理。

"明知"，顾名思义就是"明明知道"或者"明确知道"。在我国刑法中，"明知"与"应知"有时并列使用，两者之间虽有紧密联系，但既不包容，也不交叉。然而，一些司法解释在解释"明知"时，经常将"应知（应当知道）"涵括在内①，因而使学术界与实务界对"明知"的含义产生了不同的认识：第一种观点认为，"明知"就是"确知"，即明明知道、明确知道。② 如果行为人仅仅是模模糊糊地知道，或者仅有一定的合理怀疑，不能认定为"明知"。第二种观点认为，"明知"包括"确知"和"可能知道"。"确知"是对他人有犯罪行为的确定性认识；"可能知道"是对他人有犯罪行为的可能性认识。行为人根据有关事项，知道他人可能有犯罪行为，但又不能肯定。③ 第三种观点认为，"明知"是知道（"确知"）和应当知道（"应知"），这是司法解释采纳的观点，为大多数学者所采用。④

本书认为，第一种观点相对更为可取，理由是：（1）第二、三种观点把明知解释为包括"可能知道"与"应当知道"，而"可能知道"也就意味着"可能不知道"，"应当知道"的内在含义就是"不知道"，无论如何，把刑法上的"明知"解释为包括"不知道""可能知道"在内，在构成要件的认定上可能欠缺主观的违法要素，也存在违反罪刑法

---

① 参见1998年5月8日最高人民法院、最高人民检察院《关于依法查处盗窃、抢劫机动车辆案件的规定》、2000年11月22日最高人民法院《关于审理破坏森林资源刑事案件具体应用法律若干问题的规定》以及2004年最高人民法院、最高人民检察院《关于办理侵犯知识产权刑事案件具体应用法律若干问题的解释》等。

② 参见蔡桂生：《国际刑法中"明知"要素研究——以〈国际刑事法院罗马规约〉第30条为例》，载《法治论丛》2007年第5期。

③ 参见赵秉志、许成磊：《侵犯注册商标权犯罪问题研究》，载《法律科学》2002年第3期。

④ 参见唐治祥：《对"明知他人有间谍犯罪行为"的理解》，载《成都教育学院学报》2006年第2期。

定原则的嫌疑，确实难以使人信服。(2)虽然第一种观点对"明知"的界定存在缺陷，即"对明知的限定范围过于狭窄，容易为狡猾的犯罪分子所利用，使得他们可以借口未被明确告知而不明知，从而逃避刑法的惩罚"[①]，但"明确知道"是"明知"的本来含义，不能为了克服其文义缺陷而违背刑法解释的基本原理。(3)对于"明确知道"认定中存在的认定难等缺陷，完全可以通过刑事推定制度来解决。"推定行为人知道，其法律效果与行为人明确知道并无区别。"[②]根据社会一般常识进行推定，既符合认识的普遍规律和罪刑法定原则的基本要求，又可以弥补"明知"认定中存在的缺陷。

"明知"作为表现犯之表现，是行为之外需要证明的主观违法要素，不能从其行为中直接得以确证。于是，司法实践中办理该类案件经常遇到以下难题：行为人往往声称自己并不明知所生产、销售的农药、兽药、化肥、种子是假的、失去使用效能的或不合格的。对之如何处理，常常引起争议。

本书认为，"明知"的认定难题是所有的包含"明知"构成要件要素的犯罪认定中的一个共性问题。既不能因为"明知"的不好认定，而动辄要求立法取消"明知"的构成要素（取消"明知"要素，可能会违反刑法的责任主义原理），或者在取消"明知"要素之前，司法上消极等待、无所作为；也不能违背刑事诉讼中的程序正义，以刑讯等手段逼取"明知"的口供。正确的方法是，加强理论研究，依赖刑事推定制度来认定"明知"。

当前，中国一部分司法解释及其他规范性文件明确了"明知"的推定规则。例如，2004 年最高人民法院、最高人民检察院《关于办理侵犯知识产权刑事案件具体应用法律若干问题的解释》第 9 条第 2 款规定："具有下列情形之一的，应当认定为属于刑法第二百一十四条规定的明知：(一)知道自己销售的商品上的注册商标被涂改、调换或者覆盖的；(二)因销售假冒注册商标的商品受到过行政处罚

---

① 冯英菊：《论赃物犯罪中的"明知"》，载《人民检察》1997 年第 12 期。

② 皮勇、黄琰：《论刑法中的"应当知道"——兼论刑法边界的扩张》，载《法学评论》2012 年第 1 期。

或者承担过民事责任、又销售同一种假冒注册商标的商品的；(三)伪造、涂改商标注册人授权文件或者知道该文件被伪造、涂改的；(四)其他知道或者应当知道是假冒注册商标的商品的情形。”2012年最高人民法院、最高人民检察院、公安部颁布的《关于依法严惩“地沟油”犯罪活动的通知》之“二”规定：“认定是否明知，应当结合犯罪嫌疑人、被告人的认知能力，犯罪嫌疑人、被告人及其同案人的供述和辩解，证人证言，产品质量，进货渠道及进货价格、销售渠道及销售价格等主、客观因素予以综合判断。”2001年最高人民法院、最高人民检察院、公安部、国家烟草专卖局《关于办理假冒伪劣烟草制品等刑事案件适用法律问题座谈会纪要》、2009年最高人民法院《关于审理洗钱等刑事案件具体应用法律若干问题的解释》等都有类似的规定。

在利用网络侵犯知识产权的犯罪中，也存在一个著名的推定规则(“红旗标准”规则)。该规则的基本含义是：如果有关他人实施侵权行为的事实和情况已经像一面鲜亮的红旗在网络服务商面前公然飘摇，以至于网络服务商不可能不发现他人侵权行为的存在，则可以认定网络服务商存在“明知”。该规则缘起于美国，并已为世界各国普遍采纳。采用该规则，可以判别当下许多热门案件中网络服务商的“明知”问题。例如，当下热门的流行歌曲著作权人、唱片公司至今尚未授权任何一家网站在线免费提供歌曲的下载服务，这是常识，网络音乐经营者不可能不知道。网络服务商只要“不经意地”扫一眼网页中列出的歌曲名称和演唱者姓名(如“光良——《童话》”)，就应该立刻能够意识到被链接的文件是由受著作权法保护的音乐制品制成，并由第三方网站未经许可而擅自上传至网上的。这是任何一个与搜索引擎网站的编辑或者经营管理人员具有相同认识能力的理性人都不可能意识不到的事实。基于此，可以推定信息网络服务提供者对于服务对象的侵权事实存在“明知”。①

---

① 参见王迁：《论“信息定位服务”提供者“间接侵权”行为的认定》，载《知识产权》2006年第1期。

那么,如何推定伪劣农药、兽药、化肥、种子的生产者、销售者的"明知"呢?我国有学者提出了以下看法:(1)对于生产者,只要其生产的农药、兽药、化肥经检验是假的、不合格的,就可据此推定生产者具有"明知"。这是因为,国家对农药、兽药、化肥的生产作了严格的规定,按国家要求,生产者要具备检测产品质量的技术和条件。一般情况下,生产者对其生产的产品的质量性状是一清二楚的。如果生产者违背国家要求,不具备产品质量检测的条件或对其产品不作质量鉴定,事实上表明了生产者生产伪劣产品的故意;若其产品为伪劣产品,就可推定生产者具有"明知"。(2)对于销售者,推定其"明知",可从以下几方面入手:其一,根据销售者购买兽药、农药、化肥、种子的价格来推断。若其价格远远低于市场一般价格,那么可推定销售者具有"明知"。其二,根据产品是否过期来推断。农药、兽药、化肥、种子的存放超过说明书所标明的有效日期,就表明产品有可能失效,这是常识,销售者作为一个理智健全的人是应当知道的;所以,只要农药、兽药、化肥、种子的贮存超过有效日期,就可推定销售者明知自己的产品已失去使用效能。其三,根据一般人的认识来推断。如种子发生霉变、出芽,据此,一般人能认识到种子已失去使用效能,我们也可据此推断销售者"明知"种子失去使用效能。再如农药、兽药发生混浊、沉淀、结块、溶化等,据此可推定销售者"明知"农药、兽药已失去使用效能,或者农药、兽药包装粗糙、密封不严,无质量合格证,无商标、产品说明书等,据此也可推定销售者"明知"农药、兽药不合格。其四,根据产品中是否掺杂、掺假来推断。若产品中明显掺入杂质,则可推定销售者系故意所为或"明知"其产品不合格。①

本书基本赞同上述分析。但需要注意的是,"推定是人们基于经验法则而来的。人们对社会上的某种现象进行反复认识之后,逐渐掌握了其内在规律,对这种内在规律的认识即经验法则,具有高度的盖然性。由于事实推定的机理是基于盖然性,因而得出的结论

---

① 参见熊选国主编:《生产、销售伪劣商品罪》,中国人民公安大学出版社 2003 年版,第 222 页。

并非是必然的，而存在或然性”。[①] 因此，为保证推定结论的正确性，应允许行为人反驳和作出合理解释。行为人反驳只要达到合理程度，即可否认“明知”的存在。例如，在销售者从生产者处购买农药、兽药、化肥、种子的价格明显低于正常价格的情况下，一般就可以直接推定销售者明知是伪劣的农药、兽药、化肥、种子而购买，在销售者实施销售行为时，就可以认定其明知是伪劣的农药、兽药、化肥、种子而销售。但是，如果销售者能够提出证据证明，生产者对于向其低价销售农药、兽药、化肥、种子做出了合理的解释（如销售者是批量采购、销售的是库存的最后一批货、由于生产者经营活动的转型而“大甩卖”等），即可否定销售者明知是伪劣的农药、兽药、化肥、种子的事实。

此外，在证据法上，推定与推论并非相同概念。推论是指根据现有证据，采用逻辑分析与经验判断的方法，对是否明知进行内心确证。对于明知的认定来说，推论是最为常见的方法。网络版权法中的“通知与移除规则”即是运用推论证明“明知”的有效办法。该规则为 1998 年美国《千禧年数字版权法》首创，并为世界各国普遍接纳。其基本含义是：如果权利人向网络服务商发出通知，告知其储存或者链接的内容侵权，则该通知能够起到让网络服务商明知的作用。在收到权利人的通知之后，网络服务商如果不移除或者断开侵权内容的链接，则除非其能够证明权利人的指称虚假，就应当被认定为是在明知他人侵权行为的情况下，以保留侵权内容和链接的方式帮助其扩大侵权损害后果，应为此承担连带责任。在这种归责方式中，收到通知，即为证明其存在明知的有力证据。同样，在生产、销售伪劣农药、兽药、化肥、种子的案件中，如果生产厂商已经将伪劣农药、兽药、化肥、种子的具体情况告知了销售者，就可以直接推论或认定销售者明知农药、兽药、化肥、种子是假的。

---

① 何家弘主编：《证据学论坛》（第 3 卷），中国检察出版社 2001 年版，第 165 页。

四、销售金额的理解与认定

犯生产、销售伪劣农药、兽药、化肥、种子罪的，除了判处有期徒刑或拘役以外，还要判处罚金。判处罚金的依据是销售金额的一定比例，即“使生产遭受较大损失的，处三年以下有期徒刑或者拘役，并处或者单处销售金额百分之五十以上二倍以下罚金；使生产遭受重大损失的，处三年以上七年以下有期徒刑，并处销售金额百分之五十以上二倍以下罚金；使生产遭受特别重大损失的，处七年以上有期徒刑或者无期徒刑，并处销售金额百分之五十以上二倍以下罚金或者没收财产”。由此可见，如何认定销售金额，对于准确适用本罪的罚金刑具有重大影响。为此，需要明确如何认定销售金额的范围、如何确定销售金额的计算标准以及没有销售的商品金额能否据以计算罚金等。本书认为，对于销售金额的认定，应当明确以下问题：其一，销售的含义；其二，销售金额的含义；其三，销售金额的计算；其四，销售金额是否有既遂与未遂问题。

（一）销售的含义

销售主要表现为以批发或零售的形式在市场上出卖伪劣农药、兽药、化肥、种子。同时，采用抵债或者通过货物交换等形式变相出卖伪劣农药、兽药、化肥、种子，数额较大的，也应当认定为销售。但是，如果行为人以单位或个人使用为目的而购买超过法定数额的伪劣农药、兽药、化肥、种子的，不属于销售。这与国外有些国家的规定是不同的。但先买后卖的情况除外，即如果行为人购买时不以销售为目的，但后来发现有利可图或者出于其他原因转而销售，数额较大的，也应当视为销售。

（二）销售金额的含义

销售金额，顾名思义是指行为人出于营利目的而销售的伪劣农药、兽药、化肥、种子的货币数额，包括销售伪劣农药、兽药、化肥、种子后已经得到的和应当得到的全部违法收入。所谓应当得到的，是指伪劣农药、兽药、化肥、种子已经卖出去或者交付运输，但是行为人尚未收到货款或货款已经成为行为人的债权等情况。行为人与他人签订合同，预收货款，但是假货还没有发出去的，也应当据此认定销售金额。

(三)销售金额的计算

对销售金额的计算,应当区分不同情况。对已经销售的伪劣农药、兽药、化肥、种子金额,按照实际销售的价格计算。但对没有销售的伪劣农药、兽药、化肥、种子,如何计算销售金额,可能存在不同的思路:一种思路是,按照最高人民法院、最高人民检察院《关于办理生产、销售伪劣商品刑事案件具体应用法律若干问题的解释》第2条的规定,即按照已销售的伪劣农药、兽药、化肥、种子的3倍计算货值金额。另一种思路是,这里的销售金额,仅指已经销售出去的金额,没有销售出去的,不应折算销售金额。本书赞同第二种解决思路。对于尚没有销售出去的伪劣农药、兽药、化肥、种子,由于尚不存在销售行为,当然不应当计算销售金额。

(四)销售金额是否有既遂与未遂问题

有人认为,刑法既然规定销售金额而不规定非法经营数额,就说明本罪有既遂与未遂之分,已经销售的为既遂,没有销售的为未遂,并以最高人民法院、最高人民检察院《关于办理生产、销售伪劣商品刑事案件具体应用法律若干问题的解释》的有关规定为证。有人不同意这种意见,认为既然刑法把销售金额作为犯罪构成的要件,没有销售金额就等于没有这个要件,因此这种行为就不是犯罪未遂,而是不构成犯罪。当然,如果销售金额达到了本解释的规定,同时又查到没有销售的侵权产品的,后者金额可以作为量刑的一个情节考虑。

本书认为,对于以销售为目的,购买了伪劣农药、兽药、化肥、种子,尚没有销售就被查获的,是否应当计算销售金额和认定为未遂,要分别具体情况。如果确实有证据证明行为人为销售而购买了大量伪劣农药、兽药、化肥、种子,尚没有来得及销售的,不认定可能不合适。但是,如果证据不足或者侵权产品的数额超过司法解释规定的销售金额不大的,也不宜认定为犯罪。

第三节　其他疑难问题

一、擅自修改标签行为的性质问题

在农业生产资料的生产经营过程中,部分生产经营者将即将失效或者已经失效的生产资料的生产日期(有效期)予以涂改或更换,以使其符合国家相关规定进行销售。对于这些行为,原农业部办公厅《关于擅自修改农药标签和赠送过期农药适用法律问题的函》曾答复如下:"根据《农药管理条例》第十六条和《农药标签和说明书管理办法》第五条、第七条的规定,农药标签应当标注'生产日期'和'有效期',分装农药的标签应当与生产企业所使用的标签一致并标注'分装日期',不得擅自以粘贴、涂改等方式对标签进行修改或者补充。以任何方式包括使用不干胶修改'生产日期、分装日期'的,都应当认定为擅自修改标签的行为,依照《农药管理条例》第四十条第三项予以处罚。经有资质机构检测,产品质量不合格的,应当认定为生产、经营假农药或劣质农药的行为,依照《农药管理条例》第四十三条予以处罚。"

作为具有行政规章性质的规范文件,原农业部办公厅《关于擅自修改农药标签和赠送过期农药适用法律问题的函》只明确了这种行为构成行政违法并可以进行行政处罚,这无可非议。值得研究的是,对于与上述擅自修改农药标签等行为类似的擅自修改农业生产资料的生产日期(有效期)的行为,是否可以追究刑事责任?也就是说,是否只要修改了标签,就属于生产经营伪劣生产资料,进而可以按照生产、销售伪劣农业生产资料的犯罪定罪处罚?本书不这么认为。理由是:

其一,判断是否属于伪劣农业生产资料的根本标准是质量是否合格,而仅仅修改标签的行为,并不意味着一定会导致质量不合格。

《农药管理条例》等涉及农业生产资料的行政法律法规,在产品质量问题上,与《产品质量法》是特别法与一般法的关系。《产品质量法》规定的产品质量的标准、判断依据，对于《农药管理条例》等法律法规具有指导意义。《产品质量法》第 26 条第 2 款是关于“不合格产品”的规定：产品质量应当符合下列要求：“（一）不存在危及人身、财产安全的不合理的危险，有保障人体健康和人身、财产安全的国家标准、行业标准的，应当符合该标准；（二）具备产品应当具备的使用性能，但是，对产品存在使用性能的瑕疵作出说明的除外；（三）符合在产品或者其包装上注明采用的产品标准，符合以产品说明、实物样品等方式表明的质量状况。”根据该规定，可以看出合格产品由三项指标来构成：安全性能指标，即“不存在危及人身、财产安全的不合理的危险，有保障人体健康和人身、财产安全的国家标准、行业标准的，应当符合该标准”；使用性能指标，即“具备产品应当具备的使用性能，但是，对产品存在使用性能的瑕疵作出说明的除外”；担保性能指标，即“符合在产品或者其包装上注明采用的产品标准，符合以产品说明、实物样品等方式表明的质量状况”。这三项指标毫无疑问都指向了质量指标。不符合上述任何一种情形的，均属于“不合格产品”。而仅仅修改标签的行为，显然不会直接导致产品质量不合格。

其二，原农业部办公厅《关于擅自修改农药标签和赠送过期农药适用法律问题的函》已经明确规定，“经有资质机构检测，产品质量不合格的，应当认定为生产、经营假农药或劣质农药的行为”。从文义解释来看，只有“产品质量不合格的”，才属于“生产、经营假农药或劣质农药的行为”。如果产品质量合格，并不属于“生产、经营假农药或劣质农药的行为”。

其三，《刑法修正案（十一）》关于药品犯罪的修改，也可以说明假药、劣药的判断标准，与标签上的生产日期（有效期）并无直接关系。

二、赠送过期农药行为的性质问题

原农业部办公厅《关于擅自修改农药标签和赠送过期农药适用法律问题的函》规定，“农药经营者以赠送、奖励、捆绑销售等名义向消费者提供农药产品的，应当认定为经营农药的行为。赠送过期农药产品且未注明‘过期农药’字样的，应当认定为经营未注明‘过期农药’字样的超过产品质量保证期农药产品的行为，依照《农药管理条例实施办法》第三十九条予以处罚。赠送、奖励、捆绑销售未取得农药登记证农药的，应当认定为经营未取得农药登记证农药的行为，依照《农药管理条例》第四十条第一项予以处罚”。

与擅自修改标签行为如何定性的问题相似，作为具有行政规章性质的规范文件，原农业部办公厅《关于擅自修改农药标签和赠送过期农药适用法律问题的函》只明确了这种行为构成行政违法并可以对其进行行政处罚，但并没有明确是否可以追究其刑事责任。本书认为，农药经营者以赠送、奖励、捆绑销售等名义向消费者提供农药产品的行为，本质上是一种农药经营行为。赠送过期农药产品，实际上就是经营伪劣的农药，如果符合其他构成要件的（如非法经营罪、生产销售伪劣产品罪的刑事门槛），可以构成相应的犯罪。赠送、奖励、捆绑销售未取得农药登记证的农药的，属于非法经营未取得农药登记证农药的行为，符合非法经营罪的构成要件的，可以认定为非法经营罪。

三、生产、销售伪劣农药、兽药、化肥、种子罪与破坏生产经营罪的界限问题

两罪的主要区别在于：（1）二者犯罪目的不同。破坏生产经营罪一般就是追求破坏生产经营的目的，而实施本罪的目的是获取非法利润。（2）二者犯罪动机不同。破坏生产经营罪一般是基于发泄私愤、报复的动机，也即通过追求破坏生产经营的结果来满足泄愤、报复欲，而本罪一般是基于牟取暴利的动机，也即为了牟取暴利，而放任生产遭受较大损失这一危害结果的发生。（3）犯罪客观方面不同。破坏生产经营罪一般采取残害耕牛、破坏机器等手段，并且不要求必须有危害结果发生。而本罪则是采取生产、销售伪劣农药、兽药、化肥、种子的手段，且必须造成了使生产遭受较大损失的结果。（4）犯罪主体有所不同。破坏生产经营罪只能由自然人实施，而本罪也可由单位实施。

四、生产、销售伪劣农药、兽药、化肥、种子罪与生产、销售伪劣产品罪的竞合问题

根据《刑法》第147条规定，只有造成生产遭受较大损失的，才构成生产、销售伪劣农药、兽药、化肥、种子罪；根据第140条规定，生产者、销售者在产品中掺杂、掺假、以假充真、以次充好或者以不合格产品冒充合格产品，只有销售金额在5万元以上的，才构成生产、销售伪劣产品罪。所以，凡是生产、销售伪劣农药、兽药、化肥、种子，没有使生产遭受较大损失的，不构成生产、销售伪劣农药、兽药、化肥、种子罪；没有使生产遭受较大损失且销售金额在五万元以下的，为一般违法行为，也不构成犯罪。

《刑法》第149条规定："生产、销售本节第一百四十一条至第一百四十八条所列产品，不构成各该条规定的犯罪，但是销售金额在五万元以上的，依照本节第一百四十条的规定定罪处罚。生产、销售本节第一百四十一条至第一百四十八条所列产品，构成各该条规定的犯罪，同时又构成本节第一百四十条规定之罪的，依照处罚较重的规定定罪处罚。"本条是关于生产、销售伪劣商品罪法条竞合情况如何处理的规定。

从逻辑结构上讲，《刑法》第140条与第141条至第148条所列产品，在外延上是包容与被包容的关系、一般与特殊的关系，即"伪劣产品"是属概念，化肥、种子等是种概念。就广义而论，生产、销售伪劣农药、兽药、种子等，也就是生产、销售伪劣产品，只是基于特定产品的特殊危害性以及罪刑法定原则明确性的需要，才特设若干专条将它们规定为独立的犯罪。因此，生产、销售伪劣农药、兽药、种子、化肥，如果构成本条规定的犯罪，就应以生产、销售伪劣农药、兽药、种子、化肥罪论处；如果不构成本条所规定的犯罪，但是销售金额在5万元以上的，应当依照第140条以生产、销售伪劣产品罪处罚；如果既构成本条规定的犯罪，同时又构成第140条规定的犯罪，这种情况在刑法理论上称为法条竞合，应当采用"重法优于轻法"的适用原则，从一重罪论处。

第五章　农业领域犯罪中的行刑衔接问题

《种子法》等农业行政性法律法规在法律责任部分通常规定有“构成犯罪的,依法追究刑事责任”。那么,这些规定分别对应刑法中的哪些犯罪,如果没有相对应的犯罪时如何处理?在没有规定“构成犯罪的,依法追究刑事责任”的情况下,严重的行政违法行为能否构成犯罪?这是本章的重点研究内容。

第一节　“构成犯罪的，依法追究刑事责任”的理解与适用

一、“构成犯罪的,依法追究刑事责任”概述

除了《种子法》等农业行政性法律法规之外,事实上,我国民事、行政法律法规中大多都存在类似“构成犯罪的,依法追究刑事责任”的表述。例如,《证券法》专设一条即第 231 条,规定“构成犯罪的,依法追究刑事责任”。此外,行政法规层面的国务院《个人存款账户实名制规定》、部门规章层面的中国人民银行《票据管理实施办法》以及地方性法规

层面的《北京市公园条例》,都规定有“构成犯罪的,依法追究刑事责任”。不同位阶、不同部门的行政性法律法规同时规定有“构成犯罪的,依法追究刑事责任”,从而使该问题具有一定的普遍性,因而需要将其作为共性问题予以研讨。

二、“构成犯罪的,依法追究刑事责任”的内涵

“构成犯罪的,依法追究刑事责任”中首先需要搞清楚的是,“依法追究刑事责任”依的是什么法?对此,可以从两个层面予以分析:

其一,毫无疑问的是,不是依据包含这一语句的条款所在法规规章(行政或者民事法规规章)。理由是:根据我国《立法法》的规定,有关犯罪与刑罚的事项,只能以法律规定。行政法规、部门规章以及地方性法规规章均不能规定有关犯罪和刑罚的事项。因此,行政法规、部门规章以及地方性法规、规章中的“构成犯罪的,依法追究刑事责任”的表述,本身不能当作追究刑事责任的依据。

其二,也不是依据包含这一语句的条款所在法律(行政或者民事法律)。我国当前所有的犯罪都规定在《刑法》和一部单行刑法中,而没有实施附属刑法规范的立法模式。因而,即使《公司法》系有资格规定犯罪和刑罚的法律,但由于现实立法中我国把相关的犯罪都规定在了刑法中,而不是相关的民事行政法律之中,故而此处的“依法”也不是指相关的行政、民事法律。因此,即使一些行政、民事法律中写明了“构成犯罪的,依法追究刑事责任”,其也不能直接作为追究刑事责任的依据。这一点与外国有很大不同。在此意义上,相关法律中“构成犯罪的,依法追究刑事责任”的规定,不过是一些“稻草人条款”,看起来挺吓人,实际上不具有适用上的意义。①

因此,唯一合理的解释是,“构成犯罪的,依法追究刑事责任”中的“依法”是指依据刑法(《刑法》与一部单行刑法)。也就是说,虽然一些民事行政法律、行政法规、规章和地方性法规中规定了“构成

① 参见陈甦:《析“构成犯罪的,依法追究刑事责任”》,载《人民法院报》2005 年 8 月 10 日,第 B01 版。

犯罪的,依法追究刑事责任”,但并不是要依据这些民事行政法律、行政法规、规章和地方性法规直接追究刑事责任,而是要依据《刑法》中的相关规定追究刑事责任。这既是罪刑法定原则的基本要求,也是刑法适用的合理逻辑。

当然,依照刑法规定追究刑事责任,而不是要依据行政民事法律、行政法规、部门规章或者地方性法规追究刑事责任,并非意味着相关民事行政法律、行政法规、部门规章或者地方性法规的规定内容对于追究刑事责任毫无意义。事实上,我国刑法中不少规范采用了空白罪状的表述方式,相关构成要件内容的填充必须借助于行政民事法律、行政法规、部门规章或者地方性法规,因而行政民事法律、行政法规、部门规章或者地方性法规中的内容也是理解刑法规定、正确适用刑法的重要参照。

明确了上述“构成犯罪的,依法追究刑事责任”中的“依法”是指依据刑法,而不是依据行政民事法律、行政法规、部门规章或者地方性法规,就很容易得出以下两个结论:其一,即使行政民事法律、行政法规、部门规章或者地方性法规中规定有“构成犯罪的,依法追究刑事责任”,但是在刑事法律中找不到对应条款(或相应罪名)的,就不能定罪处罚,否则就是违反罪刑法定原则。其二,即使行政民事法律、行政法规、部门规章或者地方性法规中没有明确规定“构成犯罪的,依法追究刑事责任”,但只要相应的行为符合刑法中某种罪名的构成要件,仍可以按照刑法对其定罪处罚。

第二节　《农药管理条例》中的法律责任分析

《农药管理条例》第 49 条至第 64 条集中规定了违法行为的法律责任,其中除了民事责任单设一条予以规定之外,大多数的行政责任和刑事责任都是混合规定的。在可以追究刑事责任的违法犯罪行为中,有的明确规定了“构成犯罪的,依法追究刑事责任”,有的并没有明确规定。本节对相应的法律责任问题逐一评析。

一、可以追究刑事责任的行为

（一）滥用职权、玩忽职守、受贿等职务犯罪行为

在所有的行政管理法律法规中，一般都会规定相关行政部门的国家机关工作人员职务违法犯罪行为的行政和刑事责任问题。《农药管理条例》也不例外。该条例第49条和第50条规定了国家机关工作人员或者其他特定主体徇私舞弊、滥用职权、玩忽职守、受贿等违法犯罪行为的行政和刑事责任。其中第49条规定："县级以上人民政府农业主管部门及其工作人员有下列行为之一的，由本级人民政府责令改正；对负有责任的领导人员和直接责任人员，依法给予处分；负有责任的领导人员和直接责任人员构成犯罪的，依法追究刑事责任：（一）不履行监督管理职责，所辖行政区域的违法农药生产、经营活动造成重大损失或者恶劣社会影响；（二）对不符合条件的申请人准予许可或者对符合条件的申请人拒不准予许可；（三）参与农药生产、经营活动；（四）有其他徇私舞弊、滥用职权、玩忽职守行为。"第50条规定："农药登记评审委员会组成人员在农药登记评审中谋取不正当利益的，由国务院农业主管部门从农药登记评审委员会除名；属于国家工作人员的，依法给予处分；构成犯罪的，依法追究刑事责任。"

依照上述关于国家机关工作人员或者其他特定主体职务违法犯罪行为的规定，相应的行为既可能构成刑事犯罪，也可能仅构成一般的行政违法行为，对此按照法条规定处理即可。其中，"不履行监督管理职责，所辖行政区域的违法农药生产、经营活动造成重大损失或者恶劣社会影响""对不符合条件的申请人准予许可或者对符合条件的申请人拒不准予许可""农药登记评审委员会组成人员在农药登记评审中谋取不正当利益"的行为在构成行政违法的同时，可能分别构成滥用职权罪、玩忽职守罪或受贿罪。但是，"参与农药生产、经营活动"行为本身并不构成犯罪，而仅仅是一般的行政违法行为。在构成犯罪的情况下，无论是构成滥用职权罪、玩忽职守罪还是受贿罪，其与一般情形下的滥用职权罪、玩忽职守罪、受贿罪并无特殊之处，因此本书不再赘述。

与2001年《农药管理条例》第47条“农药管理工作人员滥用职权、玩忽职守、徇私舞弊、索贿受贿的，依照刑法关于滥用职权罪、玩忽职守罪或者受贿罪的规定，依法追究刑事责任；尚不够刑事处罚的，依法给予行政处分”的规定相比，2017年《农药管理条例》[1]将相应的可能构成职务犯罪的主体修改为“县级以上人民政府农业主管部门及其工作人员”或“农药登记评审委员会组成人员”，使犯罪主体更为明确。当然，即使不在明确列举的范围之内，但是依照刑法规定可以构成犯罪的，依然可以依照刑法规定追究刑事责任。

（二）提供虚假证明文件的犯罪行为

提供虚假证明文件罪，是指承担资产评估、会计、审计等职责的中介组织人员故意提供虚假证明文件，情节严重的行为。《农药管理条例》第51条规定的是社会中介机构违法出具检验报告行为的法律责任，即“登记试验单位出具虚假登记试验报告的，由省、自治区、直辖市人民政府农业主管部门没收违法所得，并处5万元以上10万元以下罚款；由国务院农业主管部门从登记试验单位中除名，5年内不再受理其登记试验单位认定申请；构成犯罪的，依法追究刑事责任”。其中，登记试验单位出具虚假登记试验报告，情节严重的，可以按照提供虚假证明文件罪定罪处罚。需要注意的是，上述行为在2001年《农药管理条例》中并没有规定，而是2017年《农药管理条例》新增加的规定。尽管如此，上述行为是否应追究刑事责任，仍以是否符合刑法中的犯罪构成为依据。其在2001年《农药管理条例》中没有规定，并不意味着不能追究已构成犯罪的行为的刑事责任。

（三）生产、销售伪劣农药的犯罪行为

《农药管理条例》分别在不同条款中规定了生产假农药、生产劣质农药、销售假农药、销售劣质农药等生产、销售伪劣农药的违法犯罪行为。

1. 生产假农药和劣质农药的违法犯罪行为

第52条规定的是生产假农药、劣质农药的违法犯罪问题。其

---

① 如无特别说明，本书中的《农药管理条例》均指2017年修改后的《农药管理条例》。

中第 1 款和第 2 款规定的是生产假农药的违法犯罪行为,第 3 款规定的是生产劣质农药的违法犯罪行为,第 4 款是关于农药领域分装等特殊行为的性质界定问题。

(1)生产假农药的违法犯罪问题。第 52 条第 1 款规定“未取得农药生产许可证生产农药或者生产假农药的,由县级以上地方人民政府农业主管部门责令停止生产,没收违法所得、违法生产的产品和用于违法生产的工具、设备、原材料等,违法生产的产品货值金额不足 1 万元的,并处 5 万元以上 10 万元以下罚款,货值金额 1 万元以上的,并处货值金额 10 倍以上 20 倍以下罚款,由发证机关吊销农药生产许可证和相应的农药登记证;构成犯罪的,依法追究刑事责任”。根据该款规定,生产假农药的行为实际上包括两种情况,一种是典型的“生产假农药”行为,另一种是不典型的“生产假农药”行为即“未取得农药生产许可证生产农药”的行为。另外,根据第 2 款“取得农药生产许可证的农药生产企业不再符合规定条件继续生产农药的,由县级以上地方人民政府农业主管部门责令限期整改;逾期拒不整改或者整改后仍不符合规定条件的,由发证机关吊销农药生产许可证”的规定,“取得农药生产许可证的农药生产企业不再符合规定条件继续生产农药”的行为也属于“未取得农药生产许可证生产农药”行为,进而属于生产假农药的行为。

当然,对于“未取得农药生产许可证生产农药的行为”到底是非法经营行为,还是生产假农药的行为,可能还存在争议。这是因为,我国对于农药生产经营实行许可证制度,没有农药生产许可证生产农药以及虽然具有许可证但是不符合生产许可证的实质条件的,应该认为不具有许可证而生产农药,这也属于一种非法经营活动,有可能构成非法经营罪。本书认为,刑法中的非法经营罪与生产伪劣产品罪并不是相互排斥的关系,而是存在竞合关系。“未取得农药生产许可证生产农药”的行为,既是一种非法经营行为,也是一种生产伪劣产品的行为。同时,构成非法经营罪和生产伪劣农药罪的,应择一重罪定罪处罚。

(2)生产劣质农药的违法犯罪问题。第 52 条第 3 款规定“农药生产企业生产劣质农药的,由县级以上地方人民政府农业主管部门责令停止生产,没收违法所得、违法生产的产品和用于违法生产的工具、设备、原材料等,违法生产的产品货值金额不足 1 万元的,并处 1 万元以上 5 万元以下罚款,货值金额 1 万元以上的,并处货值金额 5 倍以上 10 倍以下罚款;情节严重的,由发证机关吊销农药生产许可证和相应的农药登记证;构成犯罪的,依法追究刑事责任"。根据该款的规定,生产劣质农药可能构成刑法中的生产伪劣农药罪。

(3)加工、分装农药的特殊规定。第 4 款规定"委托未取得农药生产许可证的受托人加工、分装农药,或者委托加工、分装假农药、劣质农药的,对委托人和受托人均依照本条第一款、第三款的规定处罚"。该款实际上明确了两个处理规则:其一,加工、分装农药的行为,属于生产农药的行为。因此加工、分装假农药、劣质农药行为,视为生产假农药、生产劣质农药的行为。其二,在委托加工行为中,委托人和受托人均属于生产假农药、劣质农药的行为主体。在构成犯罪的情况下,委托人和受托人均应按照生产伪劣农药罪定罪处罚。

2. 销售假农药和劣质农药的违法犯罪行为

(1)销售假农药的违法犯罪行为。第 55 条规定了销售假农药的行为。该条第 1 款的具体内容为:"农药经营者有下列行为之一的,由县级以上地方人民政府农业主管部门责令停止经营,没收违法所得、违法经营的农药和用于违法经营的工具、设备等,违法经营的农药货值金额不足 1 万元的,并处 5000 元以上 5 万元以下罚款,货值金额 1 万元以上的,并处货值金额 5 倍以上 10 倍以下罚款;构成犯罪的,依法追究刑事责任:(一)违反本条例规定,未取得农药经营许可证经营农药;(二)经营假农药;(三)在农药中添加物质。"其中,违反本条例规定未取得农药经营许可证经营农药行为和经营假农药的行为,均属于销售伪劣农药行为,符合销售伪劣农药罪其他构成要件的,可以构成销售伪劣农药罪。至于"在农药中添加物质"性质如何认定,则不可一概而论。如果添加的物质致使农药失去原有的效用,则属于销售伪劣农药的行为;如果添加的物质不足以使农药的性质发生改变,但属于掺杂、掺假行为的,属于销售伪劣产品的行为。如果既不属于伪劣产品,也不属于伪劣农药的,则相应的"在农药中添加物质"行为就属于一般的行政违法行为,不能按照犯罪处理。

该条第3款还规定"取得农药经营许可证的农药经营者不再符合规定条件继续经营农药的,由县级以上地方人民政府农业主管部门责令限期整改;逾期拒不整改或者整改后仍不符合规定条件的,由发证机关吊销农药经营许可证"。这是一条行政处罚的规定,本身不涉及刑事犯罪问题。但是,如果农药经营许可证被吊销以后,仍然继续从事销售农药行为的,则属于非法经营行为,符合其他构成要件的,可以构成非法经营罪;如果销售的农药属于假农药、劣质农药的,则属于销售伪劣农药行为,符合其他构成要件的,可以构成销售伪劣农药罪。

(2)销售劣质农药行为。第56条规定的是销售劣质农药行为,具体内容为"农药经营者经营劣质农药的,由县级以上地方人民政府农业主管部门责令停止经营,没收违法所得、违法经营的农药和用于违法经营的工具、设备等,违法经营的农药货值金额不足1万元的,并处2000元以上2万元以下罚款,货值金额1万元以上的,并处货值金额2倍以上5倍以下罚款;情节严重的,由发证机关吊销农药经营许可证;构成犯罪的,依法追究刑事责任"。本条规定的是具有农药经营许可证的经营者销售劣质农药的行为。按照《刑法》规定,该行为属于销售伪劣农药行为,符合其他构成要件的,可以按照销售伪劣农药罪定罪处罚。

(四)其他类型的违法犯罪行为

1. 农药使用者可能构成的违法犯罪行为

第60条规定了农药使用者可能构成的违法犯罪行为,即"农药使用者有下列行为之一的,由县级人民政府农业主管部门责令改正,农药使用者为农产品生产企业、食品和食用农产品仓储企业、专业化病虫害防治服务组织和从事农产品生产的农民专业合作社等单位的,处5万元以上10万元以下罚款,农药使用者为个人的,处1万元以下罚款;构成犯罪的,依法追究刑事责任:(一)不按照农药的标签标注的使用范围、使用方法和剂量、使用技术要求和注意事项、安全间隔期使用农药;(二)使用禁用的农药;(三)将剧毒、高毒农药用于防治卫生害虫,用于蔬菜、瓜果、茶叶、菌类、中草药材生产或者用于水生植物的病虫害防治;(四)在饮用水水源保护区内使用农药;(五)使用农药毒鱼、虾、鸟、兽等;(六)在饮用水水源保护区、河道内丢弃农药、农药包装物或者清洗施药器械”。

上述各行为既可能构成刑事犯罪,也可能是一般的行政违法行为。当然,由于该条的规定内容较为庞杂,农药使用者可能触犯的罪名有多种。例如,使用农药毒鱼、虾、鸟、兽的行为,可能构成投放危险物质罪或以其他方法危害公共安全罪;在饮用水水源保护区、河道内丢弃农药、农药包装物或者清洗施药器械的行为,有可能构成污染环境罪或投放危险物质罪;使用禁用的农药,或者将剧毒、高毒农药用于蔬菜、瓜果、茶叶、菌类、中草药材生产或者用于水生植物的病虫害防治的行为,有可能构成以其他方法危害公共安全罪或者生产、销售有毒有害食品罪,生产、销售不符合安全标准的食品罪等。因此,本条是关于农药使用者违法犯罪活动的综合性规定,应根据其违法行为的性质认定为一般的行政违法或刑事犯罪。如果认定为刑事犯罪,还要区分构成哪一种刑事犯罪。

另外,需要注意的是,该条区分农药使用者的不同类型,分别设置了轻重不同的罚款,即对于“农药使用者为农产品生产企业、食品和食用农产品仓储企业、专业化病虫害防治服务组织和从事农产品生产的农民专业合作社等单位的”,处 5 万元以上 10 万元以下罚款;而对于“农药使用者为个人的”,则处 1 万元以下罚款。该规定颇具创新意义。但是,在刑事犯罪的认定中,是否有必要区分农药使用者的类型而适用轻重不同的刑罚措施,还值得进一步研究。

2. 关于针对农药许可证的违法犯罪行为

农药是一种特殊物品,国家对农药实行许可证管理。伪造、转让农药许可证的行为,可能会构成相应的违法犯罪行为。第 62 条规定“伪造、变造、转让、出租、出借农药登记证、农药生产许可证、农药经营许可证等许可证明文件的,由发证机关收缴或者予以吊销,没收违法所得,并处 1 万元以上 5 万元以下罚款;构成犯罪的,依法追究刑事责任”。显然,伪造、变造、转让、出租、出借农药登记证、农药生产许可证、农药经营许可证等许可证明文件行为，可能会触犯刑法中的不同罪名。例如，伪造、变造、买卖农药登记证、农药生产许可证、农药经营许可证的，可能构成伪造、变造、买卖国家机关公文、证件罪。出租、出借农药登记证、农药生产许可证、农药经营许可证等行为，可能构成非法经营罪，等等。

二、一般的行政违法行为

《农药管理条例》既规定了可以构成犯罪的严重违法行为，也规定了不能构成犯罪的一般违法行为。例如，第53条规定："农药生产企业有下列行为之一的，由县级以上地方人民政府农业主管部门责令改正，没收违法所得、违法生产的产品和用于违法生产的原材料等，违法生产的产品货值金额不足1万元的，并处1万元以上2万元以下罚款，货值金额1万元以上的，并处货值金额2倍以上5倍以下罚款；拒不改正或者情节严重的，由发证机关吊销农药生产许可证和相应的农药登记证：（一）采购、使用未依法附具产品质量检验合格证、未依法取得有关许可证明文件的原材料；（二）出厂销售未经质量检验合格并附具产品质量检验合格证的农药；（三）生产的农药包装、标签、说明书不符合规定；（四）不召回依法应当召回的农药。"第54条规定："农药生产企业不执行原材料进货、农药出厂销售记录制度，或者不履行农药废弃物回收义务的，由县级以上地方人民政府农业主管部门责令改正，处1万元以上5万元以下罚款；拒不改正或者情节严重的，由发证机关吊销农药生产许可证和相应的农药登记证。"上述行为只是一般的行政违法行为，本身难以构成犯罪。

此外，第57条、第58条、第59条、第61条规定的也都是一般的行政违法行为，而不构成犯罪。例如，第57条规定的"农药经营者……（一）设立分支机构未依法变更农药经营许可证，或者未向分支机构所在地县级以上地方人民政府农业主管部门备案；（二）向未取得农药生产许可证的农药生产企业或者未取得农药经营许可证的其他农药经营者采购农药；（三）采购、销售未附具产品质量检验合格证或者包装、标签不符合规定的农药；（四）不停止销售依法应当召回的农药”,第 58 条规定的“农药经营者……(一)不执行农药采购台账、销售台账制度;(二)在卫生用农药以外的农药经营场所内经营食品、食用农产品、饲料等;(三)未将卫生用农药与其他商品分柜销售;(四)不履行农药废弃物回收义务”,第 59 条规定的“境外企业直接在中国销售农药的”,第 61 条规定的“农产品生产企业、食品和食用农产品仓储企业、专业化病虫害防治服务组织和从事农产品生产的农民专业合作社等不执行农药使用记录制度的”。

上述一般的行政违法行为,本身不足以构成任何犯罪。例如,“不履行农药废弃物回收义务”本身只是一种行政违法行为,按照规定对其进行行政处罚即可。当然,如果该行为造成了严重后果,如由于不履行农药废弃物回收义务,发生重大环境污染事故的,有可能构成污染环境罪,则另当别论。

三、一般的民事违法行为

《农药管理条例》在第 64 条集中规定了民事侵权行为的处理规则:“生产、经营的农药造成农药使用者人身、财产损害的,农药使用者可以向农药生产企业要求赔偿,也可以向农药经营者要求赔偿。属于农药生产企业责任的,农药经营者赔偿后有权向农药生产企业追偿;属于农药经营者责任的,农药生产企业赔偿后有权向农药经营者追偿。”该条虽然是关于民事侵权行为的处理规则,本身并没有涉及刑事责任和行政责任。但是,承担民事责任和刑事责任、行政责任并不矛盾。如果生产、经营的农药造成农药使用者人身、财产损害的行为已经构成刑事犯罪或者行政违法的,行为人在承担刑事责任或行政责任的同时,也应承担民事责任。

第三节　《兽药管理条例》的法律责任分析

《兽药管理条例》中的法律责任部分,有的明确规定了“构成犯罪的,依法追究刑事责任”,而有的却没有明确规定。本书对该法律责任部分中涉及犯罪的问题逐一评析。

其一,第55条。第55条规定:“兽医行政管理部门及其工作人员利用职务上的便利收取他人财物或者谋取其他利益,对不符合法定条件的单位和个人核发许可证、签署审查同意意见,不履行监督职责,或者发现违法行为不予查处,造成严重后果,构成犯罪的,依法追究刑事责任;尚不构成犯罪的,依法给予行政处分。”

本条是关于兽医行政管理部门及其工作人员违反职务行为的规定,相应的行为既可能构成受贿罪、滥用职权罪、玩忽职守罪等刑事犯罪,也可能尚不构成刑事犯罪,而仅构成一般的违反党纪政纪的行为。区分的标准主要在于情节是否严重(如利用职务上的便利收取他人财物、为他人谋取利益的行为,是否达到刑法关于受贿罪的刑事门槛,滥用职权行为、玩忽职守行为是否造成了重大损失等),对此按照各自的规定处理即可。

其二,第56条。第56条规定:“违反本条例规定,无兽药生产许可证、兽药经营许可证生产、经营兽药的,或者虽有兽药生产许可证、兽药经营许可证,生产、经营假、劣兽药的,或者兽药经营企业经营人用药品的,责令其停止生产、经营,没收用于违法生产的原料、辅料、包装材料及生产、经营的兽药和违法所得,并处违法生产、经营的兽药(包括已出售的和未出售的兽药,下同)货值金额2倍以上5倍以下罚款,货值金额无法查证核实的,处10万元以上20万元以下罚款;无兽药生产许可证生产兽药,情节严重的,没收其生产设备;生产、经营假、劣兽药,情节严重的,吊销兽药生产许可证、兽药经营许可证;构成犯罪的,依法追究刑事责任;给他人造成损失的,依法承担赔偿责任。生产、经营企业的主要负责人和直接负责的主管人员终身不得从事兽药的生产、经营活动。擅自生产强制免疫所需兽用生物制品的,按照无兽药生产许可证生产兽药处罚。”

本条规定了兽药行业常见的违法行为的法律责任问题,其中涉及刑事责任的主要有:无兽药生产许可证、兽药经营许可证生产、经营兽药的,可能构成非法经营罪;虽有兽药生产许可证、兽药经营许可证,生产、经营假、劣兽药的,可能构成生产、销售伪劣兽药罪或生产、销售伪劣产品罪;兽药经营企业经营人用药品的,可能构成生产、销售、提供假药罪(注意,不是生产、销售伪劣兽药罪)或生产、销售伪劣产品罪。需要指出的是，本条法律责任的规定部分，逻辑略显混乱：法律责任的排列，一般是从轻到重，或者从重到轻，即先行政、民事责任再到刑事责任，或者相反。但是，本条排列把刑事责任放在中间，既无法突出刑事责任在惩治相应违法行为中的警示和威慑作用，也显得逻辑混乱，对于刑事责任的适用难以准确把握。

此外，本条规定的“生产、经营企业的主要负责人和直接负责的主管人员终身不得从事兽药的生产、经营活动”，是一条行政处罚性质的规定，从实际效果上看与刑法中的资格刑具有相似性，但是法律性质上并不属于刑法中的资格刑。这是需要注意的。考虑到资格刑在惩治类似犯罪中的重要作用，刑法在未来修改时有必要借鉴有关行政法律中的终身禁止从事某一职业的规定，将其规定为资格刑。

其三，第 57 条。第 57 条规定：“违反本条例规定，提供虚假的资料、样品或者采取其他欺骗手段取得兽药生产许可证、兽药经营许可证或者兽药批准证明文件的，吊销兽药生产许可证、兽药经营许可证或者撤销兽药批准证明文件，并处 5 万元以上 10 万元以下罚款；给他人造成损失的，依法承担赔偿责任。其主要负责人和直接负责的主管人员终身不得从事兽药的生产、经营和进出口活动。”

本条规定的是骗取相关经营许可证的问题，从刑法中的相应罪名来看，如果是单纯的骗取相关经营许可证，并未使用伪造的国家机关公文、证件或印章的，该行为难以构成犯罪；如果不仅实施了骗取相关经营许可证的行为，还进一步实施了非法经营行为，则有可能构成非法经营罪或生产、销售伪劣产品罪，生产、销售伪劣兽药罪；如果实施了骗取经营许可证的行为，并未实施进一步的非法经营行为，但在骗取经营许可证的过程中使用了伪造的国家机关公文、证件、印章的，则可以构成相应的使用国家机关公文、证件、印章罪定罪处罚。

其四，第 58 条。第 58 条规定：“买卖、出租、出借兽药生产许可证、兽药经营许可证和兽药批准证明文件的，没收违法所得，并处 1 万元以上 10 万元以下罚款；情节严重的，吊销兽药生产许可证、兽药经营许可证或者撤销兽药批准证明文件；构成犯罪的，依法追究刑事责任;给他人造成损失的,依法承担赔偿责任。”

买卖、出租、出借兽药生产许可证、兽药经营许可证和兽药批准证明文件的行为,可能构成非法经营罪或买卖、出租、出借国家机关证件罪。在具体的司法认定中,该两罪存在竞合关系,应当从一重罪处罚。

其五,第 59 条。第 59 条第 1 款规定:“违反本条例规定,兽药安全性评价单位、临床试验单位、生产和经营企业,未按照规定实施兽药研究试验、生产、经营质量管理规范的,给予警告,责令其限期改正;逾期不改正的,责令停止兽药研究试验、生产、经营活动,并处 5 万元以下罚款;情节严重的,吊销兽药生产许可证、兽药经营许可证;给他人造成损失的,依法承担赔偿责任。”

第 2 款规定:“违反本条例规定,研制新兽药,不具备规定的条件,擅自使用一类病原微生物或者在实验室阶段前未经批准的,责令其停止实验,并处 5 万元以上 10 万元以下罚款;构成犯罪的,依法追究刑事责任;给他人造成损失的,依法承担赔偿责任。”

根据本条规定,“研制新兽药,不具备规定的条件,擅自使用一类病原微生物或者在实验室阶段前未经批准的”,“构成犯罪的,依法追究刑事责任”。然而,根据《刑法》规定,该类行为并无相应罪名可以适用,难以构成犯罪,因而“构成犯罪的,依法追究刑事责任”成为一纸空文。此外,第 1 款规定的“兽药安全性评价单位、临床试验单位、生产和经营企业,未按照规定实施兽药研究试验、生产、经营质量管理规范的”第 3 款规定的“违反本条例规定,开展新兽药临床试验应当备案而未备案的,责令其立即改正,给予警告,并处 5 万元以上 10 万元以下罚款;给他人造成损失的,依法承担赔偿责任”,都只是一般的行政违法行为,也不构成犯罪。

其六,第 60 条。第 60 条第 1 款规定:“违反本条例规定,兽药的标签和说明书未经批准的,责令其限期改正;逾期不改正的,按照生产、经营假兽药处罚;有兽药产品批准文号的,撤销兽药产品批准文号;给他人造成损失的,依法承担赔偿责任。”

第 2 款规定:“兽药包装上未附有标签和说明书,或者标签和说明书与批准的内容不一致的,责令其限期改正;情节严重的,依照前款规定处罚。”

标签和说明书未经批准的兽药,按照规定属于假兽药;生产经营标签和说明书未经批准的兽药的行为,属于生产、销售伪劣兽药的行为。但是,如果仅仅是标签和说明书未经批准,但质量本身并不伪劣,生产、销售该类伪劣兽药并不会给农业生产造成较大损失,因而难以构成刑法中的生产、销售伪劣兽药罪。同时,该类行为本身也不属于生产、销售伪劣产品罪中的4种情形(在产品中掺杂、掺假,以假充真,以次充好或者以不合格产品冒充合格产品),因而即使销售金额达到5万元,也难以构成生产、销售伪劣产品罪。因此,按照本条款的规定,即使标签和说明书未经批准的兽药按照规定属于假兽药,对之进行生产或销售,也难以构成相应的伪劣产品犯罪。

但是,根据《兽药管理条例》第20条第1、2款的规定“兽药包装应当按照规定印有或者贴有标签,附具说明书,并在显著位置注明‘兽用’字样。兽药的标签和说明书经国务院兽医行政管理部门批准并公布后,方可使用”,生产经营标签和说明书未经批准的兽药的行为属于非法经营罪中的非法经营行为,符合该罪其他构成要件的,可以构成非法经营罪。本条款中虽然没有规定“构成犯罪的,依法追究刑事责任”,但是对该行为依然可以依据非法经营罪定罪处罚。

其七,第61条。第61条规定:“违反本条例规定,境外企业在中国直接销售兽药的,责令其限期改正,没收直接销售的兽药和违法所得,并处5万元以上10万元以下罚款;情节严重的,吊销进口兽药注册证书;给他人造成损失的,依法承担赔偿责任。”

根据《兽药管理条例》第35条第1、2款的规定“境外企业不得在中国直接销售兽药。境外企业在中国销售兽药,应当依法在中国境内设立销售机构或者委托符合条件的中国境内代理机构”,境外企业在中国直接销售兽药的,属于非法经营行为,可以构成非法经营犯罪。本条款中虽然没有规定“构成犯罪的,依法追究刑事责任”,但是对该行为依然可以依据非法经营罪定罪处罚。

其八,第62条。第62条规定:“违反本条例规定,未按照国家有关兽药安全使用规定使用兽药的、未建立用药记录或者记录不完整真实的,或者使用禁止使用的药品和其他化合物的,或者将人用药品用于动物的,责令其立即改正,并对饲喂了违禁药物及其他化合物的动物及其产品进行无害化处理;对违法单位处 1 万元以上 5 万元以下罚款;给他人造成损失的,依法承担赔偿责任。”

本条部分行为“未按照国家有关兽药安全使用规定使用兽药的、未建立用药记录或者记录不完整真实的”是一种单纯的行政违法行为,难以构成犯罪;但是“使用禁止使用的药品和其他化合物的,或者将人用药品用于动物的”,则在构成行政违法的同时,还有可能构成犯罪(其中最典型的是使用“瘦肉精”喂养动物),本条却没有规定“构成犯罪的,依法追究刑事责任”,不能不说是一种缺漏。当然,如前所述,即使本条没有规定“构成犯罪的,依法追究刑事责任”,对该行为依然可以依据相应犯罪定罪处罚。

其九,第 63 条。第 63 条规定:“违反本条例规定,销售尚在用药期、休药期内的动物及其产品用于食品消费的,或者销售含有违禁药物和兽药残留超标的动物产品用于食品消费的,责令其对含有违禁药物和兽药残留超标的动物产品进行无害化处理,没收违法所得,并处 3 万元以上 10 万元以下罚款;构成犯罪的,依法追究刑事责任;给他人造成损失的,依法承担赔偿责任。”

根据本条规定,相应行为不仅是行政违法行为,还涉嫌刑事犯罪;在刑事犯罪中,可能分别触犯非法经营罪或者生产、销售不符合安全标准的食品罪,生产、销售有毒有害的食品罪等,应根据各自的构成要件确定罪名和适用刑罚。

其十,第 64 条。第 64 条规定:“违反本条例规定,擅自转移、使用、销毁、销售被查封或者扣押的兽药及有关材料的,责令其停止违法行为,给予警告,并处 5 万元以上 10 万元以下罚款。”

本条规定的行为,在构成行政违法的同时,还有可能构成犯罪(最典型的是,明知被查封或者扣押的兽药属于犯罪所得的赃物,而擅自转移、使用、销毁、销售的,可能构成赃物犯罪),本条却没有规定“构成犯罪的,依法追究刑事责任”,不能不说是一种缺漏。当然,如前所述,本条即使没有规定“构成犯罪的,依法追究刑事责任”,但是对该行为依然可以依据相应犯罪定罪处罚。

其十一，第 65 条、第 66 条。第 65 条规定：“违反本条例规定，兽药生产企业、经营企业、兽药使用单位和开具处方的兽医人员发现可能与兽药使用有关的严重不良反应，不向所在地人民政府兽医行政管理部门报告的，给予警告，并处 5000 元以上 1 万元以下罚款。生产企业在新兽药监测期内不收集或者不及时报送该新兽药的疗效、不良反应等资料的，责令其限期改正，并处 1 万元以上 5 万元以下罚款；情节严重的，撤销该新兽药的产品批准文号。”第 66 条规定：“违反本条例规定，未经兽医开具处方销售、购买、使用兽用处方药的，责令其限期改正，没收违法所得，并处 5 万元以下罚款；给他人造成损失的，依法承担赔偿责任。”

根据上述两条的规定，相应行为仅是行政违法行为，难以构成刑事犯罪；法律责任部分也仅仅规定了行政责任，没有规定“构成犯罪的，依法追究刑事责任”，因而上述两条的立法表述方式值得肯定。

其十二，第 67 条、第 68 条。第 67 条规定：“违反本条例规定，兽药生产、经营企业把原料药销售给兽药生产企业以外的单位和个人的，或者兽药经营企业拆零销售原料药的，责令其立即改正，给予警告，没收违法所得，并处 2 万元以上 5 万元以下罚款；情节严重的，吊销兽药生产许可证、兽药经营许可证；给他人造成损失的，依法承担赔偿责任。”第 68 条规定：“违反本条例规定，在饲料和动物饮用水中添加激素类药品和国务院兽医行政管理部门规定的其他禁用药品，依照《饲料和饲料添加剂管理条例》的有关规定处罚；直接将原料药添加到饲料及动物饮用水中，或者饲喂动物的，责令其立即改正，并处 1 万元以上 3 万元以下罚款；给他人造成损失的，依法承担赔偿责任。”

这两条规定的行为，在构成行政违法的同时，还有可能构成犯罪（兽药生产、经营企业把原料药销售给兽药生产企业以外的单位和个人的，或者兽药经营企业拆零销售原料药的，是一种刑法上的非法经营行为；在饲料和动物饮用水中添加激素类药品和国务院兽医行政管理部门规定的其他禁用药品，可能构成生产、销售不符合安全标准的食品罪或者生产、销售有毒有害食品罪）；这两条却没有规定“构成犯罪的，依法追究刑事责任”，不能不说是一种缺漏。当然，如前所述，即使本条没有规定“构成犯罪的，依法追究刑事责任”，对该行为依然可以依据相应犯罪定罪处罚。

第四节　《种子法》中的法律责任分析

《种子法》[①]中的法律责任规定，与前述《农药管理条例》《兽药管理条例》存在较大差别：其一，《种子法》中的法律责任，同时规定了行政法律责任、民事法律责任（造成损失的，依法承担赔偿责任）和刑事法律责任；而《农药管理条例》《兽药管理条例》主要规定了行政法律责任和刑事法律责任，只是在个别条款规定了民事法律责任。其二，在刑事法律责任的规定方式上存在重要差别，《农药管理条例》《兽药管理条例》均是在每条款之后视情况规定了“构成犯罪的，依法追究刑事责任”。而《种子法》则在第 89 条（正文的最后一条），统一规定了“违反本法规定，构成犯罪的，依法追究刑事责任”。

在本书看来，《种子法》关于刑事法律责任的规定方式有利有弊：一方面，“构成犯罪的，依法追究刑事责任”的宣示意义大于实质意义，放在法律条文正文的最后一条进行宣示，非常醒目，既能起到刑法的威慑效果，又能节约法条资源。这是优点所在。另一方面，这种规定方式也存在一些弊端，即“构成犯罪的，依法追究刑事责任”本意就是指依照刑法追究刑事责任，如果放在每一条款之后，能够给人一种“该条款的行为可能构成犯罪”的印象，从而建立起违法行为与犯罪行为的一一对应关系。《种子法》将“构成犯罪的，依法追究刑事责任”统一放在正文的最后一条，但到底哪一条可能构成犯罪，哪一条难以构成犯罪，表述模糊，可能减损其威慑价值。

为了与《种子法》关于“构成犯罪的，依法追究刑事责任”的规定方式相一致，同时也为了节约篇幅，本书不再逐条评述“构成犯罪的，依法追究刑事责任”的具体适用问题，而是放在一起统一评述。

---

①　如无特别说明，本书中的《种子法》均指 2021 年修改后的《种子法》。

一、可以构成犯罪的条款

可以构成犯罪的条款有很多,具体包括:(1)第69条第1款、第70条。其中第69条第1款规定:“农业农村、林业草原主管部门不依法作出行政许可决定,发现违法行为或者接到对违法行为的举报不予查处,或者有其他未依照本法规定履行职责的行为的……”第70条规定:“违反本法第十六条规定,品种审定委员会委员和工作人员不依法履行职责,弄虚作假、徇私舞弊的……”上述条款均可能构成刑法中的滥用职权罪或者玩忽职守罪。(2)第74条、第75条。第74条规定:“违反本法第四十八条规定,生产经营假种子的……”第75条规定:“违反本法第四十八条规定,生产经营劣种子的……”上述两条均可能构成生产、销售伪劣种子罪。(3)第76条、第78条。其中第76条规定,“(一)未取得种子生产经营许可证生产经营种子的;(二)以欺骗、贿赂等不正当手段取得种子生产经营许可证的;(三)未按照种子生产经营许可证的规定生产经营种子的;(四)伪造、变造、买卖、租借种子生产经营许可证的;(五)不再具有繁殖种子的隔离和培育条件,或者不再具有无检疫性有害生物的种子生产地点或者县级以上人民政府林业草原主管部门确定的采种林,继续从事种子生产的;(六)未执行种子检验、检疫规程生产种子的”。第78条规定,“(一)未经许可进出口种子的;(二)为境外制种的种子在境内销售的;(三)从境外引进农作物或者林木种子进行引种试验的收获物作为种子在境内销售的;(四)进出口假、劣种子或者属于国家规定不得进出口的种子的”。上述条款规定的行为可能构成非法经营罪。(4)第86条。该条规定,“违反本法第四十九条规定,拒绝、阻挠农业、林业主管部门依法实施监督检查的”,该条规定的行为,情节严重的,可能构成妨害公务罪。

二、难以构成犯罪的条款

此处所指的难以构成犯罪是指该行为本身不属于《刑法》中的实行行为,自身难以构成犯罪,而不是指该行为在任何时候都不构成犯罪。例如,第69条第2款规定“违反本法第五十五条规定,农业农村、林业草原主管部门工作人员从事种子生产经营活动的”,就农业农村、林业草原主管部门工作人员从事种子生产经营活动本身而言,该行为是一种违纪活动,即使情节再严重,本身也不足以构成犯罪。但是,如果“农业农村、林业草原主管部门工作人员从事种子生产经营活动”中从事了生产经营假种子的行为,当然可以构成犯罪。这显然不同于该条第1款中的“农业农村、林业草原主管部门不依法作出行政许可决定,发现违法行为或者接到对违法行为的举报不予查处,或者有其他未依照本法规定履行职责的行为”,该行为只要情节严重,本身就足以构成滥用职权罪或玩忽职守罪。

按照上述理解,难以构成犯罪的条款还包括,第79条“(一)销售的种子应当包装而没有包装的;(二)销售的种子没有使用说明或者标签内容不符合规定的;(三)涂改标签的;(四)未按规定建立、保存种子生产经营档案的;(五)种子生产经营者在异地设立分支机构、专门经营不再分装的包装种子或者受委托生产、代销种子,未按规定备案的”,第81条“违反本法第十一条规定,向境外提供或者从境外引进种质资源,或者与境外机构、个人开展合作研究利用种质资源的”,第82条“违反本法第三十五条规定,抢采掠青、损坏母树或者在劣质林内、劣质母树上采种的”,第84条“违反本法第四十四条规定,未根据林业主管部门制定的计划使用林木良种的”,第85条“违反本法第五十三条规定,在种子生产基地进行检疫性有害生物接种试验的”,第77条“违反本法第二十一条、第二十二条、第二十三条规定,有下列行为之一的……:(一)对应当审定未经审定的农作物品种进行推广、销售的;(二)作为良种推广、销售应当审定未经审定的林木品种的;(三)推广、销售应当停止推广、销售的农作物品种或者林木良种的;(四)对应当登记未经登记的农作物品种进行推广,或者以登记品种的名义进行销售的;(五)对已撤销登记的农作物品种进行推广,或者以登记品种的名义进行销售的”,第87条“违反本法第十三条规定,私自交易育种成果的”,第88条“违反本法第四十三条规定,强迫种子使用者违背自己的意愿购买、使用种子,给使用者造成损失的”。

三、是否构成犯罪、构成何种犯罪尚存在疑问的

第71条规定的违法行为是“品种测试、试验和种子质量检验机构伪造测试、试验、检验数据或者出具虚假证明的”。该种行为可以构成犯罪,但是到底是构成中介组织人员故意提供虚假证明文件罪还是国家机关工作人员的滥用职权罪,存在疑问。之所以存在疑问,关键在于如何认定品种测试、试验和种子质量检验机构工作人员的身份。如果可以认定其为国家机关工作人员,该类行为可能构成国家机关工作人员的滥用职权罪;如果不能认定其为国家机关工作人员,该类行为不能构成国家机关工作人员的滥用职权罪,但可以构成中介组织人员故意提供虚假证明文件罪。

第72条第1款规定的违法行为是“违反本法第二十八条规定,有侵犯植物新品种权行为的”,第7款规定的是“假冒授权品种的”。这两款规定的行为是否构成犯罪,也存在争议。争议之处在于,侵犯植物新品种权行为和假冒授权品种的,是否可以按照假冒专利罪定罪处罚。该问题在学术界争议巨大,本书第六章将专门予以研究。

四、虽然依照现行法律不能构成犯罪,但是有必要予以犯罪化的

对于第80条规定的行为,即“违反本法第八条规定,侵占、破坏种质资源,私自采集或者采伐国家重点保护的天然种质资源的”,当前只能“由县级以上人民政府农业、林业主管部门责令停止违法行为,没收种质资源和违法所得,并处五千元以上五万元以下罚款;造成损失的,依法承担赔偿责任”,由此可见,《种子法》对之规定了行政法律责任和民事法律责任,但是其是否可以构成犯罪,在刑法上尚难以找到相对应的罪名。但是,该行为具有巨大的社会危害性(刑法禁止采伐、毁坏国家重点保护的植物,但是种质资源与植物在刑法上不具有同一性,难以将种质资源解释为植物,从而无法按照非法采伐、毁坏国家重点保护的植物罪①定罪处罚。但是,两者的社

① 《刑法修正案(十一)》通过之后的危害国家重点保护植物罪。

会危害性相当),有必要按照犯罪处理。

五、是否构成犯罪需要具体分析的

第 83 条规定,“违反本法第十七条规定,种子企业有造假行为的”,由于造假行为千差万别,有的可能构成犯罪,有的难以构成犯罪,本书难以一一列举。

第五节 农业领域刑法立法模式的完善

科学的刑法立法模式能够正确地反映犯罪的本质,便利刑法的适用。我国农业领域犯罪的刑法立法都采取了集中型的刑法立法模式,这种模式虽有利于充分揭示农业领域犯罪的共性特征,实现相应罪刑设置的系统化,增强刑法的威慑力,但是这种模式也具有较大的局限性,它使刑法难以保持相应的稳定性,在具体适用中可操作性也不强。因此,有必要认真分析各种立法模式的优缺点,结合惩治农业领域犯罪的现实需要,转变我国农业领域犯罪的刑法立法模式。

一、刑法立法模式概述

刑法立法模式大体上有以下几种:(1)附属刑法规范的立法模式。附属刑法规范的立法模式,是指在相应的行政、经济法律法规中设置具有独立罪名和法定刑的刑法规范。普通法系的多数国家及具有成文刑法典的日本等国均采用此类立法模式。这是当今世界较为普遍的立法体例,不仅在多数发达国家和地区得到采用,也被一些发展中国家所采纳。例如,在商标权的刑法立法方面,日本虽有完备的刑法典,但是其对商标权的犯罪则集中规定在日本商标法第 36 条至第 38 条,这些条款中分别设立了侵害商标罪、欺诈行为罪、虚伪标识罪,侵权人不仅要负民事赔偿责任,还可能因构成犯罪而承担刑事责任。英国在 1994 年《商标法》、美国在《1984 年商标假冒条例》中也分别设立了相应的假冒商标罪,并规定了独立的法定刑。(2)集中型立法模式。集中型的立法模式,是指以刑法典或单行立法的方式,规定所有经济犯罪或行政犯罪的犯罪构成及其刑事责任。大陆法系的一些国家如巴西、瑞典等国,多以此类立法方式为主。例如,《巴西联邦共和国刑法典》分则第三篇“侵犯非物质财产罪”第二章“侵犯发明专利权罪”,其第 187 条、第 188 条分别规定:没有经专利所有权人或让与人的许可而生产属于专利的产品,利用属于专利产品的生产程序与方法,进口、出口、出卖、推销或以出卖为目的的隐藏、接受侵犯专利的产品,并把非专利权作为自己的专利权而进行工业生产的,分别处以拘役或罚金。世界各国中采取这种模式的相对较少。在我国,侵犯市场经济管理秩序的犯罪,都集中规定在现行《刑法》分则第三章即“破坏社会主义市场经济秩序罪”之中;破坏社会管理秩序的犯罪,都集中规定在现行《刑法》分则第六章即“破坏社会管理秩序罪”之中,也属于这种立法模式。(3)结合型的立法模式。结合型的立法模式,是指在对经济犯罪和行政犯罪定罪处刑时,尊重刑法的权威性,同时又兼顾经济犯罪或行政犯罪的自身特征,结合刑法和经济行政法律法规对犯罪行为进行处罚。例如,法国现行商标法是于 1991 年通过的《法国制造业、商业和服务业商标法》,其第 27 条至第 34 条规定了侵犯商标权的犯罪,援引了《法国刑法典》第 422 条、第 423 条的规定。其中法国刑法典第 422 条规定,下列行为为犯罪行为:①伪造或冒用属于他人的标记。②未经关系人允许,擅自使用标记。③无正当理由,持有明知贴有伪造或冒用标记的产品,或者故意售出、经销、供应或提供有此项标记的产品或服务。④故意不按对方所指定的注册标记,发售一种产品或者提供一项服务。第 422—1 条、第 422—2 条也分别规定了一些侵犯商标的犯罪行为。凡是上述犯罪的累犯者,均从重加倍处罚。① 这些结合刑法和经济、行政法律法规,对经济犯罪、行政犯罪行为进行刑事处罚的结合型模式,在维护刑法的权威性与稳定性的同时,能够兼顾经济犯罪、行政犯罪的新情况、新问题,及时对刑事法律的有关规定进行

① 参见聂洪勇:《知识产权的刑法保护》,中国方正出版社 2000 年版,第 34 ~ 36 页。

修订与补充,从而合理地组织对经济犯罪和行政犯罪的刑事反应,更能适应新时代刑事法律保护的要求。

无论是经济犯罪还是行政犯罪,中国明显采取了刑法典式的立法模式。例如,1997 年《刑法》修订时,为了维护刑法的权威性,立法者将所有涉及经济犯罪和行政犯罪的刑法规范的单行刑法、附属刑法规范的内容,都统一规定在《刑法》中。严格说来,只有规定了罪状及法定刑的法律规范才称得上是刑法规范。我国 1997 年《刑法》在分则第三章规定了所有经济犯罪的罪状以及法定刑,在第六章规定了所有的行政犯罪的罪状以及法定刑,无疑属于严格意义上的刑法规范。我国单行刑法是由全国人大常委会制定或修订的、惩治某一犯罪的法律或者是对某些犯罪的罪状或法定刑的修改、补充的规范性文件,其条款或者是完整的刑法条款,或者是对某一具体条文的修改、补充,因此也属于我国刑法规范的组成部分。但是,我国的附属刑事条款则不同,它们只是在规定对一般侵权行为进行处罚时,笼统地规定"构成犯罪的,(依法)追究刑事责任",而没有规定法定刑,甚至没有规定明确的罪状。因此,我国的经济和行政法律中的附属刑法条款不是严格意义上的刑法规范。

二、农业领域刑法典式立法模式存在的缺陷

目前,我国农业领域的刑法保护采取了刑法典式的立法模式①,这种集中规定农业领域犯罪的立法模式,有利于充分揭示农业领域犯罪的共性特征,便于综合比较分析各种农业犯罪之间的区别与联系,从而实现农业领域犯罪罪刑设置的系统化,增强刑法的威慑力。但是,这种集中型的法典式立法模式也具有较大的局限性。

(一)难以保持《刑法》的相对稳定性

1997 年《刑法》作为刑法规范的基本体例,它本身的性质要求具有一定的稳定性。《刑法》的稳定性,是指《刑法》所确立的罪刑关系的确定性与恒定性。在某种意义上说,稳定性是刑法公正性的

---

① 我国现行《农药管理条例》《兽药管理条例》《种子法》虽规定了"构成犯罪的,依法追究刑事责任",但是由于没有独立的罪状和法定刑,不能当作严格的附属刑法规范。

一个基本要求。如果刑法朝令夕改,就会使人民无所适从,也就根本没有刑法公正可言。《刑法》一经颁行,一般都要适用相当长时间,只有到了明显落后于社会生活,难以保证刑法的公正性时才进行修改、补充或废止。例如,《法国刑法典》1810 年制定了以后,经过几次修补,直到 1994 年 3 月才由新刑法典取代;《意大利刑法典》自 1930 年公布施行至 1968 年修正,历时 38 年;日本至今仍在使用 1907 年制定的刑法典。从上述各国刑法典的修正和实施情况看,我们可以发现,刑法典的稳定期长则一百多年,短则二三十年。刑法典在一定时期内的稳定性是一种不以人们意志为转移的客观要求。统治者为了保持社会的安定,不到迫不得已时,一般不会轻易修改刑法典,尤其是整体的修改。①

我国农业领域犯罪的刑法立法采用刑法典式的立法模式,其优点是刑法规范集中,便于操作;缺点是"刑法难以保持稳定""随着经济和社会关系的发展及单行刑事法律数量的增多和变动,这种立法模式的优点将日益减弱,而缺点会日趋明显。可以预料,这种立法模式迟早要改变。"②鉴于实际中出现的新问题,我国自 1997 年《刑法》通过以来,已经通过十一个刑法修正案和一个单刑刑法,《刑法》修改之频繁、幅度之大,世所罕见。尽管如此,不少学者又提出农业领域犯罪的刑法修改建议(如增加关于滥用基因的犯罪、侵犯植物新品种权的犯罪等),如果修改《刑法》,则《刑法》的稳定性将再次面临挑战。如果立法机关将农业领域刑法规范的修改放在附属刑法中,将可以避免上述问题。

(二)缺乏直接的可操作性

我国刑事立法通常将罪与刑的法律规范,只设置于《刑法》与单行刑法之中,其他法律包括行政管理和经济运行等领域的法律规范均不设立独立的罪刑条款。这种刑法立法体制在当今世界唯独我国存在,其他国家和地区的刑法规范均由刑法典与附属刑法规范两大部类组成。在国外的刑法立法模式中,刑事犯(自然犯)一般规定

① 参见陈兴良:《刑法哲学》,中国政法大学出版社 1992 年版,第 524 页。
② 储槐植:《刑事一体化与关系刑法论》,北京大学出版社 1997 年版,第 455 页。

在刑法典里,行政犯(法定犯)基本上存在于刑法以外的法律中,后者的数量显著超过前者,而且罪状相当周密。相反,如果将法定犯纳入刑法典,罪状即使不采纳空白格式,也只能是概括性的叙明罪状。当前,我国司法实践中出现刑法适用困难情况的案件主要是经济犯罪和行政犯罪,其中包括部分侵犯知识产权犯罪案件、食品药品犯罪案件等与农业领域犯罪密切相关的案件;在处理这些案件时,不得不一次次地借助于司法解释来明确刑法规范的模糊性规定。我国现行集中型的刑法典式的立法模式有使刑法规范与其所依托的相关法律形成毛与皮相分离的状态的风险。

具体到农业领域,其附属刑事条款往往只是在农业违法行为的行政责任或民事责任之后,接着笼统地规定“构成犯罪的,依法追究刑事责任”。这些规定既未具体完整地规定“构成犯罪”所需的构成要件,又未具体规定刑事责任或指明依照哪一具体法律规定“追究刑事责任”,因而是一种内容不确定的刑事条款。正因如此,其具体适用就容易产生疑惑。我国的附属刑事条款不具有直接适用的效力,即无直接的可操作性。如果农业领域犯罪的罪刑条款直接规定在有关的农业法律法规中,则皮与毛相连而结合在一体,有助于增强其操作性。

三、农业领域刑法典式立法模式的转变

1997年《刑法》的颁布和实施后,围绕我国刑法立法模式的争议并未就此停止。在刑法立法模式的改革中,知识产权刑事立法模式备受争议,目前就有三种观点:第一种观点认为,我国当前采用的集中型立法模式具有很大弊端,因此建议“将有关刑事规范分散规定在单行的知识产权法或其他法律中,同时完善对罪状和犯罪行为的表述,科学设定与犯罪危害程度相适应的法定刑”,即采用附属刑法规范的形式规定侵犯知识产权犯罪。[①] 第二种观点则认为,现行的集中型立法模式更为合理,其根据在于:(1)与我国《刑法》的修

① 参见陈东升:《TRIPS与我国知识产权保护的刑事立法完善》,载《政法论丛》2003年第1期。

改和完善相适应。我国新刑法收录并改进了许多单行法律的内容，将侵犯知识产权犯罪纳入《刑法》并设立专章，有利于增强《刑法》的科学性和统一性。(2)集中型立法是类罪的集中和体现，反映了侵犯知识产权犯罪的共性特征，集中加以规定便于综合比较分析其区别和联系，协调个罪的罪名、法定刑以及定罪和量刑的情节，增强个罪之间的协调性，使这类罪刑的设置更具系统性和科学性。(3)集中型立法完整地体现了此类犯罪的犯罪构成，而散在型的立法模式(附属刑法规范的立法模式——笔者注)着重体现了行为客观方面的构成以及违法性要素，除此之外，对某一行为定性还必须参照有关的刑事法规。而前者则简便易行，便于实际操作。① 第三种观点则认为，应采取结合型的立法模式。②

上述几种观点基本上涵盖了知识产权刑法立法模式改革的争议。农业领域的犯罪大体上处于第三章破坏社会主义市场经济秩序犯罪之中，或者位于第六章破坏社会管理秩序的犯罪之中，其罪刑关系与侵犯知识产权犯罪具有较大程度上的相似性。因此，我国学者围绕侵犯知识产权犯罪刑法立法模式的争议，对于农业领域犯罪的立法模式完善具有较大的借鉴价值。因此，本书拟在分析我国设置附属刑法规范合理性的基础上，结合侵犯知识产权犯罪刑法立法模式的争议，提出我国农业领域刑法立法模式的完善建议。

在我国 1997 年《刑法》通过以后，是否还应在其他法律中通过设置附属刑法规范的形式创制新的罪名，理论界有不同看法。我国非刑事法律中的附属刑事条款大体上可以分为三类：第一类是照应性规定。刑法中对某一犯罪行为的罪状和法定刑作了明确规定，在非刑事法律中只是为了与之照应而再进行原则性的提示。第二类是部分补充、修改刑法条文的规定。这种情况，是在刑法原条文的基础上针对需要惩处的犯罪行为，通过非刑事法律的规定，将其与原刑法条文的规定相衔接，或使罪状相吻合，或使法定刑相适应。

---

① 参见孙万怀：《侵犯知识产权犯罪刑事责任基础构造比较》，载《华东政法学院学报》1999 年第 2 期。

② 参见赵秉志、田宏杰：《侵犯知识产权犯罪比较研究》，法律出版社 2004 年版，第 89 页。

第三类是立法类推性规定。有些犯罪行为,在刑法分则中完全没有规定,单靠扩大罪状或部分修改原刑法条文已不能解决问题,因此就需要设定新的犯罪行为,但却在立法上被类推到现存的某一刑法条文上去的情况。在我国《刑法》规定了罪刑法定原则以后,大量的附属刑事条款采用的是第一类的方式,而第二类、第三类方式被认为违背罪刑法定原则而遭到理论界的否定。[①]

本书认为,在农业领域的行政、经济法律中创制新的罪名并不违背罪刑法定原则。这是因为,农业领域的行政、经济法律也是由立法机关制定的,立法机关有权对原有法律进行修改、补充,或创制新的罪名,这与全国人大常委会通过刑法修正案或单行刑法并没有越权一样。我国《刑法》第 3 条规定,"法律明文规定为犯罪行为的,依照法律定罪处罚;法律没有明文规定为犯罪行为的,不得定罪处罚"。该条规定主要在于从立法上彻底否定罪刑擅断,它所要求的是罪与刑的法定化,并没有强制地要求只有刑法才能规定罪与罚。条文的表述也是"法律",而不是"本法",这就明白无误地告诉我们,罪刑法定原则并不排斥农业领域的民事、行政法律中直接设立犯罪构成与刑罚的条款。当然,行政法规中不能采用上述方式,"在国务院颁布的经济、行政法规中原则上不允许设立具有独立罪名与刑罚的刑法规范"。[②] 这是因为,行政法规是由国务院制定的,根据《立法法》的规定,只有全国人大及其常委会才有权力设定剥夺或限制人身自由的条款。

我国《刑法》第 101 条规定:"本法总则适用于其他有刑罚规定的法律,但是其他法律有特别规定的除外。"这条规定含有承认除《刑法》之外的其他法律直接对犯罪与刑罚进行规定的意思,这一点在刑法理论界也是一个不争的事实。因此,《刑法》本身的规定都允许附属刑法规范的创制性立法,并将其视为有内在联系的一个方面。那么,我们也就应当走出自我设置的束缚和认识误区,不再排

---

① 参见青锋:《附属刑法规范的创制性立法问题探讨——兼谈类推制度的废止与刑事立法》,载丁慕英等主编:《刑法实施中的重点难点问题研究》,法律出版社 1998 年版,第 916 ~ 917 页。

② 陈兴良:《刑法哲学》,中国政法大学出版社 1992 年版,第 530 页。

斥附属刑法规范的创制性立法了。[①] 在农业领域的民事、行政法律中直接设定犯罪构成和刑罚的条款，也不会破坏刑事立法的同一性。因为根据《宪法》的规定，国家立法权是由全国人大及其常委会来行使的，故无论是《刑法》，还是其他法律，都是由全国人大或其常委会按照宪法规定的职权来制定的，其他国家机关没有制定法律的权力。这种立法权的统一性，就在客观上保证了附属刑法规范的创制性立法与整个刑事立法的协调统一性，形象地说，设定犯罪构成和刑罚的条款，如同一堆积木，只不过是由统一行使制定权的主体将其放在不同的位置罢了。[②]

附属刑法规范既为各个非刑事法律的有机组成部分，同时又因其性质而与刑法及单行刑事法律相互对应，构成整个刑法体系中不可缺少的一部分内容。由于其能够伴随各个非刑事法律及时且灵便地得以制定和贯彻执行，它已成为完善和弥补刑法典缺陷与不足的一种重要立法方式，已为当代世界上许多国家所采用。[③] 即使一些原来采取刑法典模式的国家或者地区，随着时代的发展，其也逐渐放弃了刑法典模式，开始采取刑法典与附属刑法规范相结合的立法方式。

---

① 参见卢勤忠：《中国金融刑法国际化研究》，中国人民公安大学出版社 2004 年版，第 188 页。

② 参见卢勤忠：《中国金融刑法国际化研究》，中国人民公安大学出版社 2004 年版，第 189 页。

③ 参见储槐植：《附属刑法规范集解》，中国检察出版社 1992 年版，前言部分。

第六章　农业领域新型危害行为的犯罪化问题

当前，我国刑法立法领域犯罪化仍是主流，在1997年《刑法》通过以后，短短的20年间，我国已经通过单行刑法和刑法修正案的形式，对《刑法》进行了十二次修订。[①] 尽管如此，通过立法修改进行犯罪化，仍是刑法完善的主流。[②] 在农业领域，近些年来讨论较为激烈的是转基因食品（种子）的刑法规制和植物新品种权的刑法保护问题。

第一节　农业领域新型危害行为犯罪化的基本原理

新犯罪的增设需要在犯罪化基本原理的指导下进行。一个危害行为如应被规定为犯罪，需要具备一定的条件。刑法理论界通常认为，严重的社会危害性是犯罪的本质特征，因而是否应将某一种行为规定为犯罪，首先要看其是否具备严重的社会危害性，其次是刑法具有二次法的特征，其对社会关

---

① 包括颁布一部单行刑法，通过十一部刑法修正案。

② 参见张明楷：《刑法学》（第6版），法律出版社2021年版，前言。

系的调整,通常是在民法、行政法等部门法之后进行的调整。也就是说,只有民法、行政法等部门法在调整社会关系上力度不够,不足以遏制某种严重的危害行为,才会动用刑法手段进行调整。此外,危害行为的犯罪化,还需要遵循其他一些原则或规则。

一、具有严重的社会危害性

一种危害行为被规定为犯罪,最重要的原因是这种行为客观上构成对社会的严重危害,即行为表现为对个人利益、社会利益和国家利益产生实际侵害或者实际侵害的现实危险。正如贝卡利亚所述,"犯罪对于社会的危害是衡量犯罪的真正标尺",该论断至今在刑法立法论领域依然被奉为圭臬。

如何判断一种危害行为的社会危害性是否达到其应当被规定为犯罪的程度呢?严格来说,一种行为的社会危害性大小,往往受制于特定国家、特定时间或地域的影响,并无绝对的标准。但是,一般来看,衡量一种危害行为社会危害性的大小以及犯罪化的需要,可以通过横向比较与纵向比较进行。所谓横向比较,即与现行《刑法》中规定的其他犯罪进行比较,社会危害性相当的,应当被规定为犯罪。例如,高空抛物行为不仅可能导致人身伤亡,还可能会导致重大财产损失,其社会危害性与以危险方法危害公共安全罪具有一定的相似性,但是犯罪构成又不完全相同。因此,为了规范高空抛物行为的刑法适用,《刑法修正案(十一)》增设了高空抛物罪。所谓纵向比较,是指与具有相似文化、相似发展程度、相似保护需要的国家和地区比较,该类行为如果在其他国家或者地区被规定为犯罪,则在本国通常也需要被规定为犯罪。这方面比较典型的是侵犯知识产权犯罪。近些年来我国高新技术行业发展迅猛,激发了对商业秘密刑法保护的现实需要。尤其是为境外窃取、刺探、收买、非法提供商业秘密的犯罪行为,既常见多发又危害严重,但是在《刑法修正案(十一)》之前,并没有专门的罪名用于惩治该类行为,仅仅适用侵犯商业秘密罪的规定有些力不从心;因此,借鉴美国、德国等发达国家和地区的普遍做法,我国在《刑法修正案(十一)》中增设了为境外窃取、刺探、收买、非法提供商业秘密罪。

二、坚守刑法的补充性

刑法的补充性来自刑法的二次法的特征。刑法具有补充性，根本原因是其在调整社会关系上与行政法、民法等存在分工，即对于特定的社会关系，通常有多种法律进行调整，在民法、行政法等部门法调整力度不够的时候，才会动用刑法进行调整。例如，在公私财产问题上，通常使用民法进行调整，我国《民法典》等对公私财产具有大量的规范内容。但是，仅仅依靠民法对公私财产进行保护，无法遏制严重的侵财行为（如盗窃、抢劫），因此才需要动用刑法进行调整。

依据刑法的补充性，理论界一般认为，在刑法开始调整某一社会关系的时候，通常民法、行政法已经对这一社会关系进行了调整。也就是说，对于社会关系的调整，刑法不能挡在民法、行政法的前面（至少是同时调整）。例如，某一种行为，在行政法或者民法领域并不属于违法行为或者侵权行为，那么刑法就不能将其规定为犯罪。只有在行政法或者民法将其规定为违法（侵权）以后或者规定为违法（侵权）的同时，刑法才能将其规定为犯罪。

当然，由于立法技术的问题，我国刑法的补充性并没有很好地得到贯彻。例如，在《个人信息保护法》通过之前，我国先行在刑法中规定了侵犯个人信息的犯罪，从而使什么是个人信息，完全依赖于刑法的评价，而缺乏相关的行政法律和民事法律的前置性规范，导致了一些争议问题。同样，拒不履行信息网络安全管理义务罪等法定犯的设置，都存在刑法先行的问题。因此，在农业领域新型危害行为犯罪化的时候，应该尽量避免刑法先行，坚守行政法律、民事法律在前或者同时调整的方针，保持法律体系的协调性。

三、遵循宽严相济的刑事政策

宽严相济是当前我国刑事立法和刑事司法的基本政策。关于宽严相济刑事政策的基本内涵，2010 年 2 月 8 日最高人民法院发布的《关于贯彻宽严相济刑事政策的若干意见》第 1 条规定：“贯彻宽严相济刑事政策，要根据犯罪的具体情况，实行区别对待，做到该宽则宽，当严则严，宽严相济，罚当其罪，打击和孤立极少数，教育、感化和挽救大多数，最大限度地减少社会对立面，促进社会和谐稳定，维护国家长治久安。”同时，该意见第 2 条规定：“要正确把握宽与严的关系，切实做到宽严并用。既要注意克服重刑主义思想影响，防止片面从严，也要避免受轻刑化思想影响，一味从宽。”上述意见虽然是最高人民法院基于刑事司法中如何贯彻宽严相济刑事政策所做的归纳或要求，但是刑事立法领域也可以适用或借鉴。也就是说，无论是刑事立法领域还是刑事司法领域，宽严相济刑事政策的精髓都在于区别对待，当宽则宽、当严则严。

遵循宽严相济的刑事政策，农业领域危害行为的犯罪化要做到以下两点：其一，坚持农业领域不同危害行为刑法立法的宽严相济。刑法立法应结合农业领域不同的危害行为的类型，针对不同类型、不同危害程度的危害行为分别予以犯罪化，并设置不同的法定刑及其幅度，避免整齐划一的法定刑及其幅度。其二，坚持刑法立法与其他类似犯罪，尤其是与侵犯知识产权犯罪、伪劣产品犯罪、非法经营罪的刑法立法之间的宽严相济。在我国《刑法》中，侵犯知识产权犯罪、伪劣产品犯罪、非法经营罪在行为方式、犯罪性质上与农业领域的危害行为具有较大的关联度和相似性，非法经营罪与生产、销售转基因食品、种子的危害行为具有一定的关联度和相似性。因此，我国在农业领域危害行为犯罪化的问题上，应当在犯罪化的范围和刑罚设置上与相关犯罪之间保持合理的衔接，做到宽严适度。

四、保持刑法内外部的协调

刑法的科学性要求在刑法立法过程中，通过一系列的协调活动，确保各种形式的刑法以及刑法与其他法律之间在内容上完整完备、协调一致，没有矛盾和冲突，没有重叠和空白，在形式上门类齐全、结构合理、层次分明。也就是说，在各种形式的刑法之间、刑法内部的条文之间形成和谐统一的关系，确保所有刑法规范都形成一个彼此照应、相互衔接的完整体系和有机整体。“法律应当连贯、一致，避免此处这样规定、彼处那样规定，从而使人们无所适从。如果要使法律成为人们所普遍接受的行为指南，那么法律体系中的各个部分之间的一致性就是必不可少的。”[①]“在现代国家中,法制观念不仅必须适应于总的经济状况,不仅必须是它的表现,而且还必须是不因为内在矛盾而自己推翻自己的内部和谐一致的表现。”[②]由于刑事立法调整对象复杂多样,调整范围极其广泛,立法机关在对危害行为进行犯罪化时就不能孤立进行,而应时刻保持法律内容之间的和谐一致,避免立法内容的抵触和矛盾,从而形成完整、科学的立法体系,维护法制的统一和权威,提高法律实施的效力。

刑法的协调性要求对刑法规范的描述采用相应的立法技术。比如,掌握和运用好立法的体系结构技术,能够对刑事立法内部组成及其相互之间的关系作出妥当的安排;掌握和运用好立法的逻辑结构技术,能够使立法的逻辑结构更加科学、严密;掌握和运用好立法的条文结构技术,能够使刑事立法对犯罪的罪名、罪状和法定刑的规定更加准确、清晰;掌握和运用好立法的语言结构技术,能够使刑事立法内容更加确切、严谨、简明扼要、通俗易懂,等等。“立法技术的完善,直接关系到立法内容的科学性和可行性,并进而关系到实践中对法律的准确理解和正确运用,因此不可忽视。”[③]由此可见,立法技术的每一方面都是促使刑事立法臻于完善所不可缺少的。立法机关掌握和运用好立法技术,就能够在立法活动中处于主动地位,能够高屋建瓴,确保立法内容能以明确无误的语言表达出来,从而提高立法质量,确保立法的科学性和可行性。

当前,强调刑法立法的协调性,要求务必做到:(1)刑法与其他法律之间的协调,即刑法与《种子法》等涉及农业法律法规之间的法律规范协调一致,不能相互矛盾。(2)罪刑结构的协调。罪刑结构的协调是罪刑相适应原则的基本要求,也是农业领域犯罪化过程中协调保护原则的应有之意。其基本含义是针对不同犯罪行为社会危害性大小设置轻重不同的法定刑,重罪重刑,轻罪轻刑。(3)刑种

---

① ［英］彼得·斯坦、约翰·香德:《西方社会的法律价值》,王献平译,中国人民公安大学出版社1990年版,第72页。

② 《马克思恩格斯选集》(第4卷),人民出版社1995年版,第702页。

③ 《西原春夫先生古稀祝贺论文集》,中国法律出版社、日本成文堂1997年版,第33页。

配置的协调。刑种反映刑罚手段的严厉性，例如，重罪一般设置重刑（无期徒刑甚至死刑），一般犯罪主要设置有期徒刑、拘役；刑种也反映刑罚方法的对应性，罚金就对经济犯罪较为有效。因此，科学设置刑种是协调原则的应有之义。（4）语言结构的协调。立法上语言结构技术的协调也是协调原则的应有之意，因为“运用好立法的语言结构技术，能够使刑事立法内容更加确切、严谨、简明扼要、通俗易懂”。[①] 良好的语言结构技术，能够减少甚至消除不同国家、不同文化背景的人们在理解法律上的差异，便利法律的实施。

五、及时的立改废

刑事立法设立犯罪与刑罚规范的标准是行为的社会危害性，但行为的社会危害性是处在不断变化之中的，这种变化是由社会关系与社会生活的变动决定的。社会危害性的变化可以表现为两种形式：一是社会危害性有无的变化，某种行为因社会生活的变化，由没有社会危害性变为具有社会危害性；某种行为也会因社会生活的变化，由具有社会危害性变为没有社会危害性。二是社会危害性大小的变化，某种行为会因社会生活的变化由社会危害性较大变为较小或者相反。为了适应社会生活，保护社会关系，在社会危害性变化时，立法者应当及时地对此作出反应。这种反应表现为三种形式：一是废，即当某种行为由具有社会危害性变为没有社会危害性或者危害轻微不必处以刑罚的时候，应当改变对其的法律评价，废除原来的法律规定。二是改，即当某种行为由具有较小的社会危害性变为较大的社会危害性时，或者某种行为由较大的社会危害性变为较小的社会危害性（但仍值得运用刑事处罚）的时候，应当在法律上修改对某一行为的社会危害性评价。三是立，当某种行为由没有社会危害性变为具有社会危害性，而且应当受到刑罚处罚的时候，就要及时对该行为的社会危害性作出评价，通过立法将其规定为犯罪。由此可见，如果行为的社会危害性已经随着社会生活的变动而发生

---

① 卢勤忠：《中国金融刑法国际化研究》，中国人民公安大学出版社 2004 年版，第 145 页。

了变化,刑事立法就必须随之进行相应的修改,这就是刑法修改的及时性。[①] 否则,刑法的公正就无法实现,这样的法律自然不能称为好法。

第二节 转基因种子和食品的刑法规制问题

目前,转基因技术已广泛应用于医药、工业、农业、环保、能源、新材料等领域。随之而来的是,世界各国国民和科学家也为转基因食品能不能吃的问题争论不休。截至 2013 年 9 月,我国批准的转基因生产应用安全证书,并在有效期内的作物有棉花、水稻、玉米和番木瓜。但只有棉花、番木瓜被批准进行商业化种植。按照《种子法》的要求,转基因作物还需要取得品种审定证书、生产许可证和经营许可证,才能进入商业化种植。然而,在现实生活中,总是有一些人不顾《种子法》的要求,违规生产、销售转基因的种子和转基因的食品,使人类健康存在重大安全隐患。这些违规生产、销售转基因种子和转基因食品的行为是否构成犯罪,在依据现行刑法不构成犯罪的情况下,是否有必要将其犯罪化,均值得研究。

一、生产、销售转基因种子的刑法规制问题

《种子法》规定,禁止生产、经营假、劣种子。应当审定的农作物品种未经审定的,不得发布广告、推广和销售。除本法另有规定外,禁止任何单位和个人无种子生产经营许可证或者违反种子生产经营许可证的规定生产、经营种子。依据《种子法》的上述规定,对生产经营假、劣种子的,发布广告、推广、销售未经审定通过的转基因品种的,无种子生产经营许可证或者违反种子生产经营许可证的规定生产、经营转基因种子的,应当追究行政责任。对此并无疑问。

《种子法》第 89 条规定,“违反本法规定,构成犯罪的,依法追究刑事责任”。该规定通常被理解为附属刑法规范。但是,我国经

---

① 参见赵秉志主编:《刑法基础理论探索》,法律出版社 2002 年版,第 19 页。

济法律、行政法律中的附属刑法规范，由于没有规定独立的罪状与法定刑，严格来说并非刑法规范，而是一种提示性的规定。附属刑法规范中规定的相关行为是否构成犯罪，依赖《刑法》中是否有相应的条款对该类行为予以规定。如果刑法中有相应的规定，可以按照刑法中规定的具体罪名定罪处罚。反之，该附属刑法规范中的“构成犯罪的，依法追究刑事责任”实际上也就是一种空话，并无实际效果。[①] 既然如此，对于假劣种子而言，如果没有种子生产经营许可证就生产经营假劣种子的，构成非法经营罪或者生产、销售伪劣种子罪，并无异议。但是，对于没有种子生产经营许可证而生产、销售转基因种子的行为，其是否构成犯罪，则存在疑问。

本书认为，销售转基因种子的行为，可能构成非法经营罪。但是，单纯的生产转基因种子的行为，不构成犯罪。理由如下。

（一）不构成生产伪劣产品罪

生产转基因种子的行为，如果要按照生产伪劣产品罪定罪处罚，就必须认定转基因种子属于伪劣产品。但是，由于种子生产的特殊性，所谓“生产”的种子，并不属于《产品质量法》规定的“产品”，也不属于“伪劣”产品，故而其不构成生产伪劣产品罪。

1.生产所得到的转基因种子，不属于《产品质量法》规定的“产品”。

根据《产品质量法》的规定，即“本法所称产品是指经过加工、制作，用于销售的产品”，“产品”应包括两层含义：其一，适用本法规定的产品，是经过加工、制作的产品。其二，适用本法规定的产品，必须是用于销售的产品。然而，单纯的生产所得的转基因种子，并不具备上述产品的含义。

其一，生产所得到的转基因种子，不是经过加工、制作的产品。要求生产者对产品质量承担责任的产品，是生产者能够对其质量加以控制的产品，即经过“加工、制作”的产品，而不包括内在质量主要

---

① 例如，刑法并没有关于推广伪劣种子（包括推广未经审定通过的转基因品种）的犯罪规定，推广伪劣种子的行为也不能被认定为销售伪劣种子的行为。因此，如果仅仅实施了推广伪劣种子的行为，可以按照《种子法》的规定对其进行行政处罚，但无法依照刑法定罪处罚。

取决于自然因素的产品。按照本条的规定，直接取之于自然界，未经加工、制作的产品，如生产的种子等种植业、养殖业的初级产品，并不适用本法的规定。

其二，单纯生产所得到的转基因种子，不是用于销售的产品。非用于销售的产品，即不作为商品的产品，如自己生产自己使用或馈赠他人的种子，不属于国家进行质量监督管理的范围，也不能对其生产者适用本法关于产品责任的严格规定。《产品质量法》第41条规定，未将产品投入流通的，不承担因产品存在缺陷造成人身、缺陷产品以外的其他财产损害的赔偿责任。转基因种子就属于此类。根据本法第2条关于“产品是经过加工、制作，用于销售的产品”的规定及“未将产品投入流通”的规定，单纯生产转基因种子的行为不应适用《产品质量法》。

2. 转基因种子，既不是《刑法》规定的伪劣种子，又不是《种子法》规定的假劣种子。

其一，转基因种子，不是《刑法》第147条规定的伪劣种子。

最高人民法院、最高人民检察院《关于办理生产、销售伪劣商品刑事案件具体应用法律若干问题的解释》（法释〔2001〕10号）第1条第2款规定：“刑法第一百四十条规定的‘以假充真’，是指以不具有某种使用性能的产品冒充具有该种使用性能的产品的行为。”《种子法》第2条第2款规定，种子是指农作物和林木的种植材料或者繁殖材料。种子应当具有的使用性能，是种植或者繁殖。种子的使用性能是种植或者繁殖，品种的使用性能是推广应用，两者不应混淆。不具备种植或者繁殖的使用性能的材料，不是种子，或者应称其为“假”种子。以不具备种植或者繁殖的使用性能的材料冒充种子的行为，是“以假充真”。判定某种材料是否具有种植或繁殖的使用性能的依据，是相应的《种子质量标准》规定的质量指标要求。转基因不是现行有效的种子质量标准规定的质量特性。种子不因转基因而不具有种植或者繁殖的使用性能，认定转基因种子为伪劣种子，既无刑法依据，又无科学根据。①

① 肖中华主编：《生产、销售伪劣商品罪办案一本通》，中国长安出版社2007年版。

其二,转基因种子,不是《种子法》第49条规定的假劣种子。

转基因种子,既不是《种子法》第49条第2款规定的假种子,又不是该条第3款规定的劣种子。转基因种子,也是种子,也具有种植或者繁殖的使用性能。转基因种子具有播种、发芽、生根、出土、长苗、开花、接穗的种植或者繁殖的使用性能,是真实的种子,不是《种子法》第49条第2款第1项规定的以非种子冒充种子的假种子。

《刑法》第147条规定,"生产假农药、假兽药、假化肥","使生产遭受较大损失的",可以分别追究行为人生产伪劣农药罪、生产伪劣兽药罪、生产伪劣化肥罪的刑事责任。但是,《刑法》第147条没有规定"生产假种子"的行为,生产假种子不是该条规定的犯罪构成的行为要件;所以,生产假种子的,不能追究其生产伪劣种子罪的刑事责任。而单纯的"生产"不是"销售"。"生产"转基因种子的,不构成"销售"伪劣种子罪。《刑法》第147条规定"销售明知是假的或者失去使用效能的种子","使生产遭受较大损失的",追究销售伪劣种子罪的刑事责任。种子生产是指繁(制)种的种植、采收的田间活动。种子生产不是种子销售。生产转基因种子的,不构成销售伪劣种子罪。综上所述,生产转基因种子的,既不构成生产伪劣产品罪,也不构成销售伪劣种子罪,在现行的立法框架下,并没有合适的罪名予以规制。

(二)生产转基因种子的,不构成非法经营罪

《刑法》第225条规定:"违反国家规定,有下列非法经营行为之一,扰乱市场秩序,情节严重的,处五年以下有期徒刑或者拘役,并处或者单处违法所得一倍以上五倍以下罚金;情节特别严重的,处五年以上有期徒刑,并处违法所得一倍以上五倍以下罚金或者没收财产:(一)未经许可经营法律、行政法规规定的专营、专卖物品或者其他限制买卖的物品的;(二)买卖进出口许可证、进出口原产地证明以及其他法律、行政法规规定的经营许可证或者批准文件的;(三)未经国家有关主管部门批准非法经营证券、期货、保险业务的,或者非法从事资金支付结算业务的;(四)其他严重扰乱市场秩序的非法经营行为。"

依据《刑法》第225条的规定，非法经营种子构成非法经营罪的主要构成要件是：违反《种子法》和《农业转基因生物安全管理条例》规定的转基因植物种子生产经营许可制度（行政违法要件）；有未经许可经营《种子法》和《农业转基因生物安全管理条例》规定的限制买卖的产品即转基因种子的非法经营行为（行为要件）。

法律、行政法规规定的限制买卖的物品，包括专营、专卖的物品（如烟草等）和禁止买卖的物品。《种子法》规定，"禁止任何单位和个人无种子生产经营许可证或者违反种子生产经营许可证的规定生产、经营种子"。《农作物种子生产经营许可管理办法》（农业部令2016年第5号）第30条规定，"本办法所称种子生产经营，是指种植、采收、干燥、清选、分级、包衣、包装、标识、贮藏、销售及进出口种子的活动；种子生产是指繁（制）种的种植、采收的田间活动"。依据上述规定，种子销售属于种子经营中的一种行为。因为《种子法》限制种子销售，所以种子属于《刑法》第225条第1项规定的法律规定的限制买卖的物品。但是，种子生产不是种子买卖。没有经营数额或者违法所得情节要件的，不构成非法经营罪。"情节严重"，是指个人非法经营数额在5万元以上，或者违法所得数额在1万元以上的；单位非法经营数额在50万元以上，或者违法所得数额在10万元以上的。种子生产，是指种植和收获种子的田间活动。种子生产收获的是种子实物，不是"经营数额"或"违法所得"。该行为缺少"经营数额"或"违法所得"的情节要件，不构成非法经营罪。

需要注意的是，种子生产和种子经营是具有独立性的两种行为。种子生产许可证和种子经营许可证两证合一仅是指办证形式上的合一，并不意味着将种子生产和种子经营两种行为合二为一。《农作物种子生产经营许可管理办法》（农业部令2011年第3号）第32条第1款规定，"本办法所称种子生产，是指种植、采收、晾晒或者烘干种子的活动"；第二款规定，"本办法所称种子经营，是指对生产的种子进行清选、分级、干燥、包衣等加工处理，以及包装、标识、销售的活动"。《农作物种子生产经营许可管理办法》（农业部令2016年第5号）第30条规定，"本办法所称种子生产经营，是指种植、采收、干燥、清选、分级、包衣、包装、标识、贮藏、销售及进出口种子的活动；种子生产是指繁（制）种的种植、采收的田间活动”。依据上述规定，种子生产和种子经营，属于具有独立性的两种不同的法律行为。

2016 年 1 月 1 日以前，从事主要农作物种子生产的办理主要农作物种子生产许可证，从事农作物种子经营的办理农作物种子经营许可证。2016 年 1 月 1 日以后，主要种子生产许可证和种子经营许可证实行两证合一，成为农作物种子生产经营许可证。种子生产许可证和种子经营许可证的两证合一，并不等于种子生产行为和种子经营行为这两种行为也合二为一了。将只是均领取农作物种子生产经营许可证的种子生产行为和种子经营行为认定为同一个行为，不符合农业常识。

在《种子法》明确规定种子属于限制买卖的物品，《刑法》第 225 条第 1 项明确规定非法经营法律限制买卖的物品可以构成非法经营罪的情形下，应当直接适用第 1 项的规定追究销售（经营）转基因种子行为人非法经营罪的刑事责任，不应适用《刑法》第 225 条第 4 项之规定追究未经许可经营转基因种子行为人非法经营罪的刑事责任。《刑法》第 225 条关于非法经营罪的规定中，第 4 项“其他严重扰乱市场秩序的非法经营行为”是在前 3 项规定明确列举的 3 类非法经营行为具体情形的基础上，规定的一个兜底性条款，在实践中适用该项规定应当特别慎重，相关行为需有法律、司法解释的明确规定，且要具备与前三项规定行为相当的社会危害性和刑事处罚必要性。[①] 因此，应严格避免将无证生产转基因种子这种一般的行政违法行为，与无证经营（销售）转基因种子这种犯罪行为混为一谈，避免引用《刑法》第 225 条第 4 项“其他严重扰乱市场秩序的非法经营行为”，进而将其认定为非法经营罪。

综上所述，可以得出以下结论性意见：其一，转基因种子，既不是《种子法》规定的假劣种子，又不是《刑法》规定的伪劣种子或者

① 《内蒙古农民收购玉米案改判无罪，最高法：非法经营罪应慎用》，载 https://m.thepaper.cn/newsDetail_forward_1622351，2022 年 2 月 22 日访问。

伪劣产品;因此,生产转基因种子的行为,并不构成生产伪劣产品罪。其二,种子经营实行许可制度,种子是《种子法》规定的限制买卖的物品。因此,未经许可经营转基因种子构成犯罪的,应以《刑法》第225条第1项作为裁判依据,追究其非法经营罪的刑事责任。其三,生产转基因种子的行为,与销售(经营)转基因种子的行为性质不同,既不属于《刑法》第225条第1项规定的"未经许可经营法律、行政法规规定的专营、专卖物品或者其他限制买卖的物品的",也不属于第4项规定的"其他严重扰乱市场秩序的非法经营行为",因此不构成非法经营罪。

二、转基因食品的刑法规制问题

转基因食品有转基因植物,如西红柿、土豆、玉米,还有转基因动物,如鱼、牛、羊。虽然转基因食品与普通食品在口感上没有多大差别,但转基因的植物、动物有明显的优势:优质、高产、抗虫、抗病毒、抗除草剂、可逆境生存等。转基因食品的刑法规制涉及刑事立法论和刑事司法论两个层次,因此本书从刑事司法论和立法论层面分别对该问题进行探讨。

(一)从刑事司法论层面来看,生产、销售转基因食品行为是否触犯现有刑法规范

刑事司法论层面讨论的转基因食品问题,是指在现有的法律法规体系下,生产、销售转基因食品以及与转基因食品相关的行为是否触犯现有刑法规范;在触犯刑法规范的情况下,到底触犯哪些刑法规范。在转基因领域,当前最主要的行政法规就是《农业转基因生物安全管理条例》,因此本书主要以该条例为依据进行分析。

该条例在罚则部分中的第51条规定,"假冒、伪造、转让或者买卖农业转基因生物有关证明文书的,由县级以上人民政府农业行政主管部门依据职权,收缴相应的证明文书,并处2万元以上10万元以下的罚款;构成犯罪的,依法追究刑事责任"。该条规定的行为明显触犯刑法规定,即构成相应的文书犯罪,或者构成非法经营犯罪,两者存在竞合关系。这并不存在争议。事实上,不仅是转基因生物有关的证明文书,根据刑法的规定,买卖、假冒、伪造、转让国家机关

颁发的其他证明文书,同样会构成犯罪,这在任何国家和地区皆是如此,并不存在特别之处。因而本书对该问题不再予以研究。

第 53 条规定,“国务院农业行政主管部门或者省、自治区、直辖市人民政府农业行政主管部门违反本条例规定核发许可证、农业转基因生物安全证书以及其他批准文件的,或者核发许可证、农业转基因生物安全证书以及其他批准文件后不履行监督管理职责的,对直接负责的主管人员和其他直接责任人员依法给予行政处分;构成犯罪的,依法追究刑事责任”。本条是关于国家机关工作人员正确履行职责的规定,不正确履行职责,而是滥用职权或者玩忽职守的行为,构成相应的职务犯罪。这与其他国家机关工作人员的职务犯罪相比也没有特殊性,因而本书也不再予以研究。

第 49 条规定,“违反本条例规定,进口、携带、邮寄农业转基因生物未向口岸出入境检验检疫机构报检的,由口岸出入境检验检疫机构或者国家出入境检验检疫部门,比照进出境动植物检疫法的有关规定处罚”。该条规定涉及的相应的检验检疫方面的违法犯罪,与其他产品的检验检疫违法犯罪行为相比,并无特殊之处,本书不再予以研究。

本书重点研究的是由于转基因食品的特殊性而构成的犯罪问题。换言之,同样的行为,如果发生在其他领域,可能并不构成犯罪;但是,发生在转基因食品领域,就可能构成犯罪。具体包括以下问题:

1. 既是行政违法行为,同时符合一定条件可以构成犯罪的行为。

第 44 条规定,“违反本条例规定,在生产性试验结束后,未取得农业转基因生物安全证书,擅自将农业转基因生物投入生产和应用的,由国务院农业行政主管部门责令停止生产和应用,并处 2 万元以上 10 万元以下的罚款”。第 46 条规定,“违反本条例规定,未经批准生产、加工农业转基因生物或者未按照批准的品种、范围、安全管理要求和技术标准生产、加工的,由国务院农业行政主管部门或者省、自治区、直辖市人民政府农业行政主管部门依据职权,责令停止生产或者加工,没收违法生产或者加工的产品及违法所得;违法所得10万元以上的,并处违法所得1倍以上5倍以下的罚款;没有违法所得或者违法所得不足10万元的,并处10万元以上20万元以下的罚款”。第48条规定,“违反本条例规定,未经国务院农业行政主管部门批准,擅自进口农业转基因生物的,由国务院农业行政主管部门责令停止进口,没收已进口的产品和违法所得;违法所得10万元以上的,并处违法所得1倍以上5倍以下的罚款;没有违法所得或者违法所得不足10万元的,并处10万元以上20万元以下的罚款”。

在上述条文规定的违法行为中,第44条中的“违反本条例规定,在生产性试验结束后,未取得农业转基因生物安全证书,擅自将农业转基因生物投入生产和应用的”、第46条中的“未经批准生产、加工农业转基因生物或者未按照批准的品种、范围、安全管理要求和技术标准生产、加工的”、第48条中的“违反本条例规定,未经国务院农业行政主管部门批准,擅自进口农业转基因生物的”,属于刑法中的非法经营行为,如果符合非法经营罪的其他条件,可以构成非法经营罪。

第52条规定,“违反本条例规定,在研究、试验、生产、加工、贮存、运输、销售或者进口、出口农业转基因生物过程中发生基因安全事故,造成损害的,依法承担赔偿责任”。事实上,该条中的行为还可能造成安全责任事故,可以构成相应的犯罪,情节严重的还可能触犯危险物品肇事罪。

需要注意的是,上述几种行为的法律责任部分,都没有规定“构成犯罪的,依法追究刑事责任”,但是,正如本书第五章所述,“依法追究刑事责任”中的依法,是指依据刑法;因而,即使本条例的法律责任部分没有规定“构成犯罪的,依法追究刑事责任”,只要相应行为符合刑法中的犯罪构成,即可以按照刑法中的犯罪定罪处罚。

2. 虽系行政违法行为,但难以构成犯罪的行为。

第42条规定,“违反本条例规定,从事Ⅲ、Ⅳ级农业转基因生物研究或者进行中间试验,未向国务院农业行政主管部门报告的,由国务院农业行政主管部门责令暂停研究或者中间试验,限期改正”。第43条规定,“违反本条例规定,未经批准擅自从事环境释放、生产性试验的，已获批准但未按照规定采取安全管理、防范措施的，或者超过批准范围进行试验的，由国务院农业行政主管部门或者省、自治区、直辖市人民政府农业行政主管部门依据职权，责令停止试验，并处1万元以上5万元以下的罚款”。第45条规定，“违反本条例第十八条规定，未经国务院农业行政主管部门批准，从事农业转基因生物研究与试验的，由国务院农业行政主管部门责令立即停止研究与试验，限期补办审批手续”。第47条规定，“违反本条例规定，转基因植物种子、种畜禽、水产苗种的生产、经营单位和个人，未按照规定制作、保存生产、经营档案的，由县级以上人民政府农业行政主管部门依据职权，责令改正，处1000元以上1万元以下的罚款”。第50条规定，“违反本条例关于农业转基因生物标识管理规定的，由县级以上人民政府农业行政主管部门依据职权，责令限期改正，可以没收非法销售的产品和违法所得，并可以处1万元以上5万元以下的罚款”。

上述行为均属于行政违法行为，但不是非法经营罪中的经营行为，因而即使都违反了国家规定，也难以构成非法经营罪。同时，上述行为本身也难以构成其他犯罪，例如，违反农业转基因生物标识管理规定的行为，在刑法中难以找到对应的罪名。

（二）从刑事立法论层面来看，还有哪些涉及转基因安全问题的行为应纳入刑法规制范围

当前，转基因问题是一个热门话题，社会公众和媒体纷纷发表看法，其中不乏对转基因要求全面封杀，甚至要求动用刑事手段全面禁止转基因的激进观点。但在本书看来，媒体与社会公众由于法律知识和技术知识的欠缺，其观点比较含混，论证也比较混乱，刑法学界很难从专业的角度对之进行一对一的反驳。因此，本书不再对上述要求刑事手段全面介入转基因问题的观点进行深入反驳，而是依据刑法学基本原理，对该问题进行正面回应。

1. 刑法适度介入转基因问题的规制是必要的。

如前所述，《农业转基因生物安全管理条例》第44条中的“违反本条例规定，在生产性试验结束后，未取得农业转基因生物安全证书，擅自将农业转基因生物投入生产和应用的”，第46条中的“未

经批准生产、加工农业转基因生物或者未按照批准的品种、范围、安全管理要求和技术标准生产、加工的”,第58条中的“违反本条例规定,未经国务院农业行政主管部门批准,擅自进口农业转基因生物的”,都属于刑法中的非法经营行为,如果符合非法经营罪的其他条件,可以构成非法经营罪。

刑法介入这部分行为的理由是:其一,该部分行为被行政法规范所禁止,具有严重的社会危害性。需要注意的是,刑法惩罚的这部分行为,并不是要惩罚生产和应用、进口转基因生物的行为本身,而是要惩罚未经批准而生产和应用、进口转基因生物的行为。当前,转基因生物到底是否有害,害处到底有多大,首先是一个科学问题,应该由科学领域予以解决。在科学领域作出定论以前,行政法领域不应对之进行简单的禁止或者同意,而是应按照国际通行的标准,对之进行妥善的管理。违反管理规定的行为,才具有刑事惩罚的必要性。因此,刑法对之进行规范,并不是要规范转基因本身的是非对错,而是对违反转基因管理规定的行为进行规范,从而得以避开转基因技术本身的是非对错,进而获得刑法规范的合理性。其二,该部分行为均为违反行政法规范的行为,刑法对之进行规范,符合二次法的原理。

2. 刑法不应全面介入转基因的规制。

如前所述,社会舆论似乎要求刑法全面介入转基因问题,即全面封杀转基因生物。但是,这既不符合刑法学基本原理,也不符合转基因生物的现状。理由是:

其一,刑法具有二次法的特征,在其他部门法对之进行规范以前,刑法不应全面介入。

在我国通行的理论中,一般均认为,刑法对于经济犯罪的干预应持一种谨慎的态度和宽和的原则。刑事手段具有特殊严厉的性质,这就决定了刑法干预包括转基因食品的生产销售活动在内的经济活动时更需慎重、把握适度。有的学者认为,对经济领域不法活动的干预,在任何一个国家都会有多种手段可供选择。由于经济活动本身牵涉面较广,涉及的社会关系又纷繁复杂,所以其合法与非法、正当与不当的界限时常难以划清,有时其甚至正处于两种性质彼此交会的结合点上,事实上根本就不可能作非此即彼的判断。对这些“模糊”行为,从科学、理性的原则出发,理应优先使用非刑事性质的经济、民事、行政、道义规范的调整手段去加以干预。对这类行为,应确立刑法是“不得已措施”“最后防线”的观念,坚决摈弃刑法适用上“优先性”的做法。[①] 如何确定刑罚权的发动是必要的呢?陈兴良教授认为,具有下列三种情况之一的,刑罚就不应当干预:(1)无效果。所谓无效果,就是指对某一危害行为来说,即使将其规定为犯罪,并且处以刑罚,也不能达到预防与抗制之效果。(2)可替代。所谓可替代,就是指对于某一危害行为来说,即使不运用刑法手段,而运用其他社会的或法律的手段,诸如道德教育、民事或行政制裁,也足以抗制或预防这一危害行为。(3)太昂贵。所谓太昂贵,是指通过刑法所得到的效益要小于其所产生的消极作用。[②]

目前为止,我国针对转基因的专门法律法规即国务院于 2001 年 5 月制定的《农业转基因生物安全管理条例》,该条例于颁布之日起实施,后经两次修订。随后,农业部先后制定了三个实施细则《农业转基因生物安全评价管理办法》《农业转基因生物进口安全管理办法》《农业转基因生物标识管理办法》。国务院条例主要是从研究与实验、生产与加工、经营、进口与出口、监督检查等环节对转基因生物进行了规范管理。但从其内容来看,其没有,事实上也不可能完全禁止转基因生物的生产与经营。既然如此,刑法就更不可能完全禁止转基因生物的研究与实验、生产与加工、经营、进口与出口等行为。

况且,当前我国相关民事法律、行政法律在对转基因问题的规范上,尚存在较大的完善空间。例如,有学者提出,我国应该将转基因问题的相关立法位阶提高,适时推出转基因生物安全法[③];兼顾程

① 参见曲平:《刑法干预必须把握“适度性”》,载《政治与法律》1995 年第 2 期。

② 参见陈兴良:《刑法哲学》,中国政法大学出版社 1992 年版,第 7 页。

③ 《农业转基因生物安全管理条例》出台已有多年,无论是从立法时机的把握还是立法现实的紧迫性上看,转基因生物安全法的出台对于规范转基因及其产品,保障国民的身心利益,促进对外贸易,保护环境等方面都将产生正面积极的影响。

序性规范内容,做到实体与程序兼顾,使法律具有可操作性。[①] 以上建议都是比较中肯的。在完善行政法律、民事法律之前,刑法不宜主动介入这些尚不完善的内容。尤其是在规范某种转基因问题上,刑法不应挺在行政法、民事法律的前面。

其二,世界各国都没有使用刑法手段全面介入转基因的规范问题。

无论是监管最为宽松的美国,还是采取折中政策的日本,抑或是采取最为严厉监管政策的欧盟,对于转基因问题都只是采用了监管政策,而不是采取完全禁止转基因食品的立场,更谈不上动用刑法手段全面制裁转基因食品问题。虽然各国国情不同,但是世界范围内的普遍做法值得我们研究和借鉴。至于监管体制严一些还是宽一些,可以在行政措施上多做文章,而不应全面动用身为国之重器的刑法。

第三节　植物新品种权的刑法保护问题

植物新品种权的刑法保护也涉及刑事司法论和刑事立法论两个层次,因此本书拟从这两个层面,分别对该问题进行探讨。

一、从刑事司法论层面来看,侵害植物新品种权的行为是否触犯现有刑法规范

刑事司法论层面讨论的侵害植物新品种权的犯罪问题,是指在现有的法律法规体系下,侵害植物新品种权的行为是否触犯现有刑法规范;如果认为其触犯了刑法规范,那么到底触犯了哪些刑法规范。在植物新品种权领域,当前最主要的法律法规就是《植物新品种保护条例》,因此本书主要以该条例为依据进行分析。

《植物新品种保护条例》第 39 条规定:"未经品种权人许可,以

---

① 参见李一丁、陈海鸥:《刍议欧盟转基因立法及对我国立法的启示》,载《河南司法警官职业学院学报》2011 年第 1 期。

商业目的生产或者销售授权品种的繁殖材料的，品种权人或者利害关系人可以请求省级以上人民政府农业、林业行政部门依据各自的职权进行处理，也可以直接向人民法院提起诉讼。省级以上人民政府农业、林业行政部门依据各自的职权，根据当事人自愿的原则，对侵权所造成的损害赔偿可以进行调解。调解达成协议的，当事人应当履行；调解未达成协议的，品种权人或者利害关系人可以依照民事诉讼程序向人民法院提起诉讼。省级以上人民政府农业、林业行政部门依据各自的职权处理品种权侵权案件时，为维护社会公共利益，可以责令侵权人停止侵权行为，没收违法所得和植物品种繁殖材料；货值金额 5 万元以上的，可处货值金额 1 倍以上 5 倍以下的罚款；没有货值金额或者货值金额 5 万元以下的，根据情节轻重，可处 25 万元以下的罚款。”

《植物新品种权保护条例》第 40 条规定：“假冒授权品种的，由县级以上人民政府农业、林业行政部门依据各自的职权责令停止假冒行为，没收违法所得和植物品种繁殖材料；货值金额 5 万元以上的，处货值金额 1 倍以上 5 倍以下的罚款；没有货值金额或者货值金额 5 万元以下的，根据情节轻重，处 25 万元以下的罚款；情节严重，构成犯罪的，依法追究刑事责任。”

《植物新品种权保护条例》第 41 条规定：“省级以上人民政府农业、林业行政部门依据各自的职权在查处品种权侵权案件和县级以上人民政府农业、林业行政部门依据各自的职权在查处假冒授权品种案件时，根据需要，可以封存或者扣押与案件有关的植物品种的繁殖材料，查阅、复制或者封存与案件有关的合同、帐册及有关文件。”

《植物新品种权保护条例》第 42 条规定：“销售授权品种未使用其注册登记的名称的，由县级以上人民政府农业、林业行政部门依据各自的职权责令限期改正，可以处 1000 元以下的罚款。”《植物新品种权保护条例》第 43 条规定：“当事人就植物新品种的申请权和品种权的权属发生争议的，可以向人民法院提起诉讼。”

《植物新品种权保护条例》第 44 条规定：“县级以上人民政府农业、林业行政部门及有关部门的工作人员滥用职权、玩忽职守、徇私舞弊、索贿受贿，构成犯罪的，依法追究刑事责任；尚不构成犯罪的,依法给予行政处分。”

以上是《植物新品种权保护条例》规定的所有法律责任。其中,第44条规定的责任是所有的行政机关在行政管理过程中都可能承担的责任,并无特殊性;第43条是纯粹的民事责任和程序,不涉及刑事和行政责任问题;第42条规定的是行政责任,从危害性来看,不应该规定刑事责任;第41条规定的是行政机关的处理程序,与刑事责任承担没有关系;第40条规定的是假冒授权品种的法律责任,其中规定了刑事责任,即“构成犯罪的,依法追究刑事责任”,然而,假冒授权品种构成什么罪,《条例》并没有明示,需要借助刑法予以确定;第39条规定的是未经品种权人许可,以商业目的生产或者销售授权品种的繁殖材料的行为的法律责任,但并没有规定“构成犯罪的,依法追究刑事责任”,因而该行为是否构成犯罪,也不明确。

综上所述,根据现有的法律规范,在侵害植物新品种权的问题上,假冒授权品种的可以构成犯罪,但是构成什么罪,尚不明确;未经品种权人许可,以商业目的生产或者销售授权品种的繁殖材料的行为,是否构成犯罪,也不明确。

二、从刑事立法论层面来看,侵害植物新品种权的行为如何完善

如上所述,在侵害植物新品种权的问题上,假冒授权品种的可以构成犯罪,但是构成什么罪,尚不明确;未经品种权人许可,以商业目的生产或者销售授权品种的繁殖材料的行为,是否构成犯罪,也不明确。从刑事立法完善的角度,需要对上述问题予以研究。

(一)完善的必要性

本书主张对上述行为单独增设罪名,理由是:

1. 从危害性来看,植物品种权侵权数量增多,危害加深。

近些年来,我国植物新品种权领域侵权行为逐年增加,在数量增多的同时,严重侵权行为也不断出现。一些侵权数额特别巨大、给权利人造成重大损失、影响特别恶劣的案件不断出现。严重的社会危害性是犯罪化的基础。如前所述,衡量一种行为的社会危害性,可以从横向比较的角度进行。植物品种权与我国刑法中的专利权最为相

似、侵权的危害相当,既然刑法将侵犯专利权的行为纳入刑事制裁的范围,就没有理由将侵犯植物新品种权的行为排斥在外。

2. 植物新品种权侵权的特殊性,决定了其需要刑法的介入。

植物新品种的繁殖材料非常容易窃取,很难保密。植物新品种的培育与繁殖,必须在田间地头进行,无法实施严密的保密措施;接触人员众多,加剧了保密的难度。与保密难相对应的是,侵权行为实施非常容易。

植物新品种权侵权的上述特点,决定了仅运用民事手段进行保护力度尚不足够。民事领域责任的承担是"谁主张,谁举证",但是植物新品种权的侵权行为隐蔽,其侵权较容易实施、侵权行为发现难、取证难的特点,决定了运用民事手段进行保护的难度之大,因而需要作为公权力的刑事手段介入。

3. 侵权案件无法按照现行刑法妥善处理。

我国《刑法》中并没有规定植物新品种权的犯罪,如果要对上述侵权行为定罪处罚,就需要在刑法现有的其他罪名中寻找处罚依据。但是,在现有刑法规范中,难以找到准确的处罚依据。

(1)该类案件无法按照假冒专利罪定罪处罚。

我国对植物新品种权的保护采用的是区别制保护模式,明确将其保护模式与专利权的保护模式相区分。如果对这类案件按照假冒专利罪定罪处罚,将会动摇我国长期以来区分专利保护与植物新品种权保护的理论根基。

当前,有些国家采用的是单一制保护体系,即对侵害植物新品种权的行为,按照侵害专利权的行为处理。例如,美国规定对于植物新品种权可以授予专利,相应地侵害植物新品种权的行为也可以按照侵害专利权的行为处罚。这种规定的渊源在于,植物品种权与专利权存在千丝万缕的联系。但是,我国理论界通常认为,植物新品种权法律体系所保护的是植物新品种的成熟的个体,而专利权规范的是相关的技术方案,因而植物新品种的技术方案在专利权的保护范围之内,但是植物新品种的技术方案只是植物新品种保护的必要条件,而不是最终结果。换句话说,植物新品种权保护的客体或者对象是植物新品种技术方案下培育出来的个体,而不是技术方案本身。因而植物新品种权保护与专利权保护尽管存在诸多联系,但还是存在重大差别。刑法对专利权的保护,难以涵盖对植物新品种权的保护。相应地,对于侵害植物新品种权的行为,也难以按照侵犯专利权的行为定罪处罚。

(2)该类案件无法按照侵犯商业秘密罪定罪处罚。

所谓商业秘密,是指不为公众所知悉,能为权利人带来经济利益,并经过权利人采取适当保密措施的经营信息、技术信息等商业信息。一般认为,商业秘密具有秘密性、保密性、价值性等特点。植物新品种勉强可以划入技术信息或者经营信息,属于商业秘密的客体。但是,植物新品种的所有技术特征,都可以在繁殖材料或者成熟个体上获得,一旦获取了某个品种的繁殖材料或者成熟个体,基本上就掌握了该品种的所有技术特征,进而可以实施新的育种和栽培行为。而繁殖材料与成熟个体由于农业技术的特性所决定,特别容易获取,从而使植物新品种的所有秘密很容易就暴露于光天化日之下,根本不具备商业秘密的秘密性特征,进而无法运用侵犯商业秘密罪进行保护。

(3)该类案件无法按照销售伪劣种子罪定罪处罚。

一方面,销售伪劣种子罪是指销售明知是假的或者失去使用效能的种子,或者生产者、销售者以不合格的种子冒充合格的种子,使生产遭受较大损失的行为。但是,未经许可非法生产或者销售植物新品种繁殖材料的行为,其犯罪对象繁殖材料未必是假的、失去使用效能的或者不合格的,从而对于未经许可生产、销售合格的植物新品种的繁殖材料的行为无法进行处理;另一方面,从实践中比较典型的对植物新品种权的侵权行为来看,除了上述未经许可非法生产或者销售植物新品种繁殖材料的行为,就是假冒植物新品种授权品种的行为,但是,假冒植物新品种权授权品种的行为,显然不在上述销售伪劣种子罪的各种行为规制范围之内,从而使该行为难以纳入销售伪劣种子罪的制裁范围。①

---

①　参见王莉:《侵犯植物新品种权犯罪的确立研究》,西南政法大学2012年硕士学位论文,第15~16页。

（二）罪名的初步设计

当前，侵害植物新品种权领域最为严重的行为主要是两类：一类是假冒授权品种的行为，即故意以非授权品种谎称授权品种，冒用授权品种号，或者仿制授权品种的包装以及进行虚假的广告宣传等行为（具体可以参考假冒专利罪的行为方式）；另一类是未经许可非法生产或者销售植物新品种繁殖材料的行为（其行为方式类似于非法实施专利的行为）。因而，在考虑设立的新罪名中，也应以该两类行为为主要制裁对象。

1. 假冒植物新品种权罪。

参照假冒专利罪的罪状，该罪的罪状可以设计为："假冒植物新品种权的，处三年以下有期徒刑或者拘役，并处罚金。"该罪的行为方式具体可以包括将未授权品种冒充授权品种；以此种授权品种冒充彼种授权品种；仿制授权品种的外包装，进行虚假广告宣传或者销售行为，足以使人误解为授权品种等行为。犯罪主体是一般主体，包括自然人和单位。侵犯的法益既包括品种权人的品种权，也包括市场经济管理秩序。罪过形式是故意，过失不构成本罪。

2. 非法生产、销售植物新品种权的繁殖材料罪。

该罪的罪状可以初步设计为："以营利为目的，未经品种权人许可，非法生产、销售植物新品种繁殖材料，情节严重的，处三年以下有期徒刑或者拘役，并处罚金。"该罪保护的法益与假冒植物新品种权罪保护的法益基本相同，但是存在细微差别，即本罪保护的具体法益是植物新品种权的具体实施行为，而假冒植物新品种权罪的保护具体法益是新品种权的全部权能。犯罪主体是一般主体，包括自然人和单位。罪过形式是故意。行为方式包括未经品种权人许可，非法生产、销售植物新品种权的繁殖材料的行为。至于非法生产、销售的植物新品种权的繁殖材料是否假冒他人的新品种权，在所不问。当然，如果行为人在非法生产、销售植物新品种权的繁殖材料的过程中，还假冒了他人的植物新品种权，则构成上述两罪的竞合。由于两罪的法定刑相同，一般认为应该按照目的行为，即非法生产、销售植物新品种权的繁殖材料罪定罪处罚。

附录：农业部课题"农业领域刑事责任制度的完善研究"决策咨询报告[①]

农业领域刑事责任制度的完善研究

当前，我国农业领域刑事犯罪形势依然严峻，制售假冒伪劣农资犯罪、食品安全犯罪等传统犯罪尚未完全得到有效遏制，侵害植物新品种权、滥用转基因食品和种子等新型违法行为开始凸显，引发了学术界的广泛争议与社会的高度关注，给农业行政执法机关和刑事司法机关办理相关案件带来了不少困惑。现有研究成果虽然比较丰硕，但仍存在诸多有待进一步研究的问题。经过深入调研，本课题组将研究的重点和难点确定为：其一，农业领域相关犯罪中若干疑难问题的理解、适用与完善问题；其二，《种子法》等行政法律中的行政违法行为与刑法中相关犯罪的协调问题；其三，相关犯罪行为的增设、修改问题；等等。

一、农业领域相关犯罪中若干疑难问题的理解与适用问题

农业领域中的刑事犯罪涉及面很宽、涉及罪名众多，本报告仅从服务于我国农业领域刑事法治建

---

① 本报告于 2017 年 11 月完成，于 2022 年 1 月略作修改。

设的目的出发,根据调研反馈的结果,对长期困扰行政执法部门和刑事司法部门的问题进行有针对性的研究。

(一)如何看待刑法上的假兽药与行政法上的假兽药的关系问题

在调研中,有实务部门的同志提出,《兽药管理条例》规定,“依照本条例规定应当经审查批准而未经审查批准即生产、进口的,或者依照本条例规定应当经抽查检验、审查核对而未经抽查检验、审查核对即销售、进口的”属于假兽药;“不标明或者更改有效期或者超过有效期的”属于劣兽药。但是,这些假兽药、劣兽药,只是由于违反相应的行政法规而被视为假兽药、劣兽药,本身质量(自身的性能或者药效)并不假、劣,投入生产、销售环节后,并不会对农业生产造成较大损失或者重大损失。对此情形,还能否将该类兽药界定为假兽药、劣兽药?生产、销售该类兽药的,到底是否构成犯罪?

本报告认为,在理解假兽药、劣兽药的含义时,应按照相应的行政法规(《兽药管理条例》)来界定,因而“依照本条例规定应当经审查批准而未经审查批准即生产、进口的”,属于假兽药;“不标明或者更改有效期或者超过有效期的”,属于劣兽药。这样的界定本身是正确的。但是,即使将上述兽药界定为假兽药、劣兽药,也不意味着相应的生产、销售行为一定构成刑事法上的犯罪。这是因为,本罪是结果犯,构成本罪,不但需要生产、销售的是假兽药、劣兽药,生产、销售的假兽药、劣兽药在投入农业生产后,还必须造成较大损失或者重大损失才能构成犯罪。换言之,在该问题的理解上,应当采用分层理解的方法,即在界定假兽药、劣兽药时,按照《兽药管理条例》界定即可;但在界定是否构成刑事犯罪时,还需要进一步考虑是否造成较大损失或者重大损失;但是否会造成较大损失、重大损失,与界定假兽药、劣兽药并无直接关系。

对于该类假兽药、劣兽药,如果没有造成较大损失,相应的生产、销售行为难以构成生产、销售伪劣兽药犯罪;但是,销售金额达到5万元的,是否构成生产、销售伪劣产品罪呢?本报告认为是可以的。因为生产、销售伪劣产品罪的保护法益首先是社会主义市场经济的管理秩序,而不是是否造成生产的实际损失。《兽药管理条例》根据规范兽药市场管理秩序的需要,把上述兽药界定为假兽药、劣兽药,违反该规定的,就是破坏了社会主义市场经济秩序,符合其他构成要件的,可以构成生产、销售伪劣产品罪。

(二)生产、销售伪劣农药、兽药、化肥、种子罪中“劣农药”、“劣兽药”和“劣种子”的惩治依据问题

虽然我国《刑法》在规定生产、销售伪劣农药、兽药、化肥、种子罪罪状的时候,并没有将“劣农药”、“劣兽药”和“劣种子”纳入惩治范围,但是可以根据具体情况,分别将生产、销售“劣农药”、“劣兽药”和“劣种子”的行为解释为生产、销售“不合格”农药、兽药、化肥、种子的行为或者生产、销售“失去使用效能”的农药、兽药、化肥、种子的行为,进而将其纳入刑事制裁的范围。

(三)生产、销售不符合安全标准的食品罪中“足以造成严重食物中毒事故或者其他严重食源性疾患”的认定问题

在调研中有来自实务部门的同志反映,尽管司法解释对“足以造成严重食物中毒事故或者其他严重食源性疾患”进行了规定。但是,一方面,省级以上卫生行政部门没有确定相应的机构或者确定的相应机构缺乏鉴定的能力,致使食品中是否含有可能导致严重食物中毒事故或者其他严重食源性疾患的超标准的有害细菌或者其他污染物的案件事实无法确定;另一方面,在当前,省级以上卫生行政部门确定的机构所做的鉴定的公信力,也存在争议。

对此,本报告认为,在所有涉及鉴定的领域中,都可能存在类似的问题。建议采取以下措施:其一,在省级以上卫生行政部门没有确定相应机构的情况下,可以向其上级机关反映,要求尽快确定鉴定机构;在尚没有确定的情况下,可以委托其他省的省级以上卫生行政部门确定的鉴定机构进行鉴定。其二,在省级以上卫生行政部门确定的相应机构缺乏鉴定能力的情况下,可以另行委托其他省的省级以上卫生行政部门确定的鉴定机构进行鉴定。其三,关于鉴定机构所做的鉴定的公信力问题,一方面,对于该机构所做的鉴定有怀疑的,可以要求其补充材料,审查其鉴定是否按照法律程序进行,凡是违背法律规定的程序所做的鉴定,一律不予采信,可以另行委托鉴定。另一方面,对于鉴定意见不要盲目迷信其效力,法律规定

鉴定意见只是证据之一。是否属于“足以造成严重食物中毒事故或者其他严重食源性疾患”,还要结合其他证据来认定。只有证据之间不存在矛盾,才可以采信鉴定意见。没有鉴定意见,但是结合其他在案证据可以证明“足以造成严重食物中毒事故或者其他严重食源性疾患”的,也可以依法认定。

(四)宽严相济刑事政策的贯彻问题

涉及农业领域的犯罪,往往牵涉面较广,涉及人数众多,法律问题、政策问题交织,给妥善处理该类案件带来较大的困难。课题组认为,要做到确保法律效果与社会效果的有机统一。而所谓的“确保法律效果与社会效果的有机统一”,实际上就是刑法和刑事政策的有机统一。换言之,在处理类似案件问题上,要高度重视刑事政策的作用。例如,在农村宅基地、责任田上违法建房出售,即使认定其属于非法转让、倒卖土地使用权的行为,也不一定必须按照犯罪处理。理由是:其一,不按照犯罪处理,符合最高人民法院司法解释规定的精神。其二,不按照犯罪处理,符合宽严相济的刑事政策。在解释犯罪构成要件过程中,必须清醒地、充分地认识到,在改革过程中有可能存在制度规范不健全的情况,对存在争议的政策界限和疑难的法律争议,应当根据当时的情况,作对被告人有利的解释,对于在生产、经营、融资等活动中的经济行为,除法律、行政法规明确禁止的以外,不得以犯罪论处;在成立犯罪的情况下,如果不作为犯罪处理更能有效地维护社会稳定和企业职工的切身利益,就可以不按照犯罪处理。其三,考虑刑事政策等因素,将部分构成犯罪的案件不作为犯罪处理,是我国司法实践中较为普遍的做法。当前,司法实践中已经按照该解释精神,妥善处理了不少有争议的案件。

(五)“情节严重”的理解与认定问题

根据《刑法》规定,实施非法转让、倒卖土地使用权的行为,只有“情节严重的”,才构成犯罪。换言之,“情节严重”是非法转让、倒卖土地使用权罪的刑事门槛。对于本罪中的“情节严重”和“情节特别严重”,先后有不同的司法解释性文件予以规定:(1)最高人民检察院、公安部2010年5月7日印发的《关于公安机关管辖的刑事案件立案追诉标准的规定(二)》(以下简称《追诉标准(二)》)。

(2)最高人民法院2000年6月22日施行的《关于审理破坏土地资源刑事案件具体应用法律若干问题的解释》(法释〔2000〕14号)(以下简称《土地案件刑事解释》)。

理解上述不同的解释性文件时需要注意:(1)《追诉标准(二)》与《土地案件刑事解释》的效力问题。上述《追诉标准(二)》由最高人民检察院和公安部联合制定,《土地案件刑事解释》由最高人民法院制定。在现代法治国家,人民法院是唯一的刑事裁判机关,“未经人民法院判决确定,任何人不得认定为有罪”。因此,任何刑事立案标准、追诉标准,不可能、也不应该与定罪标准存在冲突。因此,《追诉标准(二)》对应的是我国刑事司法中的立案标准或追诉标准,该标准来源于刑事立法的规定,并且不得与《土地案件刑事解释》规定的定罪标准相冲突。(2)《追诉标准(二)》与《土地案件刑事解释》的差异问题。其一,关于违法所得数额与“非法获利数额”的关系问题。《追诉标准(二)》规定,“违法所得数额五十万元以上的”,属于“情节严重”。而在《土地案件刑事解释》中,相应地规定为“非法获利五十万元以上的”。那么,此处的“违法所得数额”与“非法获利数额”含义是否一致?课题组认为,二者的含义是一致的。在我国刑法和司法解释中,关于“违法所得数额”的含义及其计算问题,一直存在争议。“非法获利”一样存在争议。面对该问题,应该统一理解为扣除犯罪成本后的数额。其二,关于兜底条款问题。《追诉标准(二)》规定的“情节严重”包含了6种情况,其中第五种是“虽未达到上述数额标准,但因非法转让、倒卖土地使用权受过行政处罚,又非法转让、倒卖土地的”;第六种是“其他情节严重的情形”。可见,第五种仍然是具体的规定,第六种是兜底的规定。而《土地案件刑事解释》则在第5项使用了兜底条款,即“非法转让、倒卖土地接近上述数量标准并具有其他恶劣情节的,如曾因非法转让、倒卖土地使用权受过行政处罚或者造成严重后果等”。也就是说,《追诉标准(二)》和《土地案件刑事解释》,无论是使用了5种表述还是6种表述,其含义和范围并无实质差别。

(六)产品标志不合格的定性问题

在涉及食品安全的犯罪中,经常遇到产品质量不合格的情形。

对于产品质量不合格的,无论是按照生产、销售伪劣产品罪来追究刑事责任,还是按照生产、销售不符合安全标准的食品罪或生产、销售有毒、有害的食品罪来追究刑事责任,争议都不大。但是,实践中还存在一些比较常见的伪劣产品(食品)违法行为,其产品质量经检验是合格的,但是产品包装上存在不合格的情形。对此如何处理,往往存在巨大争议。

课题组认为,产品的生产日期(保质期)被修改,但销售时尚在真实的保质期内(没有修改前的保质期内),产品质量符合法律规定,该产品不属于刑法意义上的“伪劣产品”或不符合食品安全标准的产品,该行为也不构成生产、销售伪劣产品罪或生产、销售不符合安全标准的食品罪。

刑法中的“不合格产品”是指质量不合格的产品。不合格产品、合格产品与过期产品(过了保质期的产品)、未过期产品(在保质期内的产品)虽然具有诸多重合因素,但分别属于不同范畴,并不具有一一对应的关系。不合格产品、合格产品的区分标准是质量是否合格,而过期产品、未过期产品的区分标准是保质期。过了保质期的产品,即使从事实上来看是合格产品(因为质量可能并没有问题),从法律上来看也是不合格产品(法律基于维护质量管理秩序的考虑,将过了保质期的产品一律拟制为不合格产品);在保质期内的产品,如果经过检验证实质量不合格,则既属于法律上的不合格产品,也是事实上的不合格产品。因此,判断是否属于不合格产品,一是要看质量是否合格,质量不合格的产品,无论是否在保质期内,均属于不合格产品;二是要看是否在保质期内,如果超过了保质期,即使质量在事实上是合格的,在法律上仍然属于不合格产品。而对于在保质期内的产品是否属于不合格产品,关键就在于判断其质量是否合格,而不在于其保质期是否存在被修改的情况。因此,即使产品的生产日期(保质期)被修改,但销售时尚在真实的保质期内(没有修改前的保质期内)而且产品质量符合规定,该产品就是合格产品,就不属于刑法意义上的“伪劣产品”或不符合食品安全标准的产品,该行为也不构成生产、销售伪劣产品罪或生产、销售不符合安全标准的食品罪。

具体理由是:(1)刑法上的不合格产品是指质量不合格的产品。无论是从文义解释、历史解释,还是从体系解释、目的解释等角度来看,刑法上的不合格产品均是指质量不合格的产品。(2)《食品安全法》中关于标注虚假生产日期、保质期等违法行为“构成犯罪的,依法追究刑事责任”的表述,并不意味着只要修改保质期就构成犯罪。(3)部分地方高级人民法院、省人民检察院、省公安厅、省农业厅、省食品药品管理局制定的《关于办理部分生产、销售伪劣食品刑事案件具体适用法律有关问题的会议纪要》违反了最高人民法院、最高人民检察院2012年发布的《关于地方人民法院、人民检察院不得制定司法解释性质文件的通知》,其关于更改生产日期、保质期行为构成生产、销售伪劣产品罪的规定也不具有合理性,不应予以适用。

(七)给生猪注射肾上腺素等行为的性质认定问题

为屠宰场待宰的活猪注入肾上腺素和阿托品等药水后再给活猪注水,以使屠宰后的猪肉增重、保水且更为美观,是现实生活中较为常见的违法犯罪行为。但是,该行为是否构成生产、销售有毒、有害的食品罪,则存在争议。一种观点认为,构成生产、销售有毒、有害的食品罪。另一种观点认为,是否构成犯罪,取决于以下两个要点:其一,含有肾上腺素、阿托品的药水是否属于“有毒、有害的非食品原料”?其二,即使认定涉案的肾上腺素、阿托品属于“有毒、有害的非食品原料”,但是,在没有从猪肉中检测出肾上腺素、阿托品的残留物的情况下,是否意味着其就没有实质上的危害?如果没有实质上的危害,能否依据抽象危险犯可以反证的法理,认定即使添加了“有毒、有害的非食品原料”,但其因不可能造成实质的危害,从而不构成犯罪?

课题组认为,对于以上问题,应区分不同层次来解决:(1)依据司法解释,没有直接的依据表明肾上腺素、阿托品属于“有毒、有害的非食品原料”。肾上腺素不是“法律、法规禁止在食品生产经营活动中添加、使用的物质”;《食品中可能违法添加的非食用物质名单》也没有规定对活体不能使用肾上腺素;国务院有关部门公告禁止使用的农药、兽药以及其他有毒、有害物质中,也没有找到对活体不能使用和添加肾上腺素的依据。对此,中国动物疫病预防控制中心(农业部屠宰技术中心)《关于报送畜禽屠宰中使用肾上腺素、阿托品等药物的处理措施相关问题专家论证意见的函》[疾控(标)函〔2017〕18 号]所附专家意见第 3 条认为:“建议农业部以公告的形式明确用于屠宰的畜禽在离开饲养场地后,禁止使用肾上腺素、阿托品等药物,同时,建议制定相关检测方法标准。”这也可以说明国家目前并没有明文禁止肾上腺素、阿托品等药物的使用。肾上腺素是否属于其他危害人体健康的物质,尚不能完全确定。(2)使用肾上腺素的情况应区别对待。肾上腺素虽然不是国家规定的“违法添加的非食品原料”,但毕竟是有毒、有害的,不能听之任之。如果对生猪使用肾上腺素导致其在肉食品中的残留转移至人体,就会给人类健康和生命安全造成潜在的危害;如果没有残留,则不会给人体造成危害和潜在的危害。因此,如果在肉食品中检测出了肾上腺素,则应当以《危害食品安全解释》第 21 条将有关行为认定为生产、销售有毒、有害食品罪;如果在肉食品中无法检测出肾上腺素,则可以说明其对人体没有危害,不应依据《危害食品安全解释》第 21 条认定为生产、销售有毒、有害食品罪。

(八)研发、生产、销售有毒、有害的非食品原料案件的定性思路

近十余年来,我国发生的“毒奶粉”“毒大葱”“毒豆芽”“毒韭菜”“毒猪肉”(“瘦肉精”喂养的猪)等案件,都属于发生在农业领域的涉及食品安全犯罪的热点问题。其中,在生产、销售的食品中加入有毒、有害的非食品原料,仍是食品安全犯罪中危害最大的一类行为,而为该行为提供有毒、有害非食品原料的行为无疑又是在“助纣为虐”。从刑法上来看,这些问题涉及生产、销售有毒、有害食品罪、非法经营罪、以其他方法危害公共安全罪等一系列罪名的适用,争议巨大。

依据现有刑法规范,在对提供有毒、有害非食品原料的行为适用非法经营罪不足以完全评价其危害公共安全的性质,适用以危险方法危害公共安全罪面临着危害行为性质的不相当性的难题,适用生产、销售有毒、有害食品罪的共犯则面临着共犯范围受限和评价不足的情况下,有必要转化思路,运用现有的刑法理论,参考实践中

的有益经验,遵循共犯行为正犯化的思路来处理更为合适。

理由是:其一,运用共犯行为正犯化的思路处理这类案件具有坚实的事实基础。在食品安全犯罪中,研发、生产、销售有毒、有害的非食品原料这种帮助行为产生的社会危害,往往超过了正犯的社会危害性。其二,运用共犯行为正犯化的思路处理这类案件具有充分的法律依据。从刑事立法来看,分则中的教唆性犯罪和帮助性犯罪都是适例。例如,协助组织卖淫本来是组织卖淫的帮助行为,即使不将其作为单独的犯罪,依然可以依照共同犯罪的理论解决其刑事责任问题。但《刑法》第358条直接规定了协助组织卖淫罪,将这种帮助行为实行化。

按照共犯行为正犯化这种思路解决生产、销售有毒、有害非食品原料行为的定性问题,可以分为以下三种情况进行处理:(1)生产者、销售者确实不知道自己生产、销售的有毒、有害的非食品原料的确切用途,而且该原料本身确实有多种用途的,则不构成犯罪;如果确系伪劣产品,应以《刑法》第140条的生产、销售伪劣产品罪定罪处罚。(2)生产者、销售者明确知道自己生产、销售的有毒、有害的非食品原料的确切用途。也就是说,明确地知道自己生产、销售的有毒、有害的原料将被用于生产食品,则按照生产、销售有毒、有害食品罪定罪处罚。(3)有些有毒、有害的非食品原料的用途几乎是唯一的,被使用者购买之后将被添加到食品中也是可预测的,应当视为生产者、销售者明确知道该原料的用途。例如,张某军在明知自己生产、销售的蛋白粉的唯一用途就是被添加到牛奶中去,即用于生产有毒、有害食品的情况下,仍决意为之,从而严重危害公共安全,显然应当按照生产、销售有毒、有害食品罪定罪处罚。

(九)食品安全犯罪中的法条竞合问题

在《刑法修正案(八)》增设食品监管渎职罪,修改生产、销售不符合安全标准的食品罪和生产、销售有毒、有害食品罪构成要件要素以及以危险方法危害公共安全罪在食品安全犯罪领域的司法适用以后,食品安全犯罪中的法条竞合问题日益凸显出来。如何确定食品安全犯罪部分法条竞合中的竞合关系,如何基于这种竞合关系而选择处理原则,是值得深入研究的一个问题。

课题组认为,生产、销售不符合安全标准的食品罪与生产、销售有毒、有害食品罪竞合时,应优先选择适用生产、销售有毒、有害食品罪。生产、销售伪劣产品罪与生产、销售不符合安全标准的食品罪和生产、销售有毒、有害食品罪竞合时,依据“重法优于轻法”的适用原则,根据不同的量刑情节与幅度,选择适用处罚较重的罪名。食品监管渎职罪与滥用职权罪、玩忽职守罪竞合时,在只有基本情节时应适用食品监管渎职罪,而在具有特别严重情节但又没有造成特别严重后果的情况下,可以选择适用滥用职权罪、玩忽职守罪。

二、农业行政法律法规与刑法中相关犯罪的协调与完善问题

《种子法》等农业行政性法律法规在法律责任部分通常规定有“构成犯罪的,依法追究刑事责任”,这些规定分别对应刑法中的哪些犯罪,如果没有相对应的犯罪,如何处理?在没有规定“构成犯罪的,依法追究刑事责任”的情况下,严重的行政违法行为能否构成犯罪?这是本部分的重点研究内容。

(一)“构成犯罪的,依法追究刑事责任”的理解与适用问题

“构成犯罪的,依法追究刑事责任”中的“依法”是指依据刑法,而不是依据行政民事法律、行政法规、部门规章或者地方性法规。根据以上原理,可以得出以下结论:其一,即使行政民事法律、行政法规、部门规章或者地方性法规中规定有“构成犯罪的,依法追究刑事责任”,但是如果在刑事法律中找不到对应条款(或相应罪名),就不能定罪处罚,否则就是违反罪刑法定原则。其二,行政民事法律、行政法规、部门规章或者地方性法规中即使没有明确规定“构成犯罪的,依法追究刑事责任”,但只要相应的行为符合刑法中某种罪名的构成要件,仍可以按照刑法定罪处罚。

(二)《农药管理条例》中的法律责任的完善①

《农药管理条例》中的法律责任部分,见于第40条至第47条。

---

① 该《农药管理条例》是指2001年修订的《农药管理条例》。由于该《农药管理条例》2017年6月1日重新修订,因此本咨询报告的该部分内容仅具有参考资料价值。

第40条规定中，第1项、第2项规范的是非法经营行为，第3项、第4项规范的则是农药使用安全问题，在构成犯罪的情况下触犯的罪名分别是非法经营罪和危险物品肇事罪，这两类行为方式存在重大差异，不宜放在一个法条中，建议将其修改为两款，第1款规范第1项、第2项，第2款规范第3项、第4项。

第41条、第45条规范的行为明显可以构成刑法中的犯罪。但是本条没有使用“构成犯罪的，依法追究刑事责任”的表述，建议补充。

第44条中“违反工商行政管理法律、法规，生产、经营农药”依照非法经营罪定罪处罚的规定则存在疑问。从罪刑法定原则的角度，此处的“违反工商行政管理法律、法规”只限于能够成为国家规定的工商行政管理法律、行政法规以及国务院发布的决定、命令和行政措施。

（三）《兽药管理条例》中的法律责任的完善

第59条规定“构成犯罪的，依法追究刑事责任”。然而，根据《刑法》规定，该类行为并无相应罪名可以适用，难以构成犯罪，因而“构成犯罪的，依法追究刑事责任”的规定恐难以落至实处。

第61条、第62条、第67条、第68条规定的行为有可能构成犯罪，上述各条却没有规定“构成犯罪的，依法追究刑事责任”，建议予以补充。

（四）《种子法》中的法律责任的完善

对于第81条规定的行为，《种子法》对之规定了行政法律责任和民事法律责任，但是其是否可以构成犯罪，在刑法上尚难以找到相对应的罪名。刑法禁止采伐、毁坏国家重点保护的植物，而种质资源与植物在刑法上不具有同一性，难以将种质资源解释为植物，从而无法按照非法采伐、毁坏国家重点保护的植物的犯罪定罪处罚；但是，两者的社会危害性相当，有必要对该行为按照犯罪处理。

三、新犯罪的增设问题

当前，在我国刑法立法领域，犯罪化仍是主流。在农业领域，是否要增设部分犯罪也引起了争议，近几年来讨论较为热烈的是转基因食品、种子的刑法规制和植物新品种权的刑法保护问题。

(一)转基因食品的刑法规制问题

1.从刑事司法论层面来看,转基因食品问题是否触犯现有刑法规范。

《农业转基因生物安全管理条例》第45条、第47条、第50条规定的行为属于刑法中的非法经营行为,如果符合非法经营罪的其他条件,可以构成非法经营罪。第54条规定的行为可能触犯危险物品肇事罪。

2.从刑事立法论层面来看,还有哪些涉及转基因安全问题的行为应纳入刑法规制范围。

当前,转基因问题是一个热门话题,社会公众和媒体纷纷发表看法,其中不乏要求全面封杀转基因,甚至要求动用刑事手段全面禁止转基因的激进观点。但在课题组看来,媒体与社会公众由于法律知识和技术知识的欠缺,其观点比较含混,论证也比较混乱,刑法学界很难从专业的角度对之进行一对一的反驳。因此,依据刑法学基本原理,课题组对该问题进行正面回应。

(1)刑法适度介入转基因问题的规制是必要的。如前所述,《农业转基因安全管理条例》第45条、第47条、第50条中规定的行为,都属于刑法中的非法经营行为,如果符合非法经营罪的其他条件,可以构成非法经营罪。

(2)刑法不应全面介入转基因的规制。如前所述,社会舆论似乎要求刑法全面介入转基因问题,即全面封杀转基因生物。但是,这不符合刑法学基本原理,也不符合转基因生物问题的规范现状。理由是:其一,刑法具有二次法的特征,在其他部门法对之进行规范以前,刑法不应介入。目前为止,我国行政法律没有,事实上也不可能完全禁止转基因生物的生产与经营。既然如此,刑法上就更不可能完全禁止转基因生物的研究与实验、生产与加工、经营、进口与出口等行为。其二,世界各国都没有使用刑法手段全面介入转基因的规范问题。无论是监管最为宽松的美国,还是采取折中政策的日本,还是采取最为严厉监管政策的欧盟,对于转基因问题都只是采用了监管政策,而不是采取完全禁止转基因食品的立场,更谈不上动用刑法手段全面制裁转基因食品的生产和经营问题。虽然各国国情不同,但是世界范围内的普遍做法值得我们研究和借鉴。至于监管体制严一些还是宽一些,可以在行政措施上多做文章,而不应全面动用作为国之重器的刑法。

(二)植物新品种权的刑法保护问题

1. 从刑事司法论层面来看,侵害植物新品种权的行为是否触犯现有刑法规范。

根据现有的法律规范,在侵害植物新品种权的问题上,假冒授权品种的确可以构成犯罪,但是构成什么罪,尚不明确;未经品种权人许可,以商业目的生产或者销售授权品种的繁殖材料的行为,是否构成犯罪,也不明确。

2. 从刑事立法论层面来看,侵害植物新品种权的行为如何完善。

(1)完善的必要性。

课题组主张对上述行为单独增设罪名,理由是:其一,从危害性来看,我国植物新品种权领域侵权行为不断出现。一些侵权数额特别巨大,给权利人造成重大损失、影响特别恶劣的案件不断出现。其二,植物新品种的繁殖材料非常容易窃取,很难保密;与保密难相对应的是,侵权行为实施非常容易。植物新品种权侵权的上述特点,决定了运用民事手段进行保护的力度不够。其三,侵权案件无法按照现行刑法妥善处理。我国刑法中并没有规定侵犯植物新品种权的犯罪,如果要对上述侵权行为定罪处罚,就需要在刑法现有的其他罪名中寻找处罚依据。但是,无论是按照假冒专利罪、侵犯商业秘密罪、销售伪劣种子罪定罪处罚,在现有刑法规范中都无法找到处罚依据。

(2)罪名的初步设计。

当前,侵害植物新品种权领域最为严重的行为主要是两类:一类是假冒授权品种的行为;另一类是未经许可非法生产或者销售植物新品种繁殖材料的行为。因而,在考虑设立的新罪名中,也应以该两类行为为主要制裁对象。

参照假冒专利罪的罪状,假冒植物新品种权罪的罪状可以设计为:“假冒植物新品种权的,处三年以下有期徒刑或者拘役,并处罚金。”非法生产、销售植物新品种权的繁殖材料罪的罪状可以初步设计为:“以营利为目的,未经品种权人许可,非法生产、销售植物新品种繁殖材料,情节严重的,处三年以下有期徒刑或者拘役,并处罚金。”

参考文献

一、著作

1. 储槐植:《附属刑法规范集解》,中国检察出版社 1992 年版。

2. 周振想主编:《中国新刑法释论与罪案》,中国方正出版社 1997 年版。

3. 马克昌主编:《经济犯罪新论》,武汉大学出版社 1998 年版。

4. 陈正云、刘福谦:《生产销售伪劣商品犯罪的认定与处理》,中国检察出版社 1998 年版。

5. 黄京平主编:《破坏市场经济秩序罪研究》,中国人民大学出版社 1999 年版。

6. 王秀梅:《破坏环境资源保护罪的定罪与量刑》,人民法院出版社 1999 年版。

7. 郭立新、杨迎泽主编:《刑法分则适用疑难问题解释》,中国检察出版社 2000 年版。

8. 杜澎:《破坏环境资源犯罪研究》,中国方正出版社 2000 年版。

9. 熊选国主编:《生产、销售伪劣商品罪》,中国人民公安大学出版社 2003 年版。

10. 肖中华主编:《生产、销售伪劣商品罪办案一本通》,中国长安出版社 2007 年版。

11. 张明楷:《罪刑法定与刑法解释》,北京大学出版社 2009 年版。

12. 王作富主编:《刑法分则实务研究》,中国方正出版社 2013 年版。

13. 张明楷:《刑法学》(第 6 版),法律出版社 2021 年版。

二、学术论文

1. 李丹:《非法转让、倒卖土地定罪初探》,载《法学》1990 年第 11 期。

2. 张明楷:《论刑法中的“以营利为目的”》,载《检查理论研究》1995 年第 4 期。

3. 青锋:《附属刑法规范的创制性立法问题探讨——兼谈类推制度的废止与刑事立法》,载丁慕英等主编:《刑法实施中的重点难点问题研究》,法律出版社 1998 年版。

4. 王成:《刑法第四百一十条尚需完善》,载《人民检察》1999 年第 5 期。

5. 杨兴培、陆敏:《破坏市场经济秩序犯罪中的法条竞合问题研究》,载《华东政法学院学报》2000 年第 1 期。

6. 肖中华:《也论法条竞合犯》,载《法律科学》2000 年第 5 期。

7. 彭文华:《论非法转让、倒卖土地使用权罪》,载《法学家》2001 年第 5 期。

8. 赵秉志、许成磊:《侵犯注册商标权犯罪问题研究》,载《法律科学》2002 年第 3 期。

9. 程璞:《生产、销售伪劣商品罪若干疑难问题研究》,载《政治与法律》2002 年第 5 期。

10. 赵青云:《破坏珍稀植物犯罪的司法实务考察》,载《中国刑事法杂志》2003 年第 3 期。

11. 陈东升:《TRIPS 与我国知识产权保护的刑事立法完善》,载《政法论丛》2003 年第 1 期。

12. 黄霞、唐双娥、董邦俊:《试析我国林木资源之刑法保护——盗伐林木罪的社会危害性之思考》,载《现代法学》2003 年第 4 期。

13. 刘礼忠、孔凤华:《盗伐林木罪与滥伐林木罪的界限》,载

《公安研究》2003 年第 10 期。

14. 陈革:《非法收购盗伐、滥伐的林木罪的数额标准应予修正》,载《人民检察》2004 年第 3 期。

15. 储槐植:《再说刑事一体化》,载《法学》2004 年第 4 期。

16. 姚健:《生产、销售伪劣商品罪法律问题辨析》,载《政法学刊》2004 年第 5 期。

17. 胡云腾、刘科:《知识产权刑事司法解释若干问题研究》,载《中国法学》2004 年第 6 期。

18. 陈甦:《析"构成犯罪的,依法追究刑事责任"》,载《人民法院报》2005 年 8 月 10 日,第 1 版。

19. 唐治祥:《对"明知他人有间谍犯罪行为"的理解》,载《成都教育学院学报》2006 年第 2 期。

20. 邹清平:《非法转让、倒卖土地使用权罪探析》,载《法学评论》2007 年第 4 期。

21. 蔡桂生:《国际刑法中"明知"要素研究——以〈国际刑事法院罗马规约〉第 30 条为例》,载《法治论丛》2007 年第 5 期。

22. 夏勇:《试论"出罪"》,载《法商研究》2007 年第 6 期。

23. 卢建平:《知识产权犯罪门槛的下降及其意义》,载《政治与法律》2008 年第 7 期。

24. 王玉珏:《刑法第 144 条中"有毒有害非食品原料"的合理定位——以晚近食品安全事件为例》,载《法学》2008 年第 11 期。

25. 叶旺春:《论违规土地管理行为的刑法规制》,载《中共合肥市委党校学报》2009 年第 2 期。

26. 张明楷:《盗伐林木罪与盗窃罪的关系》,载《人民检察》2009 年第 3 期。

27. 潘庸鲁、包涵:《土地资源的刑法保护研究——兼论非法占用农用地罪》,载《河南省政法管理干部学院学报》2009 年第 6 期。

28. 周光权:《法条竞合的特别关系研究——兼与张明楷教授商榷》,载《中国法学》2010 年第 3 期。

29. 孙万怀:《以危险方法危害公共安全罪何以成为口袋罪》,载《现代法学》2010 年第 5 期。

30. 刘净:《食品安全犯罪的刑事立法若干问题研究》,载《法学杂志》2010 年第 11 期。

31. 赵辉、褚程程:《论生产、销售不符合卫生标准的食品罪之完善——以〈刑法〉与〈食品安全法〉之衔接为视角》,载《政治与法律》2010 年第 12 期。

32. 赵宁:《罪状解释论》,华东政法大学 2010 年博士学位论文。

33. 李诗灿:《针对国家重点保护植物犯罪规定的立法完善》,载《人民检察》2010 年第 13 期。

34. 张明楷:《法条竞合中特别关系的确定与处理》,载《法学家》2011 年第 1 期。

35. 李一丁、陈海鸥:《刍议欧盟转基因立法及对我国立法的启示》,载《河南司法警官职业学院学报》2011 年第 1 期。

36. 劳东燕:《罪刑规范的刑事政策分析——一个规范刑法学意义上的解读》,载《中国法学》2011 年第 1 期。

37. 陈洪兵:《生产、销售伪劣商品罪的法益及其展开》,载《政治与法律》2011 年第 3 期。

38. 周铭川:《法条竞合中特别法条和普通法条的关系探析》,载《中国刑事法杂志》2011 年第 3 期。

39. 崔磊:《土地犯罪的多维解读》,载《天津商业大学学报》2011 年第 5 期。

40. 孟庆华:《河南首起"瘦肉精"案件定性的理论根据评析》,载《法治研究》2011 年第 9 期。

41. 冀天福:《研制生产销售"瘦肉精"构成以危险方法危害公共安全罪》,载《人民法院报》2011 年 9 月 8 日,第 7 版。

42. 皮勇、黄琰:《论刑法中的"应当知道"——兼论刑法边界的扩张》,载《法学评论》2012 年第 1 期。

43. 张红良、彭子游:《非法占用农用地犯罪的司法认定及其反映出的法治问题研究——以重庆市某基层检察院办理的此类案件为样本》,载《西南政法大学学报》2012 年第 2 期。

44. 李怀胜:《提供有毒、有害产品原料案件的定性思路》,载《法学》2012 年第 2 期。

45. 刘仁文:《中国食品安全的刑法规制》,载《吉林大学社会科学学报》2012 年第 4 期。

46. 王莉:《侵犯植物新品种权犯罪的确立研究》,西南政法大学 2012 年硕士学位论文。

47. 梁平、刘科:《食品安全犯罪中的法条竞合问题》,载《中国刑法学年会论文集》,中国人民公安大学出版社 2012 年版。

48. 陈兴良:《刑法的刑事政策化及其限度》,载《华东政法大学学报》2013 年第 4 期。

49. 王胜华:《违法性认识错误避免可能性的判断——以大陆法系国家(地区)的刑法规定与司法实践为进路》,载《西部法学评论》2013 年第 5 期。

50. 赵宁:《刑法分则罪刑式条文中叙明罪状解释原理研究》,载《犯罪研究》2015 年第 1 期。

51. 刘晓虎、赵靓:《"违法所得"概念的界定和司法认定》,载《人民法院报》2018 年 7 月 4 日,第 6 版。

52. 季晨佳:《农用地犯罪的规制困境与出路——以罪数论为视角》,载《河南警察学院学报》2021 年第 3 期。

53. 周光权:《股权转让与非法转让、倒卖土地使用权罪》,载《法治日报》2021 年 6 月 16 日,法学院版。

三、判决书

1. 新安县人民法院(2014)新刑初重字第 8 号刑事判决书。

2. 洛阳市中级人民法院(2014)洛刑二终字第 184 号刑事判决书。

3. 青岛市黄岛区人民法院(2015)黄刑初字第 589 号刑事判决书。

4. 河北省河间市人民法院(2012)河刑初字第 348 号刑事判决书。

5. 安徽省亳州市中级人民法院(2014)亳刑再终字第 3 号刑事判决书。

6. 新疆维吾尔自治区呼图壁县人民法院(2017)新 2323 刑初

64 号刑事判决书。

7. 黑龙江省林口县人民法院（2017）黑 1025 刑初 67 号刑事判决书。

8. 陕西省靖边县人民法院（2017）陕 0824 刑初 189 号刑事判决书。

9. 甘肃省民乐县人民法院（2016）甘 0722 刑初 43 号刑事判决书。

10. 湖北省高级人民法院（2016）鄂民终 107 号民事判决书。

11. 湖南省澧县人民法院（2017）湘 0723 刑初 203 号刑事判决书。